本书研究获
重庆市基础与前沿研究计划项目 (cstc2015jcyjBX0128)
重庆市基础研究与前沿探索项目 (cstc2018jcyjA1934)
国家自然科学基金项目 (41261045)
教育部新世纪人才计划 (NCET-05-0819)
重庆市教委高校创新团队项目 (CXTDX201601017)
等的支持

三峡库区土地利用变化
与人地关系演变案例研究

李阳兵　李睿康　周亚琳　文雯　梁鑫源 等◎著

Case Study on Land Use Change and
Man-Land Relationship Evolution in the
Three Gorges Reservoir Area

科学出版社
北　京

内 容 简 介

本书构建了土壤侵蚀—土地利用变化—坡耕地—聚落—撂荒地空间耦合—人地关系转型的研究脉络，以三峡库区腹地生境脆弱带典型区县和典型流域为研究案例，基于研究区遥感影像资料、局部地区高精度影像及野外踏勘实测数据等长时间序列数据源，深入探讨了三峡库区腹地土地利用变化及其人地关系演变。在反映研究区土壤侵蚀演变及其土地利用变化时空演变的同时，揭示了三峡库区腹地土壤侵蚀和土地利用变化的特征与驱动机制，以及三峡库区生境脆弱带人类活动影响下的人地关系特点及其演变状况。

本书可供地理学、资源与环境科学、水土保持学、土地规划学和地理信息科学等领域研究人员及有关高等院校师生参考。

图书在版编目（CIP）数据

三峡库区土地利用变化与人地关系演变案例研究／李阳兵等著. —北京：科学出版社，2019.3
ISBN 978-7-03-060893-2

Ⅰ.①三… Ⅱ.①李… Ⅲ.①三峡水利工程–土地利用–研究 ②三峡水利工程–人地关系–研究 Ⅳ.①F323.211 ②K926.3

中国版本图书馆 CIP 数据核字（2019）第 050463 号

责任编辑：林 剑／责任校对：樊雅琼
责任印制：吴兆东／封面设计：无极书装

科学出版社 出版
北京东黄城根北街 16 号
邮政编码：100717
http://www.sciencep.com

北京虎彩文化传播有限公司 印刷
科学出版社发行 各地新华书店经销
*
2019 年 3 月第 一 版 开本：787×1092 1/16
2019 年 3 月第一次印刷 印张：17 1/2
字数：415 000
定价：188.00 元
（如有印装质量问题，我社负责调换）

本书编写人员

主　笔　李阳兵　李睿康　周亚琳　文　雯　梁鑫源

本书各篇的参写人员

第一篇　李阳兵　文　雯　李睿康　赵岩洁

第二篇　李睿康　李阳兵　赵岩洁　梁鑫源　李潇然

第三篇　李阳兵　周亚琳　甘彩红

第四篇　李阳兵　梁鑫源　应　弘　王永艳

第五篇　李阳兵　李睿康

本书编写人员

主　笔　李阳兵　李睿康　周亚琳　文　雯　梁鑫源

本书各篇的参写人员

第一篇　李阳兵　文　雯　李睿康　赵岩洁

第二篇　李睿康　李阳兵　赵岩洁　梁鑫源　李潇然

第三篇　李阳兵　周亚琳　甘彩红

第四篇　李阳兵　梁鑫源　应　弘　王永艳

第五篇　李阳兵　李睿康

本书编写人员

主　笔　李阳兵　李睿康　周亚琳　文　雯　梁鑫源

本书各篇的参写人员

第一篇　李阳兵　文　雯　李睿康　赵岩洁

第二篇　李睿康　李阳兵　赵岩洁　梁鑫源　李潇然

第三篇　李阳兵　周亚琳　甘彩红

第四篇　李阳兵　梁鑫源　应　弘　王永艳

第五篇　李阳兵　李睿康

前　　言

　　人地关系作为人类活动与地理环境相互作用的复杂巨系统，反映了人类活动对自然资源的影响。土地利用方式在综合反映区域自然地理环境的同时，还深受社会经济发展及国家政策等因素的影响。不合理的土地利用方式会带来诸如土壤侵蚀等生态环境问题。三峡库区腹地山地多、平地少，人类活动强度大，人地矛盾较为突出。生境脆弱区土地利用变化、土壤侵蚀演变及影响机制、坡耕地的开发利用及其与农户行为活动关系、生态文明视域下人地关系转型等是三峡库区发展中亟待解决的科学问题。基于此，本书从土地利用变化特征及其驱动机制、土地利用与土壤侵蚀的关系、土地利用生态风险评价和土地利用景观生态安全时空演变等方面研究区域土地利用变化及其生态效应；从土壤侵蚀的时空演变规律及其影响因素、流域类型与土壤侵蚀的关系、土壤侵蚀的地学背景条件、不同尺度土壤侵蚀演变等方面反映土壤侵蚀演变状况；从坡耕地与聚落的耦合关系、坡耕地与撂荒地的空间分布及其时空耦合规律、耕地撂荒时空演变规律等方面反映坡耕地-聚落-撂荒地空间耦合特征；人地关系转型研究主要从土地功能变化、耕地功能转型与聚落空间耦合等方面展开。

　　三峡库区作为长江上游四大土壤侵蚀重点片区之一，其侵蚀面积约占库区土地总面积的66.1%，这与三峡库区本身山高坡陡的自然环境条件有密切的关系。本书选择三峡库区腹地奉节县、巫山县、开州区、云阳县和巫溪县等区县及大宁河流域、梅溪河流域、汤溪河流域和草堂溪流域等作为研究案例区，基于遥感影像资料与实地调查，借助地理空间分析方法从土壤侵蚀演变、土地利用变化、坡耕地-聚落-撂荒地空间耦合、人地关系转型等方面定量评价三峡库区腹地复杂背景条件下的人地关系状况。目的在于借助现代信息技术手段较为全面、深入地反映三峡库区腹地人地关系演变的复杂性与多样性特点，为三峡库区腹地土地利用变化及其人地关系转型研究提供借鉴，为区域人地关系演变、土地资源管理、生态系统管理和水土流失治理等提供依据。研究结果将有利于促进三峡库区人地关系演变及其生态响应，对解决"三农"问题、生态文明建设和全面建设小康社会具有重要意义。本书价值在于通过学科交叉开拓，拓宽对人地关系演变的认知和促进生态敏感区土地利用变化学科体系的完善，为三峡库区腹地土地资源管理、水土流失治理和人地关系转型提供案例研究。

本书理论与实践相结合,通过定量表达三峡库区腹地土地利用时空演变、土壤侵蚀演变特征及其驱动因素及其人地关系转型过程,阐明三峡库区腹地典型流域、典型区县和不同尺度土地资源自然背景条件下,土壤侵蚀、土地利用、坡耕地利用及其人地关系转型的一般规律与特殊性,揭示驱动土壤侵蚀、土地利用及其坡耕地演变的影响因素,揭示三峡库区腹地案例区人类活动影响下人地关系演变的复杂性与多样性特点,剖析人地关系演变与生态响应相互之间的互馈机理,构建基于人地关系演变过程的三峡库区腹地人地关系转型优化模式。

本书得到重庆市基础与前沿研究计划项目(cstc2015jcyjBX0128)、重庆市基础研究与前沿探索项目(cstc2018jcyjA1934)、国家自然科学基金项目(41261045)和教育部新世纪人才计划(NCET-05-0819)、重庆市教委高校创新团队项目(CXTDX201601017)等的资助,得到了重庆师范大学三峡库区地表过程和环境遥感实验室的大力支持,借此机会表示感谢!本书的写作过程中参考了许多国内外学者的著作、教材和研究成果,已将参考文献列于各章末以表感谢。重庆师范大学邵景安研究员、韦杰教授,西南大学魏朝富教授、王成教授等也给予了颇多宝贵意见,在此一并表示诚挚的谢意!由于作者水平有限,书中不妥之处在所难免,敬请各位专家和读者批评指正。

作 者

2018 年 8 月

目　　录

前言
0　绪论 ··· 1
　0.1　研究背景 ··· 1
　0.2　人地关系国内外研究进展 ··· 3
　0.3　研究目标 ·· 10
　0.4　研究内容 ·· 11
　0.5　研究方法 ·· 12
　0.6　技术路线 ·· 12
　0.7　本章小结 ·· 14
　参考文献 ··· 14

第一篇　土壤侵蚀演变

1　三峡库区腹地土壤侵蚀时空演变 ··· 27
　1.1　研究区概况 ··· 27
　1.2　数据来源与研究方法 ·· 28
　1.3　结果分析 ·· 30
　1.4　三峡库区土壤侵蚀转型模型构建 ····································· 36
　1.5　本章小结 ·· 38
　参考文献 ··· 38
2　流域类型与土壤侵蚀的关系 ··· 40
　2.1　研究区流域划分 ·· 40
　2.2　数据来源与研究方法 ·· 41
　2.3　研究区水系空间分布规律 ·· 42
　2.4　研究区内两种流域类型的自然特征 ··································· 42
　2.5　研究区流域类型同土壤侵蚀关系 ····································· 45
　2.6　本章小结 ·· 47
　参考文献 ··· 47

3 土壤侵蚀演变的地学背景分析 ·· 49

3.1 研究区概况 ··· 49

3.2 数据来源与研究方法 ··· 50

3.3 结果分析 ··· 55

3.4 讨论 ··· 64

3.5 本章小结 ··· 66

参考文献 ··· 66

4 土壤侵蚀演变的尺度效应 ··· 68

4.1 研究区概况 ··· 68

4.2 研究尺度选择与研究方法介绍 ··· 69

4.3 研究区流域尺度土壤侵蚀演变 ··· 71

4.4 研究区乡镇尺度土壤侵蚀演变 ··· 76

4.5 研究区网格单元尺度土壤侵蚀演变 ·· 79

4.6 不同尺度土壤侵蚀演变差异 ·· 84

4.7 本章小结 ··· 85

参考文献 ··· 85

5 土壤侵蚀演变原因 ··· 87

5.1 区域整体土壤侵蚀演变原因分析 ·· 87

5.2 不同演变类型土壤侵蚀演变原因分析 ·· 89

5.3 土壤侵蚀分布演变对土壤侵蚀防控的启示意义 ···························· 92

5.4 本章小结 ··· 92

参考文献 ··· 93

第二篇　土地利用变化

6 流域土地利用变化 ··· 97

6.1 研究区概况 ··· 97

6.2 研究方法 ··· 99

6.3 流域土地利用变化总体情况 ·· 102

6.4 流域土地利用变化的地貌差异特征比较 ······································ 107

6.5 讨论 ··· 113

6.6 本章小结 ··· 118

参考文献 ··· 118

7 土地利用变化驱动机制 ··· 120

7.1 流域土地利用类型变化的相似性规律 ··· 120

7.2　流域土地利用景观格局演变的差异性特征 ……………………………… 122

7.3　流域土地利用景观格局演变的驱动机理研究 ……………………………… 124

7.4　本章小结 ……………………………………………………………………… 125

参考文献 …………………………………………………………………………… 126

8　土地利用对土壤侵蚀的影响 …………………………………………………… 127

8.1　研究区概况 …………………………………………………………………… 127

8.2　草堂溪小流域土地利用变化 ………………………………………………… 127

8.3　草堂溪小流域土地利用变化对土壤侵蚀的影响 …………………………… 129

8.4　讨论 …………………………………………………………………………… 131

8.5　本章小结 ……………………………………………………………………… 133

参考文献 …………………………………………………………………………… 133

9　土地利用变化与生态风险评价 ………………………………………………… 135

9.1　流域概况及生态风险评价单元的构建 ……………………………………… 135

9.2　数据来源及生态风险评价体系的构建 ……………………………………… 137

9.3　结果分析 ……………………………………………………………………… 140

9.4　流域土地利用生态风险变化驱动力及其调控对策 ………………………… 145

9.5　结论 …………………………………………………………………………… 147

9.6　本章小结 ……………………………………………………………………… 147

参考文献 …………………………………………………………………………… 147

10　土地利用景观生态安全格局 ………………………………………………… 150

10.1　研究区概况 ………………………………………………………………… 150

10.2　数据处理与研究方法 ……………………………………………………… 151

10.3　结果与分析 ………………………………………………………………… 154

10.4　讨论 ………………………………………………………………………… 160

10.5　本章小结 …………………………………………………………………… 162

参考文献 …………………………………………………………………………… 162

第三篇　坡耕地–聚落–摞荒地空间耦合

11　基于坡耕地–聚落耦合下的人地关系研究 ………………………………… 167

11.1　研究区概况 ………………………………………………………………… 168

11.2　数据来源与研究方法 ……………………………………………………… 168

11.3　单元网格坡耕地–聚落空间特征 ………………………………………… 170

11.4　坡耕地与聚落的耦合类型 ………………………………………………… 174

11.5　单元网格人地关系类型划分 ……………………………………………… 177

11.6　讨论 ……………………………………………………………………… 178
11.7　本章小结 ………………………………………………………………… 180
参考文献 ………………………………………………………………………… 181

12　坡耕地-撂荒地空间分布特征 …………………………………………… 183
12.1　研究区概况 ……………………………………………………………… 183
12.2　数据来源与研究方法 …………………………………………………… 184
12.3　基于地貌分区的坡耕地和撂荒地空间分布特征 …………………… 188
12.4　基于乡镇的坡耕地和撂荒地空间特征 ……………………………… 195
12.5　本章小结 ………………………………………………………………… 202
参考文献 ………………………………………………………………………… 202

13　坡耕地-撂荒地空间耦合及其影响机制 ……………………………… 204
13.1　研究区概况 ……………………………………………………………… 204
13.2　研究方法 ………………………………………………………………… 204
13.3　结果分析 ………………………………………………………………… 207
13.4　讨论 ……………………………………………………………………… 212
13.5　结论 ……………………………………………………………………… 215
13.6　本章小结 ………………………………………………………………… 215
参考文献 ………………………………………………………………………… 215

14　耕地撂荒时空演变规律 ………………………………………………… 216
14.1　研究区概况 ……………………………………………………………… 216
14.2　研究方法 ………………………………………………………………… 217
14.3　研究区坡耕地和撂荒地时空演变 …………………………………… 218
14.4　草堂镇撂荒地空间分布的影响因素分析 …………………………… 221
14.5　本章小结 ………………………………………………………………… 226
参考文献 ………………………………………………………………………… 226

第四篇　人地关系转型

15　草堂溪小流域土地功能格局变化 …………………………………… 231
15.1　研究区概况 ……………………………………………………………… 231
15.2　数据来源与研究方法 …………………………………………………… 232
15.3　结果分析 ………………………………………………………………… 235
15.4　讨论 ……………………………………………………………………… 240
15.5　结论 ……………………………………………………………………… 242
15.6　本章小结 ………………………………………………………………… 242

参考文献 ……………………………………………………………… 242

16　耕地功能转型与聚落空间耦合研究 ………………………………… 245

16.1　研究区概况 …………………………………………………… 246

16.2　数据来源与研究方法 ………………………………………… 247

16.3　结果分析 ……………………………………………………… 250

16.4　讨论 …………………………………………………………… 255

16.5　结论 …………………………………………………………… 259

16.6　本章小结 ……………………………………………………… 259

参考文献 ……………………………………………………………… 259

第五篇　结　　论

17　结论 ………………………………………………………………… 265

17.1　研究结论 ……………………………………………………… 265

17.2　主要创新点与研究的不足之处 ……………………………… 266

17.3　展望 …………………………………………………………… 267

| 0 |　绪　　论

0.1　研究背景

0.1.1　人地关系与土地资源

人地关系（man-land relationship）作为地理学研究的核心问题，是指地球表层人与自然的相互影响和反馈作用[1]。它既能揭示自然地理要素对人类生活、生产活动的影响，也能反映人类发挥主观能动性对地理环境进行利用和改造活动。人地关系研究先后经历了环境决定论、或然论、可能论、适应论、生态论、环境感知论、文化决定论、和谐论及可持续发展论[2]等理论过程，并结合中国古代"天人合一"思想逐渐演变为当今的可持续发展理论[3]。

人地关系作为人与自然相互作用过程的产物，其发展演变与社会经济一样具有明显的阶段性特征[4,5]，如表0.1所示。无论身处哪个阶段，人地关系演化实质是指人类活动下资源与环境状况的变化过程[4]。当前人地关系的研究多以生境敏感地域为单元，借助地理信息系统（geographic information system，GIS）和遥感（remote sensing，RS）等现代信息技术手段，运用数理统计方法对人地关系的演化、结构和优化等内容展开研究[6~10]。

表 0.1　人地关系演化进程

所处阶段	人地关系特征	主要思想观念
原始文明时期	生产力水平低下，人类被动适应，过度依赖自然	天命论 机械唯物论
农业文明时期	生产力水平有一定提高，在使用劳动工具的同时，掌握了灌溉、农耕等技术	朴素辩证唯物论
工业文明时期	生产力水平迅速提高，人对自然的征服、主宰作用增强。与此同时，人地关系矛盾加剧，资源环境问题显现	人定胜天
生态文明时期	生产力水平得到极大提高，人地关系逐渐协调	可持续发展

土地资源作为 PRED 复合系统的基础部分[11]，对人类生存和发展具有特殊重要性[12]，始终是学术界关注的热点。随着全球环境变化与可持续发展战略研究的不断深入，相关研究主要集中于土地资源调查、土地利用规划、土地综合整治、土地可持续利用研究、土地资源优化配置与集约利用、土地资源安全与生态友好型土地利用等[13]方面。

1）土地资源调查的目的在于全面查清土地资源禀赋和利用状况，掌握真实准确的土地资源基础数据，为土地资源的合理利用提供依据[14]。

2）土地利用规划的编制与实施表现为人类作用于地表自然系统的过程及自然因素对人类土地利用决策行为的抑制作用[15]。

3）土地综合整治在增加耕地面积的同时，应当注重保护生态环境、建设新农村、统筹城乡发展和促进人地协调等方面，实现"数量管控、质量管理和生态管护"[16,17]。

4）土地可持续利用作为土地适宜性评价的延伸，主要表现为生态方面的适宜性、经济方面的获利性、环境方面的良性循环和社会方面的公平与公正，其研究成果对土地利用规划、土地管理与决策具有重要的理论指导意义[18]。

5）土地资源优化配置与集约利用是增加土地投入，以获得土地的最高报酬，其目标与土地资源优化配置和土地可持续利用实现目标相一致，旨在实现土地利用经济效益与环境效益、社会效益相统一[19]。

6）土地资源安全作为国家安全体系的重要组成部分，直接关系到国家政治安全、社会稳定及国家经济安全体系的建立，影响国民经济持续、健康发展。

7）生态友好型土地利用研究为促进人与自然和谐发展、生态文明建设的规划决策提供科学依据。

0.1.2　土地利用与土壤侵蚀

人类活动作为影响土壤侵蚀最活跃的因素，其结果可通过土地利用结构的变化来表现，土壤侵蚀动态监测通过土地利用监测来实现，土壤侵蚀治理亦是通过改变土地利用方式来进行[20]。土地利用对土壤侵蚀的影响主要表现在土地利用方式、土地管理措施、土地利用结构和土地利用格局等方面[21]。

1）土地利用方式与土壤侵蚀。在相同类型的土地上采用不同的土地利用方式，土壤侵蚀形式和强度差异性较大[22]。土地利用方式的改变能够通过影响土壤有机质和植物根部的固结作用[23,24]，改变土壤的物理、化学性质[25,26]，进而改变土壤的抗侵蚀能力。不同土地利用情况下，土壤侵蚀强度相差悬殊[22]。植被覆盖的增加或减少能够影响径流和输沙量的增减，而不同土地利用方式的变化也可以通过改变其下垫面的特征，进而对土壤侵蚀产生重要的影响[27]。

2）土地管理措施与土壤侵蚀。不同作物的轮作、间作、管理水平等因子及其季节分布能够改变土壤的流失比率。土壤保持措施可以通过改变地形和汇流方式等，减少径流量、降低径流速率，从而减轻土壤侵蚀[28]。而不合理的利用方式如毁林开荒、陡坡垦殖等行为，改变了地表形态，恶化了土壤特性，破坏了植被资源，从而加剧区域土壤侵蚀状况[29~32]。

3）土地利用结构与土壤侵蚀。土地利用结构一般是指土地利用的构成类型及面积比例[33]。在利用土地进行各种活动时，各经济部门之间必然产生如何分配土地的问题，从而导致土地利用结构发生变化。地表覆盖物不同，如耕地、林地和牧草地等本身差异性的存在，也会造成土壤侵蚀强度不同，所以土地利用结构的变化会导致土壤侵蚀的变化，合理的土地利用结构对区域水土流失的控制具有积极作用[34]。

4）土地利用格局与土壤侵蚀。土地利用格局反映了土地利用在空间上的配置方式。土地利用的空间镶嵌特征变化不仅会导致不同土地利用方式在降雨、地形、土壤等因子上的空间分布变化，而且能够改变水文结构和侵蚀系统[35,36]，引起土地利用方式（如地块边界）对土壤流失拦截能力的降低或升高，进而影响到最终流域产沙量的增加或减少[37,38]。

0.1.3　三峡库区背景条件

从家庭联产承包责任制实施到支持农村土地有偿流转，从重庆直辖到三峡工程建设，从社会经济建设到生态文明建设，30 多年来三峡库区先后经历了建设期、蓄水期，目前处于后三峡时代。随着三峡大坝的修建及其水位的多次抬升，三峡库区人地关系状况发生了巨大变化，如土地淹没、百万移民搬迁和珍稀动植物绝迹等生态环境问题层出不穷。多样的地貌类型、复杂的地质构造和剧烈的人类活动，使该地区成为生境脆弱区和人口稠密的贫困山区。以人地关系研究为核心，围绕土壤侵蚀、土地利用变化、生态风险评价、坡耕地与聚落空间耦合、耕地撂荒及土地功能演变等核心问题展开研究显得尤为重要。选取三峡库区腹地典型区县、典型流域作为研究对象，既反映了三峡库区人地关系演变的一般性规律，又体现了库区腹地特殊自然和社会经济背景条件下人地关系的差异性特征。

1）三峡库区土壤侵蚀面积分布广泛且侵蚀严重。三峡库区作为长江上游四大土壤侵蚀重点片区之一，其侵蚀面积占到三峡库区土地总面积的66.1%，其中，中度水土流失面积占库区土地总面积的40.4%，强度以上水土流失面积占库区土地总面积的29.0%。

2）三峡库区土地利用变化较为明显。三峡大坝修建前后土地利用变化差异性显著：①在高程500 m以上多为耕地和林地的互换；②随着城市化及其城乡一体化进程的加快，许多平坝地区的优质耕地、林地和草地等被替代，转而变为道路、工矿等城镇建设用地；③在社会主义新农村建设和三峡库区社会经济转型的推动下，部分耕地功能发生转型，以种植脐橙、花椒和油橄榄等经济作物为主，与此同时耕地撂荒现象较为严重。

3）三峡库区坡耕地占比较大。三峡库区坡耕地面积占库区耕地总面积的70%以上，且大部分的坡度都大于20°；部分地区坡度25°以上的坡耕地占该地区耕地面积的50%以上，形成"山有多陡，地有多陡"的局面。

0.2　人地关系国内外研究进展

人地关系是人类与所处环境（包括自然地理环境和社会经济环境）之间的相互作用和相互反馈的关系。人地关系既能揭示自然地理要素对人类生产、生活的影响，又能反映人类发挥其主观能动性利用和改造自然的能力。本书所探讨的人地关系主要指人类活动对土地资源的影响，具体沿土壤侵蚀演变—土地利用变化—坡耕地-聚落-撂荒地空间耦合关系—人地关系的脉络展开研究。

0.2.1 土壤侵蚀

所谓土壤侵蚀，是指地球陆地表面的土壤及其母质在水力、风力、冻融、重力和人类活动等外营力作用下，被剥蚀、破坏、分离、搬运和沉积的全部过程[39]。

0.2.1.1 国外土壤侵蚀研究进展

国外土壤侵蚀研究从 18 世纪末开始并逐步发展起来。最早的土壤侵蚀定量研究是从 1877 年德国土壤学家 E. Wollny 关于降水对土壤冲刷的影响研究开始的。之后各国学者从不同区域土壤侵蚀特点出发进行研究，成果丰硕。下面主要介绍美国和欧洲的土壤侵蚀研究状况。

美国土壤侵蚀研究主要经历了三个阶段：19 世纪末～20 世纪 30 年代中期为第一阶段。1917 年美国学者 Miller[40] 及其同事通过布设 "侵蚀小区"，研究农作物和轮作对土壤侵蚀及径流的影响，这是美国土壤侵蚀定量研究开始的标志。30 年代中期～50 年代中期为第二阶段，是美国土壤侵蚀研究的黄金时期。1940 年 Zingg[41] 在应用小区内模拟野外自然降雨，得出坡度、坡长同坡面土壤侵蚀速率之间的定量化关系，最早的土壤侵蚀定量模型由此诞生。60 年代以后为第三阶段，是全面治理和提高阶段。Wischmeier 和 Smith[42] 在 1965 年提出了 "通用土壤流失方程式"[43]，因其模型的众多优点被广泛推广使用。1991 年又提出了修正后的 "通用土壤流失方程"[44]。1985 年开始进行水蚀预报模型的研究[45]。

自 19 世纪 80 年代中后期德国科学家 E. Wollny 对土壤侵蚀进行研究开始，欧洲各国也逐渐开始重视对土壤侵蚀的研究。相关学者先后提出了欧洲土壤侵蚀模型、分布式土壤侵蚀模型 SHE 模型和 LISEM 模型等。

0.2.1.2 国内土壤侵蚀研究进展

中国农业文明历史悠久，自古就有水土保持的意识和措施。依据我国土壤侵蚀研究的发展，可以将其归纳为三方面：一是土壤侵蚀调查和制图研究；二是土壤侵蚀影响因子分析；三是土壤侵蚀评价。

早期的水土流失调查大多基于定性的地貌调查或制图方法，其等级判定和类型划分的标准较为简单[46]。1953 年开始了有关土壤侵蚀定量化观测研究[47]。20 世纪 80 年代以来，随着遥感技术的发展和普及，中国开始进行土壤侵蚀宏观监测研究，先后进行了三次大规模的全国土壤侵蚀普查，准确地摸清了全国土壤侵蚀现状。

在土壤侵蚀影响因子分析方面，已有研究不仅对土壤侵蚀的影响因素进行了总结，也对土壤侵蚀的单个因子进行了深入研究。王万忠和焦菊英[48]通过运用水文数据对黄土高原水沙时空变化进行了分析，讨论了侵蚀产沙治理前后强度的时空变化特征。雷婉宁和温仲明[49]提出了结构化植被因子指数，相较于传统指数能更好地描述植被与土壤侵蚀的关系。杜俊等[50]讨论了社会经济因子同长江上游侵蚀产沙的关系。

目前众多学者借鉴不同土壤流失方程、侵蚀模型等对我国不同研究区的土壤侵蚀进行了定量化研究，如赵明松等[51]、李大龙等[52]通过土壤流失通用方程分析研究江西、新疆伊犁等地区的土壤侵蚀时空演变状况；盛美玲等[53]运用 WaTEM/SEDEM 分布式数学模型对东北黑土区土壤侵蚀进行研究；肖军仓等[54]运用 SWAT 模型对抚河流域土壤侵蚀进行模拟。贾媛媛等[55]建立了小流域分布式水蚀预报模型探究黄土丘陵沟壑区的侵蚀过程。张瑜英和李占斌[56]对我国土壤水蚀分布式预报模型进行评述。

0.2.1.3　三峡库区土壤侵蚀研究进展

三峡库区的生态安全一直是我国学者研究的重点领域，特别是水土流失严重威胁到三峡库区的环境保护、生态治理的有效性。国内外众多学者对三峡库区的土壤侵蚀做了大量的研究。这些研究大多从动态监测、演变研究、敏感性评价、治理效益、土壤侵蚀模型的运用等方面进行。

针对三峡库区土壤侵蚀类型区划分，不同学者从重庆市、整个库区等不同尺度，依据地形地貌、地质岩性、水土流失等级作为控制因素，将三峡库区水土流失划分为不同的类型区[57,58]。除此之外，赵健等[58]还依据直接入库河流对三峡库区泥沙和水质的影响程度将每个一级区又划分为三带，结果显示库区东段属中强度水土流失类型，水土流失面积最大。部分学者[59,60]将景观生态学的定量方法引入三峡库区土壤侵蚀研究中，通过选择不同景观格局指数分析三峡库区土壤侵蚀的空间格局变化，开展了土壤侵蚀的景观生态学视角研究。针对三峡库区水土流失演变，不同学者从市、县、三峡库区北段和重庆段等不同尺度进行了研究[61~64]，结果显示三峡库区不同尺度水土流失面积、总量和强度总体呈减弱趋势。

三峡库区土壤侵蚀敏感性也是研究的重点，学者从不同因素如植被、坡度、土壤、高程等对土壤侵蚀敏感性进行综合评价，得出三峡库区呈现"首尾低中部高"的土壤侵蚀敏感性的分布格局，高度敏感区主要分布在万州区、开州区、云阳县、奉节县和巫山县等地区[65,66]。

除此之外，如何治理三峡库区水土流失、治理效果评价也得到关注，如周乐群等[67]对整个三峡库区 1980~2000 年两期土地利用和水土流失状况进行动态监测，发现三峡库区经过十年的水土流失综合治理，侵蚀得到明显的好转。

为达到对土壤侵蚀的精确检测，土壤侵蚀模型在三峡库区的土壤侵蚀研究中得到广泛运用。目前三峡库区土壤侵蚀模型研究主要有两种：

第一种是直接借鉴国外土壤侵蚀模型，在此基础上进行一定的修正。这些模型主要为通用土壤流失方程、分散型物理模型 ANSWER2000、欧洲土壤侵蚀预报模型、水蚀模型、分布式参数模型 AnnAGNPS 等。不同类型的土壤侵蚀模型依据其特点适用于不同区域。刘伟等[68]、花利忠等[69,70]在研究三峡库区大宁河流域中分别使用了 SWAT 模型、分布式参数模型 AnnAGNPS 构建流域侵蚀产生过程。牛志明等[71]在曲溪小流域、下岸溪小流域研究中运用了分散性物理模型 ANSWER2000。倪九派等[72]、蔡崇法等[73]、Chen 等[74]运用通用土壤流失方程 USLE 对长江三峡中低山区、王家桥、芋子沟、香溪河流域等地区土壤流失进行了估算。王宏等[75]在王家桥小流域研究中运用欧洲土壤侵蚀模型 EUROSEM。吴昌广等[76]和范建荣等[77]运用修正土壤流失方程 RUSLE 对整个三峡库区水土流失进行了判定。Shen 等[78]运用水蚀模型 WEPP 研究了张家冲小流域土壤流失规律。

第二种则是创建适合于三峡库区的土壤侵蚀模型。随着三峡库区生态环境监测站的建立，依据径流小区观测或是人工降雨模拟的研究，创建了一些适合三峡库区的土壤侵蚀模型。杨艳生等[79]考虑土壤侵蚀方式和水土流失程度因不同地域的土壤母质类型组合不同而有差异，选择三峡库区水土流失的主要发生地紫色岩侵蚀类型区作为研究重点，利用回归分析得出紫色土区坡耕地年土壤流失量方程。夏艳华和张平仓[80]依据侵蚀力学机制不同，将研究区侵蚀划分为坡面侵蚀和流域侵蚀，并对其分别讨论，建立坡面土壤侵蚀模型和流域土壤侵蚀模型，这是对过程模型建立的一个尝试。

0.2.2　土地利用变化研究

0.2.2.1　国外土地利用变化研究进展

土地利用与土地覆盖变化（land use and land cover change，LUCC）是全球变化的重要组成部分[81,82]。20 世纪 90 年代以来，随着城市化进程的加快、人口的快速增长及大型水利工程建设带来的环境问题，使 LUCC 研究成为国际前沿和热点[83~85]。从 IGBP（International Global Biology Plan，国际地圈生物圈计划）和 IHBP（International Hydrology and Biology Plan）发起的 LUCC 计划[86,87]过渡到现在 IGBP 和 IHDP（International Human Dimensions Program）启动的 GLP（Global Land Plant）科学计划阶段[88,89]，其研究已经引起不同学科研究者的关注[90~93]。随着社会经济的发展，人类对土地利用开发程度增加，以自然覆盖为主的林地、灌木和草地等向着以耕地与建设用地为主的非自然景观转变，这必然会导致环境问题的出现，影响可持续发展[94]。进入 21 世纪后，LUCC 的研究对象和理论成果进一步丰富、发展，主要体现在土地利用对生态系统的服务、土地利用及其生态环境效应、土地利用空间格局及其驱动机制、城市与农村 LUCC 等几方面[95]。

0.2.2.2　国内土地利用变化研究进展

我国土地利用研究起步较早，有较好的研究基础。早在 20 世纪 50 年代便开展土地类型的调查与制图工作，且以大、中比例尺为主[96]。在此基础上，我国于 70 年代开展土地资源评价及其农业区划方面的研究，并注重使用不同比例尺对土地类型进行制图[97]，并相继出版《1∶100 万中国土地利用图集》《中国土地利用》等，对土地利用分类、评价及其土地利用管理与规划等内容进行集中研究[98]。到 90 年代中后期，土地利用变化对生态环境的影响、人类活动对土地利用的影响的相关研究成为当时的研究热点[99]。进入 21 世纪后，GIS、RS 和 GPS（简称 3S）等现代科学技术得到显著的提高，有关驱动研究、模拟研究、生态效应研究及可持续利用研究等方面的创新方法运用于土地利用变化中，大大地丰富了土地利用变化的理论成果。

总体来说，国内有关 LUCC 的研究成果主要集中于土地利用变化及其驱动机制分析[100,101]、土地利用及其生态环境响应[102,103]、土地利用变化动态预测模拟[104,105]、土地利用变化对非点源污染的影响[106,107]及土地利用变化对生态风险评价[108,109]等方面。有关流域 LUCC 的研究也体现在这些方面。例如，肖思思等[110]借助 RS 和 GIS 技术，通过土地利用变化幅度、程度及区域差异等模型，对 1980～2005 年以来土地利用变化及其驱动因素进行探讨。徐羽等[111]借助空间自相关、地统计分析等方法对鄱阳湖流域 2005 年以来的土地利用生态风险状况进行研究。任斐鹏等[112]运用 GIS 空间分析工具、变化指数对比分析东江流域 1990～2009 年土地利用变化及其区域特征进行分析。陆文涛等[113]在 1999 年、2002 年的遥感影像的基础上，通过 Dyna-CLUE 模型对滇池流域 2008 年土地利用空间分布进行模拟。

0.2.2.3　三峡库区土地利用变化研究进展

三峡库区作为传统农耕区的同时，也是我国水土流失最严重的地区之一。LUCC 与三峡水利工程建设及其带来的移民安置、城镇迁建、生态扶持等有密切的关系。近年来，随着三峡库区农业社会向工业和城市社会转型的推进，山区大量劳动力涌入城镇，使三峡库区的土地利用发生了显著的变化。当前有关三峡库区 LUCC 的研究主要有以下几个方面。

1）从时间上来看，三峡库区土地利用变化具有明显的阶段性特征：2010 年以前，三峡库区以林地、草地的转出，水域、耕地和建设用地的转入为主；2010 年以后，随着生态文明建设的深入及耕地非农化进程的推进，三峡库区表现为以耕地的转出，林地、草地、灌的转入为主。这说明，三峡库区土地利用覆被变化，具有研究的必要性。

2）从研究内容上来看，三峡库区有关的研究成果涉及驱动机制评价[114]、土地功能格局变化[115]、土地利用生态系统服务[116]和土地利用演变模拟与预测[117]等方面，研究内容丰富。同时，有关三峡库区土地利用生态环境效应方面的研究仍需进一步加强。

3）从研究区域看，多为仅针对整个三峡库区、三峡库区小流域、三峡库区腹地典型区县、流域等尺度，而缺乏针对多个研究对象土地利用变化的对比分析。

4）从研究方法看，包括土地利用变化程度模型、土地利用景观格局模型、土地利用预测模型及土地利用生态风险评价体系等方面。

0.2.3　农村聚落研究进展

我国关于对农村聚落的相关记载较早，在许多地方的地方志、游记等著作中有一些相应的文字和图片记载，描述了那时农村聚落的位置、形状、周围的自然环境等方面的简单概况，但是没有形成真正的理论研究。我国近代农村聚落研究开始比较晚，专门的研究是开始于 20 世纪 30 年代，这个时期是我国农村聚落地理研究的起步阶段。这一时期我国很多学者对农村聚落地理进行了深入研究，如朱炳海[118]对西康山地村落分布进行了研究，陈述彭[119]对遵义附近的农村聚落从农村聚落周围的环境、房屋分布情况等方面做了比较深入的研究。从这些研究可以发现，这一时期的农村聚落研究主要是针对农村聚落周围地理环境的介绍、聚落的数量、分布情况进行调查，着重于数据调查和对调查结果的描述，缺乏对农村聚落形成机制的探讨。

20 世纪 70 ~ 80 年代，为恢复我国社会经济的发展，提高农村地区的生活、生产情况，我国农村聚落研究进入了一个比较繁荣的时期[120]，众多学者针对农村聚落发展中出现的实际问题开展了大量的针对性课题研究。例如，李振泉[121]于 1985 年总结党的十一届三中全会之前我国农村聚落的分布、农村聚落地理研究状况、新村建设面临的问题等，在此基础上从地理学的角度总结出今后我国农村聚落研究的主要课题，指出今后研究的主要方向应是：农村聚落地理现状调查与分析、农村聚落的职能性质与类型、农村聚落的规模、农村聚落布局（布局需要注重大布局、小布局、内部布局相结合）、农村聚落的建筑类型、参加农村聚落规划实践工作等方面[121]。

到 20 世纪 90 年代，当时社会上的流行思想是注重城市建设，轻视农村发展。地理研究重心指向城市，相关研究主要针对城市空间布局优化等内容，而针对农村聚落的研究则相对较少。

近年来，随着我国经济的快速发展，农村经济发展滞后严重制约着我国综合国力的提升和社会主义建设，"三农"问题引起国家高度关注。随着城乡一体化建设步伐加快，在广大的农村地区，掀起了建房热，问题也接踵而至，主要表现在：①农村聚落盲目扩建，使相当多的耕地被侵占，耕地水土流失加剧；②广大农村基础设施落后，缺乏科学管理，村落发展不合理；③农村经济发展水平低，生活环境差，出现大量农村人口的转移，一方面造成农村大量耕地无人耕作，另一方面也造成农村房屋无人居住，出现农村聚落空心化现象。大量耕地和聚落空置，土地资源浪费严重，使得原本已紧张的资源供需矛盾突增。学术界也对农村聚落给予了广泛的关注，这一时期相关研究集中在乡村聚落空间格局、影响因素、科学规划等方面。

0.2.4　坡耕地与撂荒地

0.2.4.1　坡耕地空间分布研究现状

坡耕地作为人地系统耦合的结果，加剧了山地和坡地的土壤侵蚀与水土流失。美国中北部每年因耕作造成的土壤流失量超过 $150t/hm^2$[122]，哥斯达黎加每年耕作侵蚀量达 $250\ t/hm^2$[123]，而在坡顶或凸面上耕作侵蚀量最大[124]。随着经济发展和技术的改进，中国农业处于现代化进程中，在 1.35 亿 hm² 耕地资源中，坡耕地占 27%[125]，其中东部地区以平地耕地资源为主，15°以上坡耕地较少[126]，而在作为长江和珠江两大水系的重要生态屏障的中国西南地区，坡耕地占耕地资源的比例高达 74.68%[127]，因此坡耕地是山区农业中重要的土地资源。因坡度级的划分存在多种标准[128]，坡地类型也呈多样化。罗光杰等[129]通过对贵州岩溶地区 2000～2010 年耕地研究发现，坡耕地是耕地减少的主要来源，6°～15°分布的耕地最多。王永艳[130]发现三峡库区坡耕地面积占区域耕地总面积的 70% 以上，且大多位于坡度 20°以上，其中 2007 年>25°坡耕地占耕地总面积的 18%[131]。甘彩红等[132]认为砂岩区为坡耕地主要分布区，石灰岩区为坡耕地分布的低值区。韦杰和贺秀斌[133]认为三峡库区是中国坡耕地分布最集中的地区之一，且 80% 以上的耕地分布于 7°～25°坡度带上[134]。可见，对三峡库区典型案例区坡耕地空间分布研究尤为必要。

0.2.4.2　坡耕地撂荒研究现状

耕地撂荒指耕地闲置一年以上未被利用的现象[135]，主要从广义层面、"劳动力"和"荒地"、撂荒时限或农民是否投入对耕地撂荒进行定义和分类[136~139]。农业边际化导致的耕地撂荒是欧洲、北美和一些新兴工业化国家普遍存在的现象。自 20 世纪 80 年代末以来，全球山区农业人口持续减少，边际地区出现大规模的耕地撂荒现象[140]。在西欧、日本、东欧和地中海国家，如葡萄牙、西班牙和意大利的山区，耕地撂荒一直持续，大量耕地撂荒引起森林面积增加[141~143]、土地边际化[144,145]和农地退耕[146,147]等土地利用变化，并对区域土壤侵蚀[148~151]、生物多样性[152,153]和植被覆盖变化[154~156]等方面造成影响。而中国自 20 世纪 90 年代以来，土地撂荒已成为一个日益重要的问题。耕地撂荒问题对生物多样性和生态系统恢复、粮食安全和农村可持续发展产生了重要影响。山区耕作成本较高的劣质耕地撂荒现象严重[140]。这与山区土地贫瘠、农业基础设施薄弱有关[157]。其中，重庆市耕地撂荒多与务农机会成本上升、农业劳动力析出有关[158]。

0.2.4.3　撂荒地空间分布研究现状

在各个国家和地区内部，耕地撂荒分布并不均衡，如美国的耕地撂荒集中在东部[159,160]，而中欧山区、地中海地区、东欧地区是欧洲耕地撂荒最为明显的地区[161~164]。同一国家和地区内撂荒地空间分布差异也十分显著。法国的大多数撂荒地多分布于持水能力弱的边际土壤，如粗骨土和石灰岩区域[165]。地中海北部农村土地撂荒比地中海南部更为严重[166]。同时受不同地形因素、交通区位因素和社会经济因素的影响，撂荒地空间微观异质性更加显著，降雨量和坡度越大的区域，撂荒地更多；靠近大河和远离公路的土地更有可能被遗弃，与主要公路相邻的土地更有可能持续种植。我国撂荒现象普遍存在，随着撂荒范围的扩大和撂荒程度的增加[167~169]，撂荒地呈现的特点复杂化，大致可以分为以下几个方面：①自然条件差和生态脆弱的地区撂荒地多[170,171]；②距离交通干道、城镇中心和居民点越远撂荒地越多[172,173]；③劳动力大量外出务工的地区撂荒地多[174,175]；④土地流转欠发达的地区撂荒地多[176,177]；⑤常年性撂荒增加，季节性撂荒减少[178~180]。因此，在前人研究基础上，加强山区大范围撂荒地信息的提取，进一步了解撂荒地空间规律和形成机理，对山区制定合理的土地规划策略和撂荒风险评估有着重要意义。

0.2.4.4 坡耕地撂荒影响因素的研究现状

发达国家的发展历程表明，山区耕地自然条件差[181]，以经济利益追求为导向的农业劳动力转移是耕地撂荒的主要原因[182,183]。在经济作物的推广[184,185]、劳动力价格上涨的同时，政府应出台相应的补偿政策缓解耕地撂荒现象[186]。在我国，劳动力从农村到城市的迁移及过去几十年农业总劳动力的减少已经得到了充分的记载[187,188]。目前，越来越多的农业劳动者参与非农就业，这一转变已成为影响农业用地利用变化的主要因素之一[189]。这一现象在中西部经济落后地区尤为突出。第二、第三产业的增长机会是农业增加机会成本的主要原因[190,191]。在地方尺度上，撂荒耕地的决定因素包括地形条件（如高程和坡度）[192]、土壤性质（如土壤深度和土壤侵蚀）[193]、气候条件[194]、农民的就业选择[195~197]和可及性[198]。自然条件差，抗灾能力差的耕地增加了农业成本、降低了农民收益[199]和种植的积极性[200]，农民理性地选择"弃农务工"[201]。在景观尺度上，土地价格、城市距离和道路距离是耕地退耕还林的重要预测变量[202]。在区域尺度上，社会经济因素成为重要的驱动变量[203]。在人口城镇化和工业化水平较高的地区，耕地更容易被遗弃。现行的土地制度也一定程度上阻碍了土地流转，出现了大量土地撂荒[204]。总的来说，针对撂荒地的研究多基于调查数据定性与定量相结合，分析了耕地撂荒的现象、类型和特征，撂荒原因，撂荒后果及规避措施等方面，而对撂荒地数量空间规模等微观问题，尤其是山区的坡耕地撂荒研究较少。

0.3 研究目标

本书以人地关系为主线，借助地理空间分析方法从土壤侵蚀演变、土地利用变化、聚落-坡耕地-撂荒地空间耦合、人地关系转型等方面定量评价三峡库区腹地复杂背景条件下的人地关系状况，最终实现以下研究目标。

1）土壤侵蚀演变及其驱动机制研究。在对土壤侵蚀时空演变特征、流域类型与土壤侵蚀的关系、土壤侵蚀地学背景及土壤侵蚀尺度效应进行研究的基础上，探索区域土壤侵蚀演变原因，并为区域土壤侵蚀治理提供借鉴。

2）土地利用变化及其景观生态优化研究。在对典型流域土地利用变化特征进行研究的基础上，探究流域土地利用变化驱动机制，分析土地利用变化与土壤侵蚀、生态风险评价、景观生态安全格局的关系。

3）坡耕地-聚落-撂荒地空间耦合关系研究。探究坡耕地与聚落的耦合关系、坡耕地与撂荒地的空间分布变化特征与影响因素、耕地撂荒的时空演变规律。

4）人地关系转型研究。以草堂溪小流域为案例区，围绕土地利用功能变化、耕地功能转型与聚落耦合关系状况，探究三峡库区腹地小流域尺度人地关系转型模式。

0.4 研 究 内 容

本书按照土壤侵蚀演变—土地利用变化—聚落与坡耕地空间耦合—坡耕地与撂荒地空间分布与耦合—耕地撂荒演变—土地功能转型—耕地功能转型与聚落耦合的研究思路；在三峡库区腹地区县尺度上选择奉节县、巫山县、开州区、云阳县和巫溪县为研究区，流域尺度上选择大宁河流域、梅溪河流域、汤溪河流域和草堂溪流域等作为研究区；基于遥感影像资料与实地调查，定量分析评价研究区人地关系状况，揭示人类活动对区域人地关系演变的影响。具体研究内容主要包括以下四方面。

（1）土壤侵蚀分布及其时空演变特征

选择三峡库区腹地典型区县、流域作为研究区域，在对流域划分、区域尺度选择和流域土地类型分类的格局条件下，基于土壤侵蚀强度综合指数法探究土壤侵蚀时空分布及其演变规律、流域类型与土壤侵蚀的关系、不同土地类型土壤侵蚀演变、土壤侵蚀演变的尺度效应等特征，以及土壤侵蚀演变的机理。揭示研究区在国家社会经济转型、土地利用转型过程中，土壤侵蚀的转型状况。

（2）土地利用变化及其生态响应

本书分别选取汤溪河流域、梅溪河流域、大宁河流域作为研究对象，试图通过土地利用变化相关研究方法从流域尺度反映三峡库区不同流域土地利用变化时空演变规律，揭示土地利用变化的相似性特征，总结出三峡库区流域土地利用变化的驱动机制；选取草堂溪流域作为研究对象，在土地利用分类和土壤侵蚀强度的基础上，通过土壤侵蚀和土地利用生态风险评价等相关研究方法，探索流域土地利用与土壤侵蚀的相关关系，并分析研究土地利用变化与生态风险的关系；以奉节县为研究区域，借助最小累积阻力面模型建立生态安全格局划分标准，将研究区分为水源涵养区、生态缓冲区、生态敏感区和生产生活区，为各功能区管理及其生态治理提供可行性建议。

（3）坡耕地–聚落–撂荒地空间耦合

本书选取奉节县 27 个乡镇为研究区域，通过建立 1 km×1 km 单元网格，在对坡耕地和聚落空间分布特征进行研究的基础上，结合空间自相关，建立两者之间的关系，并划分为坡耕地偏多型、坡耕地偏少型、坡耕地–聚落均衡型等空间耦合类型，最终分析坡耕地偏多的原因及人地关系驱动原因；选取奉节县为研究对象，在构建撂荒地解译标志的基础上，运用空间数据分析法从地貌分区和乡镇尺度两方面探究坡耕地和撂荒地的空间分布格局，通过耦合关系分析其影响机制；以草堂镇为案例区，通过撂荒地不同年限的判定，借助景观格局指数，探究研究区坡耕地和撂荒地时空演变规律，最终从地形、交通条件和耕作距离等方面探究坡耕地撂荒的演变规律。

（4）土地功能变化、耕地功能转型及其与聚落的空间耦合关系

以草堂溪流域为研究案例，通过建立"生态–生产–生活"土地功能分类体系，分析土地功能时空演变规律，揭示流域土地功能演变驱动机制及其启示意义，在耕地功能转型及聚落属性分类的基础上，通过分析耕地功能转型和聚落空间耦合关系，从地貌和距离两方面探析耕地转型与聚落发展的关系，总结其空间耦合的一般性规律。

0.5 研 究 方 法

本书整体以"人地关系"为主线，研究方法随研究内容的变化而变化，各章节部分具体研究方法见表0.2。研究方法具体内容描述详见各章节部分相关内容。

表0.2 本书主要研究方法介绍

主题	主要章节	具体方法
土壤侵蚀	第1章、第2章	土壤侵蚀强度综合指数
	第3章	高程、坡度重分类；土地类型划分；冷热点分析
	第4章	流域划分；空间自相关
土地利用变化	第6章	土地利用变化速度及趋势；土地利用程度；高程、坡度地貌分级；缓冲区分析
	第9章	土地利用相对合理指数；生态风险指数；土地生态风险分级
	第10章	最小累积阻力面模型；生态安全格局组分识别及生态功能划分
坡耕地–聚落–撂荒地空间耦合	第11章	空间自相关；土壤侵蚀综合指数；回归分析
	第12章	坡耕地与撂荒地的识别；地貌分区法；点格局分析法；核密度分析法；空间自相关
	第13章	双变量空间自相关；撂荒地耦合类型判定；多元逻辑回归模型
	第14章	缓冲区分析；景观格局指数分析；撂荒地不同年限的判定
人地关系转型	第15章	土地功能分类体系建立；土地功能转移流；地形位指数；分布指数；景观指数
	第16章	耕地功能转型空间可视化；聚落属性分类；研究单元划分

0.6 技 术 路 线

选择三峡库区腹地生态敏感区和生境脆弱带的奉节县、巫山县、云阳县、开州区和巫溪县等主要区县及汤溪河流域、梅溪河流域、大宁河流域和草堂溪流域等典型流域作为研究区，在考虑区域复杂自然背景条件的情况下，结合三峡大坝修建各阶段的社会经济状况、移民政策、生态文明建设和精准扶贫等国家政策探究人地关系视域下的土壤侵蚀演变、土地利用变化、坡耕地–聚落–撂荒地空间耦合、人地关系转型等内容。本书研究有利于从整体上把握三峡库区腹地人地关系变化状况，对后续有关三峡库区腹地研究具有较好的理论和实践借鉴意义。

本书具体的技术路线如图0.1所示。

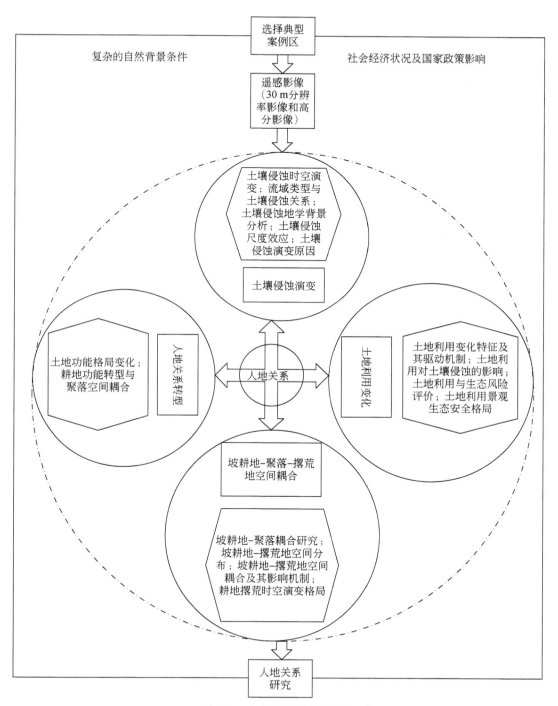

图 0.1　本书研究技术路线图

0.7 本章小结

　　本章在文献调研的基础上，阐述了三峡库区腹地人地关系变化的研究现状，为下一步的研究展望提供理论参考。在此基础上，构建了本书的研究框架。

参 考 文 献

[1] 陆大道，郭来喜. 地理学的研究核心 [J]. 地理学报，1998，53 (2)：97-105.

[2] 王爱民，缪磊磊. 地理学人地关系研究的理论评述 [J]. 地球科学进展，2000，15 (4)：415-420.

[3] 方创琳. 中国人地关系研究的新进展与展望 [J]. 地理学报，2004，59 (S)：21-32.

[4] 李小云，杨宇，刘毅. 中国人地关系演进及其资源环境基础研究进展 [J]. 地理学报，2016，71 (12)：2067-2088.

[5] 郭跃，王佐成. 历史演进中的人地关系 [J]. 重庆师范学院学报 (自然科学版)，2001，18 (1)：23-25.

[6] 王劲峰. 人地关系演进及其调控：全球变化、自然灾害、人类活动中国典型区研究 [M]. 北京：科学出版社，1995.

[7] 张明. 榆林地区脆弱生态环境景观格局的演变研究 [J]. 地理研究，2000，19 (1)：30-36.

[8] 孙武，侯玉，张勃. 脆弱生态带波动性、人口压力、脆弱度之间的关系 [J]. 生态学报，2000，20 (3)：369-373.

[9] 陈慧琳. 南方岩溶区人地系统的地域分异探讨 [J]. 地理研究，2000，19 (1)：73-79.

[10] 张雷，刘毅. 中国东部沿海地带人地关系状态分析 [J]. 地理学报，2004，59 (2)：311-319.

[11] 刘彦随，陈百明. 中国可持续发展问题与土地利用/覆被变化研究 [J]. 地理研究，2002，21 (3)：324-330.

[12] 石玉林. 资源科学 [M]. 北京：高等教育出版社，2006.

[13] 刘彦随. 中国土地资源研究进展与发展趋势 [J]. 中国生态农业学报，2013，21 (1)：127-133.

[14] 刘黎明. 土地资源学 (第5版) [M]. 北京：中国农业大学出版社，2010.

[15] 单卫东，胡月明，贺灿飞，等. 土地规划的自然过程基础与大数据时代的方法探索 [J]. 地理科学，2016，36 (12)：1912-1919.

[16] 严金明，夏方舟，李强. 中国土地综合整治战略顶层设计 [J]. 农业工程学报，2012，28 (14)：1-9.

[17] 陈百明. 发展之要　统筹之本　生态之基——展望土地整治工作新趋势 [J]. 中国土地，2012，(3)：1.

[18] 陈百明，张凤荣. 中国土地可持续利用指标体系的理论与方法 [J]. 自然资源学报，2001，16 (3)：197-203.

[19] 王静，邵晓梅. 土地节约集约利用技术方法研究：现状、问题与趋势 [J]. 地理科学进展，2008，27 (3)：68-74.

[20] 高杨，吕宁，薛重生，等. 不同区域土地利用与土壤侵蚀空间关系研究 [J]. 中国水土保持，2006，(11)：21-23，58.

[21] 赵文武，傅伯杰，吕一河，等. 多尺度土地利用与土壤侵蚀 [J]. 地理科学进展，2006，25 (1)：

24-33.

［22］柳长顺，齐实，史明昌．土地利用变化与土壤侵蚀关系的研究进展［J］．水土保持学报，2001，15（5）：10-13，17.

［23］Woo M K，Fang G X，diCenzo P D. The role of vegetation in the retardation of rill erosion［J］. Catena，1997，29（2）：145-159.

［24］朱连奇，许叔明，陈佩云．山区土地利用/覆被变化对土壤侵蚀的影响［J］．地理研究，2003，22（4）：432-438.

［25］傅伯杰，陈利顶，邱扬，等．黄土丘陵沟壑区土地利用结构与生态过程［M］．北京：商务印书馆，2002.

［26］郭旭东，刘国华，陈利顶，等．欧洲景观生态学展望［J］．地球科学进展，1999，14（4）：353-357.

［27］邱扬，傅伯杰，王勇．土壤侵蚀时空变异及其与环境因子的时空关系［J］．水土保持学报，2002，16（1）：108-111.

［28］刘宝元，谢云，张科利．土壤侵蚀预报模型［M］．北京：中国科学技术出版社，2001.

［29］Verburg P H，Veldkamp T，Bouma J. Land use change under conditions of high population pressure：the case of Java［J］. Global Environment Change，1999，9：303-312.

［30］Ananda J，Herath G. Soil erosion in developing countries，a socio-economic appraisal［J］. Journal of Environmental Management，2003，68：343-353.

［31］Arnalds O，Barkaison B H. Soil erosion and land use policy in Iceland in relation to sheep grazing and government subsidies［J］. Environmental Science & Policy，2003，6：105-113.

［32］王思远，王光谦，陈志祥．黄河流域土地利用与土壤侵蚀的耦合关系［J］．自然灾害学报，2005，14（1）：32-37.

［33］王万茂．土地资源管理学［M］．北京：高等教育出版社，2003.

［34］喻权刚．遥感信息研究黄土丘陵区土地利用与水土流失［J］．土壤侵蚀与水土保持学报，1996，2（2）：24-31.

［35］Ludwig B，Boiffin J，Chadoeuf J，et al. Hydrological structure and erosion damage caused by concentrated flow in cultivated catchments［J］. Catena，1995，25：227-252.

［36］Vandaele K，Poesen J. Spatial and temporal patterns soil erosion rates in an agricultural catchment，central Belgium［J］. Catena，1995，25：213-226.

［37］Slattery M C，Burt T P. Particle size characteristics of suspended sediment in hillslope runoff and stream flow［J］. Earth Surface Processes and Landforms，1997，22：705-719.

［38］Taken I，Beuselinck L，Nachtergaele J，et al. Spatial evaluation of a physically-based distributed erosion model（LISEM）［J］. Catena，1999，37：431-447.

［39］中国农业百科全书编委会．中国农业百科全书·土壤卷［M］．北京：农业出版社，1996.

［40］Miller M F. Waste through soil erosion［J］. Agronomy Journal，1926，18：153-160.

［41］Zingg A W. Degree and length of land slope as it affects soil loss in run off［J］. Agricultural Engineering，1940，21：59-64.

［42］Wischmeier W H，Smith D D. Predicting Rainfall-erosion Losses from Cropland East of the Rocky Mountains：A Guide to Conservation Planning［M］. Washington：USDA Agricultural Handbook，1965.

［43］Wischmeier W H，Smith D D. Predicting Rainfall Erosion Losses：A Guide to Conservation Planning［M］.

Washington：USDA Agriculture Handbook，1978.

[44] Renard K G，Foster G R，Weesies G A，et al. RUSLE-revised universal soil loss equation [J]. Journal of Soil and Water Conservation，1991，46（1）：30-35.

[45] Planagan D C，Ascough J C，Nicks A D，et al. Overview of the WEPP erosion prediction model [R]. Technical Documentation，USDA-Water Erosion Prediction Project，1995.

[46] 唐克丽，等. 中国水土保持 [M]. 北京：科学出版社，2004.

[47] 陈永宗. 黄土高原土壤侵蚀规律研究工作回顾 [J]. 地理研究，1987，19（1）：52-56.

[48] 王万忠，焦菊英. 黄土高原侵蚀产沙强度的时空变化特征 [J]. 地理学报，2002，57（2）：210-217.

[49] 雷婉宁，温仲明. 基于植物群落结构的水土流失植被因子指数研究 [J]. 水土保持学报，2008，22（5）：68-77.

[50] 杜俊，师长兴，胡大伟，等. 长江上游侵蚀产沙与社会经济因子的关系 [J]. 地理学报，2010，65（9）：1089-1098.

[51] 赵明松，李德成，张甘霖. 1980—2010 年间安徽省土壤侵蚀动态演变及预测 [J]. 土壤，2016，48（3）：588-596.

[52] 李大龙，杨井，李卫红，等. 基于 GIS 和 USLE 的伊犁河谷土壤侵蚀敏感性评价 [J]. 生态学杂志，2016，（4）：942-951.

[53] 盛美玲，方海燕，郭敏. 东北黑土区小流域侵蚀产沙 WaTEM/SEDEM 模型模拟 [J]. 资源科学，2015，37（4）：815-822.

[54] 肖军仓，罗定贵，王忠忠. 基于 SWAT 模型的抚河流域土壤侵蚀模拟 [J]. 水土保持研究，2013，20（1）：14-18，24.

[55] 贾媛媛，郑粉莉，杨勤科，等. 黄土丘陵沟壑区小流域水蚀预报模型构建 [J]. 水土保持通报，2004，24（2）：5-16.

[56] 张瑜英，李占斌. 土壤水蚀分布式预报模型研究述评 [J]. 中国水土保持，2006，（12）：28-30，56.

[57] 倪九派，魏朝富，谢德林. 土壤侵蚀定量评价的空间尺度效应 [J]. 生态学报，2005，25（8）：2061-2067.

[58] 赵健，郭宏忠，陈健桥，等. 三峡库区水土流失类型划分及防治对策 [J]. 中国水土保持，2010，（1）：16-18.

[59] 彭月，何丙辉，黄世友. 基于景观破碎化的三峡库区（重庆）土壤侵蚀评价 [J]. 土壤学报，2012，49（4）：636-645.

[60] 汪涛，黄子杰，吴昌广，等. 基于分形理论的三峡库区土壤侵蚀空间格局变化 [J]. 中国水土保持，2011，9（2）：47-51.

[61] Nie Y，Fan J R，Yang A Q. Temporal and spatial conversion analysis of soil erosion in the Three Gorges Region based on RS and GIS technique：A case study in Kaixian County [J]. Wuhan University Journal of Natural Sciences，2008，13（3）：369-376.

[62] 赵岩洁，李阳兵，冯永丽. 三峡库区紫色岩小流域土壤侵蚀强度动态监测 [J]. 资源科学，2012，34（6）：1125-1133.

[63] 李月臣，刘春霞，赵纯勇，等. 三峡库区重庆段水土流失的时空格局特征 [J]. 地理学报，2008，63（5）：502-513.

[64] 徐昔保，杨桂山，李恒鹏，等. 三峡库区蓄水运行前后水土流失时空变化模拟及分析 [J]. 湖泊

科学，2011，23（3）：429-434.

[65] 李霖，吴帆. 空间数据多尺度表达模型及其可视化［M］. 北京：科学出版社，2005.

[66] 李月臣，刘春霞，赵纯勇，等. 三峡库区（重庆段）土壤侵蚀敏感性评价及其空间分异特征［J］. 生态学报，2009，29（2）：788-796.

[67] 周乐群，孙长安，胡甲均，等. 长江三峡工程库区水土保持遥感动态监测及 GIS 系统开发［J］. 水土保持通报，2004，24（5）：49-53.

[68] 刘伟，安伟，杨敏，等. 基于 SWAT 模型的三峡库区大宁河流域产流产沙模拟及土壤侵蚀研究［J］. 水土保持学报，2016，30（4）：49-56.

[69] 花利忠，贺秀斌，颜昌宙，等. 三峡库区大宁河流域 AnnAGNPS 模型参数评价［J］. 水土保持学报，2008，22（4）：65-74.

[70] 花利忠，贺秀斌，颜昌宙，等. 基于 AnnAGNPS 模型的大宁河流域泥沙输移比评价［J］. 水土保持通报，2009，29（3）：154-158.

[71] 牛志明，解明曙，孙阁，等. ANSWER2000 在小流域土壤侵蚀过程模拟中的应用研究［J］. 水土保持学报，2001，15（3）：56-60.

[72] 倪九派，傅涛，李瑞雪，等. 应用 ARC/INFO 预测宇子沟小流域土壤侵蚀量的研究［J］. 水土保持学报，2001，15（4）：29-32.

[73] 蔡崇法，丁树文，史志华，等. 应用 USLE 模型与地理信息系统 IDRISI 预测小流域土壤侵蚀量的研究［J］. 水土保持学报，2000，14（2）：19-24.

[74] Chen L, Qian X, Shi Y. Critical area identification of potential soil loss in a typical watershed of the Three Gorges Reservoir Region［J］. Water Resources Management，2011，25（13）：3445-3463.

[75] 王宏，蔡强国，朱远达. 应用 EUROSEM 模型对三峡库区陡坡地水力侵蚀的模拟研究［J］. 地理研究，2003，22（5）：579-589.

[76] 吴昌广，吕华丽，周志翔，等. 三峡库区土壤侵蚀空间分布特征［J］. 中国水土保持科学，2012，10（3）：15-21.

[77] 范建容，刘飞，郭芬芬，等. 基于遥感技术的三峡库区土壤侵蚀量评估及影响因子分析［J］. 山地学报，2011，29（3）：306-311.

[78] Shen Z Y, Gong Y W, Li Y H, et al. A comparison of WEPP and SWAT for modeling soil erosion of the Zhangjiachong Watershed in the Three Gorges Reservoir Area［J］. Agricultural Water Management，2009，96（2009）：1435-1442.

[79] 杨艳生，梁音，刘佳桂. 长江三峡区土壤坡面流失及重力侵蚀［J］. 水土保持学报，1991，5（3）：29-35.

[80] 夏艳华，张平仓. 基于侵蚀力学机制的流域土壤侵蚀模型研究———以长江三峡库区王家桥流域为例［J］. 水土保持学报，2003，17（1）：152-154.

[81] Turner II B L, Lambin E F, Reenberg A. The emergence of land change science for global environmental change and sustainability［J］. Proceedings of the National Academy of Sciences of the United States of America，2007，104（52）：20666-20671.

[82] Wasige J E, Groen T A, Smaling E, et al. Monitoring basin-scale land cover changes in Kagera Basin of Lake Victoria using ancillary data and remote sensing［J］. International Journal of Applied Earth Observation and Geoinformation，2013，21：32-42.

[83] 崔王平，李阳兵，郭辉，等. 重庆市不同空间尺度建设用地演进特征与景观格局分析［J］. 长江

流域资源与环境，2017，26（1）：35-46.
［84］杨忍，刘彦随，龙花楼．中国环渤海地区人口—土地—产业非农化转型协同演化特征［J］．地理研究，2015，34（3）：475-486.
［85］王红，宫鹏，刘高焕．黄河三角洲土地利用/土地覆盖变化研究现状与展望［J］．自然资源学报，2004，19（1）：110-118.
［86］Turner B L，Skole D S，et al. Land-use and Land Cover Change Science/Research Plan. IGBP Report No. 35&HDP Report No. 7［R］. Stockholm：IGBP，1995.
［87］Lambin E F，Baulies X，Bockstael N，et al. Land-use and Land-cover Change，Implementation Strategy. IGBP Report No. 48&HDP Report No. 10［R］. Stockholm：IGBP，1999.
［88］Moran E F. News on the land project［J］. Global Change News Latter，2003，54：19-21.
［89］Ojima D S，Moran E F，McConnell W，et al. Global Land Project：Science Plan and Implementation Strategy. IGBP Report No. 53&IHDP Report No. 19［R］. Stockholm：IGBP Sceretariat，2005.
［90］唐俊华，吴文斌，杨鹏，等．土地利用/土地覆被变化（LUCC）模型研究进展［J］．地理学报，2009，64（4）：456-468.
［91］李晓兵．国际土地利用-土地覆盖变化的环境影响研究［J］．地球科学进展，1999，14（4）：395-400.
［92］Hao H M，Ren Z Y. Land use/land cover change（LUCC）and eco-environment response to LUCC in Faeming-Pastoral Zone，China［J］. Agricultural Sciences in China，2009，8（1）：91-97.
［93］Evans T P，Manire A，Castro F，et al. A dynamic model of household decision-making and parcel level land cover change in the estern Amazon［J］. Ecological Modelling，2001，143：95-113.
［94］陈述彭．城市化与城市地理系统．［M］．北京：科学出版社，1999.
［95］陈百明，刘新卫，杨红．LUCC 研究的最新进展评述［J］．地理科学进展，2003，22（1）：22-30.
［96］何建龙．呼和浩特市地质环境与土地利用格局关系研究［D］．呼和浩特：内蒙古农业大学，2007.
［97］蔡云龙．土地利用/土地覆被变化研究：寻求新的综合途径［J］．地理研究，2001，20（6）：645-652.
［98］孟晓云．基于 GIS 的佛山市南海区土地利用时空变化分析［D］．广州：中山大学，2005.
［99］邓宏．三峡地区土地利用变化研究［D］．武汉：武汉大学，2005.
［100］彭睿文，罗娅，陈起伟，等．石漠化治理区小尺度土地利用变化及其驱动机制分析——以花江石漠化治理区为例［J］．长江流域资源与环境，2017，26（12）：2073-2082.
［101］王恳，李新举．城镇化背景下济南市土地利用变化驱动机制分析［J］．中国人口·资源与环境，2017，27（S2）：151-155.
［102］涂小松，濮励杰．苏锡常地区土地利用变化时空分异及其生态环境响应［J］．地理研究，2008，（3）：583-593，728.
［103］李晓文，方精云，朴世龙．近 10 年来长江下游土地利用变化及其生态环境效应［J］．地理学报，2003（5）：659-667.
［104］吴桂平，曾永年，冯学智，等．CLUE-S 模型的改进与土地利用变化动态模拟——以张家界市永定区为例［J］．地理研究，2010，29（3）：460-470.
［105］邱炳文，陈崇成．基于多目标决策和 CA 模型的土地利用变化预测模型及其应用［J］．地理学报，2008，（2）：165-174.
［106］崔超，刘申，翟丽梅，等．香溪河流域土地利用变化过程对非点源氮磷输出的影响［J］．农业环

境科学学报，2016，35（1）：129-138.

[107] 孙丽娜，卢文喜，杨青春，等. 东辽河流域土地利用变化对非点源污染的影响研究 [J]. 中国环境科学，2013，33（8）：1459-1467.

[108] 彭文君，舒英格. 基于 GIS 的石漠化山区县域土地利用空间变化的生态风险测度 [J]. 水土保持研究，2018，25（1）：342-348，355.

[109] 赵岩洁，李阳兵，邵景安. 基于土地利用变化的三峡库区小流域生态风险评价——以草堂溪为例 [J]. 自然资源学报，2013，28（6）：944-956.

[110] 肖思思，吴春笃，储金宇. 1980—2005 年太湖地区土地利用变化及驱动因素分析 [J]. 农业工程学报，2012，28（23）：1-11，293.

[111] 徐羽，钟业喜，冯兴华，等. 鄱阳湖流域土地利用生态风险格局 [J]. 生态学报，2016，36（23）：7850-7857.

[112] 任斐鹏，江源，熊兴，等. 东江流域近 20 年土地利用变化的时空差异特征分析 [J]. 资源科学，2011，33（1）：143-152.

[113] 陆文涛，代超，郭怀成. 基于 Dyna-CLUE 模型的滇池流域土地利用情景设计与模拟 [J]. 地理研究，2015，34（9）：1619-1629.

[114] 谭少军，邵景安，邓华，等. 三峡库区土地利用驱动力评价及机制分析 [J]. 中国农业资源与区划，2017，38（11）：122-129.

[115] 应弘，李阳兵. 三峡库区腹地草堂溪小流域土地功能格局变化 [J]. 长江流域资源与环境，2017，26（2）：227-237.

[116] 张宝雷，张淑敏，周启刚，等. 土地利用和生态系统服务功能变化研究——以三峡库区大宁河流域为例 [J]. 长江流域资源与环境，2007，（2）：181-185.

[117] 张晓娟，周启刚，王兆林，等. 基于 MCE-CA-Markov 的三峡库区土地利用演变模拟及预测 [J]. 农业工程学报，2017，33（19）：268-277.

[118] 朱炳海. 西康山地村落之分布 [J]. 地理学报，1939，1：42-45.

[119] 陈述彭. 遵义附近之聚落 [J]. 地理学报，1943，10：69-81.

[120] 吴燕霞. 低山丘陵区乡村聚落内部景观格局及优化研究 [D]. 太原：山西大学，2012.

[121] 李振泉. 开展我国农村聚落地理研究的主要课题 [J]. 东北师大学报（哲学社会科学版），1985，（3）：27-31.

[122] Lobb D A, Kachanoski R G, Miller M H. Tillage translocation and tillage erosion in complex upland landscapes of southwestern Ontario [J]. Soil Tillage Research, 1999, 51: 189-209.

[123] Tiessen K H D, Sancho F M, Lobb D A, et al. Assessment of tillage translocation and tillage erosion by the disk plow on steepland Andisols in Costa Rica [J]. Soil Water Conserv, 2010, 65: 316-328.

[124] Li F C, Zhang J H, Su Z A, et al. Simulation and 137Cs tracer show tillage erosion translocating soil organic carbon, phosphorus, and potassium [J]. Journal of Plant Nutrition Soil Science, 2013, 176 (5): 647-654.

[125] 国土资源部，国家统计局. 关于第二次全国土地调查主要数据成果的公报 [J]. 资源与人居环境，2014（1）：15-17.

[126] Xu F, Zhang W, Li H. Landscape pattern analysis of farmland under different slope [C] // Second International Conference on Agro-Geoinformatics. IEEE, 2013: 352-355.

[127] 谢俊奇. 中国坡耕地 [M]. 北京：中国大地出版社，2005.

［128］ 陈国阶. 中国山区发展报告［M］. 北京：商务印书馆，2010.

［129］ 罗光杰，王世杰，李阳兵，等. 岩溶地区坡耕地时空动态变化及其生态服务功能评估［J］. 农业工程学报，2014，30（11）：233-243.

［130］ 王永艳. 三峡库区腹地景观格局优化的典型案例研究［D］. 重庆：重庆师范大学，2014.

［131］ Tan Y，Yao F J. Three Gorges Project：Effects of resettlement on the environment in the reservoir area and countermeasures［J］. Pollution Environment，2006，27：351-371.

［132］ 甘彩红，李阳兵，陈萌萌. 基于坡耕地与聚落空间耦合的三峡库区腹地奉节县人地关系研究［J］. 地理研究，2015，34（7）：1259-1269.

［133］ 韦杰，贺秀斌. 三峡库区坡耕地水土保持措施研究进展［J］. 世界科技研究与发展，2011，33（1）：41-45.

［134］ 姜达炳，樊单，甘小泽. 三峡库区坡耕地运用生物埂治理水土流失技术的研究［J］. 中国生态农业学报，2005，13（2）：158-160.

［135］ 史铁丑，李秀彬. 欧洲耕地撂荒研究及对我国的启示［J］. 地理与地理信息科学，2013，29（3）：101-103.

［136］ 张斌，徐邓耀，翟有龙，等. 耕地抛荒的定量化评价方法［J］. 贵州农业科学，2003，31（5）：43-44.

［137］ 黄建强，李录堂. 山区耕地抛荒困境及其原因解读与对策——以湖南省会同县为例［J］. 电子科技大学学报（社会科学版），2009，11（4）：11-14.

［138］ 黄利民，张安录，刘成武. 耕地撂荒及其定量分析［J］. 湖北科技学院学报，2008，28（3）：113-116.

［139］ 谭术魁. 耕地撂荒程度描述、可持续性评判指标体系及其模式［J］. 中国土地科学，2003，17（6）：3-8.

［140］ 李秀彬，赵宇鸾. 森林转型、农地边际化与生态恢复［J］. 中国人口·资源与环境，2011，21（10）：91-95.

［141］ Meyfroidt P，Lambin E F. Global forest transition：Prospects for an end to deforestation［J］. Social Science Electronic Publishing. 2011，36（36）.

［142］ MATHER A S. Recent Asian forest transitions in relation to forest-transition theory［J］. International Forestry Review，2007，9（1）：491-502.

［143］ MATHER A S. The forest transition［J］. Area，1992，24（4）：367-379.

［144］ Benayas J M R，Martins A，Nicolau J M. Abandonment of agricultural land：An overview of drivers and consequences［J］. CAB reviews：Perspectives in Agriculture，Veterinary Science，Nutrition and Natural Resources，2007，57（2）：1-12.

［145］ Macdonald D，Crabtree J R，Wiesinger G，et al. Agricultural abandonment in mountain areas of Europe：environmental consequences and policy response［J］. Journal of Environmental Management. 2000，59（1）：47-69.

［146］ Caraveli H A comparative analysis on intensification and extensification in mediterranean agriculture：dilemmas for LFAs policy［J］. Journal of Rural Studies，2000，16（2）：231-242.

［147］ Tachibana D，Nguyen T M，Otsuka K. Agricultural intensification versus extensification：A case study of deforestation in the Northern-Hill Region of Vietnam［J］. Journal of Environmental Economics and Management，2001，41（1）：44-69.

［148］ Arnaez J, Lasanta T, Errea M P, et al. Land abandonment, landscape evolution, and soil erosion in a Spanish Mediterranean mountain region: The case of Camero Viejo ［J］. Land Degradation & Development, 2011, 22 (6): 37-55.

［149］ Molinillo M, Lasanta T, García-Ruiz J. Managing mountainous degraded landscapes after farmland abandonment in the Central Spanish Pyrenees ［J］. Environmental Management, 1997, 21 (4): 587-598.

［150］ Bakker M M, Govers G, van Doom A, et al. The response of soil erosion and sediment export to land-use change in four areas of Europe: The importance of landscape ［J］. Geomorphology, 2008, 98 (3/4): 213-226.

［151］ García-Ruiz J M. Hydrological and erosive consequences of farmland abandonment in Europe, with special reference to the Mediterranean region—A review ［J］. Agriculture, Ecosystems & Environment, 2011, 140 (3/4): 317-338.

［152］ Beilin R, Lindborg R, Stenseke M, et al. Analysing how drivers of agricultural land abandonment affect biodiversity and cultural landscapes using case studies from Scandinavia, Iberia and Oceania ［J］. Land Use Policy, 2014, 36 (1): 60-72.

［153］ Dunn R R. Recovery of faunal communities during tropical forest regeneration ［J］. Conservation Biology, 2004, 18 (2): 302-309.

［154］ Queiroz C, Beilin R, Folke C, et al. Farmland abandonment: Threat or opportunity for biodiversity conservation? A global review ［J］. Frontiers in Ecology and the Environment, 2014, 12 (5): 288-296.

［155］ Lenda M, Skórka P, Knops J M, et al. lant establishment and invasions: an increase in a seed disperser combined with land abandonment causes an invasion of the non-native walnut in Europe ［J］. Proceedings of the Royal Society B Biological Sciences, 2012, 279 (1733): 1491.

［156］ Alix-Garcia J, Kuemmerle T, Radeloff V. Prices, land tenure institutions, and geography: A matching analysis of farmland abandonment in post-socialist Eastern Europe ［J］. Land Economics, 2012, 88 (3): 425-443.

［157］ 徐莉. 城市化进程中如何解决农地抛荒问题 ［J］. 农村经济, 2010, (3): 21-24.

［158］ 张佰林, 杨庆媛, 严燕, 等. 快速城镇化进程中不同类型农户弃耕特点及原因: 基于重庆市十区县 540 户农户调查 ［J］. 资源科学, 2011, 33 (11): 2047-2054.

［159］ Ramankutty N, Heller E, Rhemtulla J. Prevailing Myths About Agricultural Abandonment and Forest Regrowth in the United States ［J］. Annals of the Association of American Geographers, 2010, 100 (3): 502-512.

［160］ Brown D G, Johnson K M, Loveland T R, et al. Rural land-use trends in the Conterminous United States, 1950–2000 ［J］. Ecological Applications, 2005, 15 (6): 1851-1863.

［161］ Macdonald D, Crabtree J R, Wiesinger G, et al. Agricultural abandonment in mountain areas of Europe: environmental consequences and policy response ［J］. Journal of Environmental Management, 2000, 59 (1): 47-69.

［162］ Weissteiner C J, Boschetti M, Böttcher K, et al. Spatial explicit assessment of rural land abandonment in the Mediterranean area ［J］. Global & Planetary Change, 2011, 79 (1): 20-36.

［163］ Alcantara C. Mapping the extent of abandoned farmland in Central and Eastern Europe using MODIS time series satellite data ［J］. Environmental Research Letters, 2013, 8 (3): 1345-1346.

［164］ Hatna E. Abandonment and expansion of arable land in Europe ［J］. Ecosystems，2011，14（5）：720-731.

［165］ Sluiter R，Jong S M D. Spatial patterns of Mediterranean land abandonment and related land cover transitions ［J］. Landscape Ecology，2007，22（4）：559-576.

［166］ Laue J E，Arima E Y. Spatially explicit models of land abandonment in the Amazon ［J］. Journal of Land Use Science，2016，11（1）：48-75.

［167］ 史铁丑. 重庆山区耕地撂荒的规模及影响因素研究 ［D］. 北京：中国科学院大学，2015.

［168］ 张生燕，任怡，廖和平. 西南丘陵山区耕地撂荒现状、影响因素及对策研究——以重庆市北碚区歇马镇为例 ［J］. 环球人文地理，2017，（16）：13-15.

［169］ 雷锟，阎建忠，何威风. 基于农户尺度的山区耕地撂荒影响因素分析 ［J］. 西南大学学报（自然科学版），2016，38（7）：149-157.

［170］ 周洪，阎建忠，王秀圆，等. 基于农户尺度的山区生态压力及其影响因素分析——以重庆市为例 ［J］. 西南大学学报（自然科学版），2017，39（8）：34-42.

［171］ 郑财贵，邱道持，叶公强，等. 基于 GIS 空间分析的撂荒地空间分布特征研究——以重庆市璧山县大路镇为例 ［J］. 农机化研究，2010，32（3）：31-36.

［172］ 李娟娟，陈国建，李静帧，等. 基于 GIS 的撂荒地空间分布格局：以四川省渠县青龙乡为例 ［J］. 贵州农业科学，2018，46（3）：129-132.

［173］ 李阳兵，罗光杰，黄娟. 茂兰喀斯特自然保护区撂荒地时空演变、机制及其植被恢复 ［J］. 中国岩溶，2017，36（4）：447-453.

［174］ 熊祥强，沈燕，廖和平. 农村土地抛荒问题的调查与分析——以重庆市忠县三汇镇为例 ［J］. 安徽农业科学，2006，34（11）：2536-2538.

［175］ 何威风，周洪. 西南山区农户耕地流转及其影响因素——以重庆市酉阳县为例 ［J］. 江苏农业科学，2015，43（3）：447-450.

［176］ 陈心佩，信桂新，魏朝富. 贫困山区弃耕撂荒及其影响因素分析——以重庆市酉阳县两乡四村为例 ［J］. 西南大学学报（自然科学版），2016，38（9）：166-174.

［177］ 冉逸箫，张凤荣，张佰林，等. 贫困山区农村衰落的特征及诊断——以重庆市酉阳县为例 ［J］. 资源科学，2017，39（6）：999-1012.

［178］ 李静. 基于劳动力析出的山区耕地撂荒研究 ［D］. 重庆：西南大学，2013.

［179］ 蔡艺艺，林婧影，叶炎金，等. 泉州市山垄田季节性撂荒调查分析 ［J］. 福建农业科技，2015，46（2）：68-70.

［180］ 曾庆亮. 浅析开江县耕地撂荒的原因及对策建议 ［J］. 四川农业与农机，2014（1）：22-23.

［181］ Haddaway N R，Styles D，Pullin A S. Evidence on the environmental impacts of farm land abandonment in high altitude/mountain regions：a systematic map ［J］. Environmental Evidence，2013，2（1）：1-7.

［182］ Baumann M，Kuemmerle T，Elbakidze M，et al. Patterns and drivers of post-socialist farmland abandonment in Western Ukraine ［J］. Land Use Policy，2011，28（3）：552-562.

［183］ Strijker D. Marginal lands in Europe—causes of decline ［J］. Basic & Applied Ecology，2005，6（2）：99-106.

［184］ Aide T M，Grau H R. Globalization，migration，and latin american Ecosystems ［J］. Science，2004，305（5692）：1915-1916.

［185］ Campbell J E，Lobell D B，Genova R C，et al. Seasonal energy storage using bioenergy production from abandoned croplands ［J］. Environmental Research Letters，2013，8（3）：035012.

［186］ 李升发，李秀彬. 耕地撂荒研究进展与展望［J］. 地理学报，2016，71（3）：370-389.

［187］ Cao G Y，Chen G，Pang L H，et al. Urban growth in China：Past，prospect，and its impacts［J］. Population & Environment，2012，33（2/3）：137-160.

［188］ Lu Y，Wang F. From general discrimination to segmented inequality：Migration and inequality in urban China［J］. Social Science Research，2013，42（6）：1443-1456.

［189］ Li X B. Forest transition，agricultural land marginalization and ecological restoration［J］. China Population Resources & Environment，2011，21（10）：91-95.

［190］ Voutilainen O，Wuori O. Rural development within the context of agricultural and socio-economic trends-the case of Finland［J］. European Countryside，2015，4（4）：283-302.

［191］ Doorn A M V，Bakker M M. The destination of arable land in a marginal agricultural landscape in South Portugal：An exploration of land use change determinants［J］. Landscape Ecology，2007，22（7）：1073-1087.

［192］ Mottet A，Ladet S，Coqué N，et al. Agricultural land-use change and its drivers in mountain landscapes：A case study in the Pyrenees［J］. Agriculture Ecosystems & Environment，2006，114（2）：296-310.

［193］ Roointan R，Yadollahi A，Khorami S S，et al. Rainfed fruit orchards in sloping lands：soil erosion reduction，water harvesting and fruit production［J］. Acta Horticulturae，2018，1190：107-112.

［194］ Douglas T D，Kirkby S J，Critchley R W，et al. Agricultural terrace abandonment in the Alpujarra，Andalucia，Spain［J］. Land Degradation & Development，2010，5（4）：281-291.

［195］ Freschet，Grégoire T，Östlund，et al. Aboveground and belowground legacies of native Sami land use on boreal forest in northern Sweden 100 years after abandonment［J］. Ecology，2016，95（4）：963-977.

［196］ Vliet J V，Groot H L F D，Rietveld P，et al. Manifestations and underlying drivers of agricultural land use change in Europe［J］. Landscape & Urban Planning，2015，133（133）：24-36.

［197］ Levine J，Merlin L，Grengs J. Project-level accessibility analysis for land-use planning［J］. Transport Policy，2017，53：107-119.

［198］ 王学斌. 农村土地抛荒现象与中国的粮食安全问题［J］. 世界经济情况，2007，（3）：53-60.

［199］ 葛霖，高明，胡正峰，等. 基于农户视角的山区耕地撂荒原因分析［J］. 中国农业资源与区划，2012，33（4）：42-46.

［200］ 肖顺连，彭楚潇，沈冰心，等. 耕地抛荒状况一瞥——对湖南永州市四镇十二村的调查［J］. 中国土地，2009，（7）：48-49.

［201］ 曹志宏，郝晋珉，梁流涛. 农户耕地撂荒行为经济分析与策略研究［J］. 农业技术经济，2008，（3）：43-46.

［202］ Karthik Teegalapalli，Aparajita Datta. Field to a forest：Patterns of forest recovery following shifting cultivation in theEastern Himalaya［J］. Forest Ecology and Management，2016，364：173-182.

［203］ Vliet J V，Groot H L F D，Rietveld P，et al. Manifestations and underlying drivers of agricultural land use change in Europe［J］. Landscape & Urban Planning，2015，133（133）：24-36.

［204］ 刘润秋，宋艳艳. 农地抛荒的深层次原因探析［J］. 农村经济，2006，（1）：31-34.

第一篇

土壤侵蚀演变

| 1 | 三峡库区腹地土壤侵蚀时空演变

    土壤侵蚀研究最早始于19世纪70年代德国土壤学家 E. Wollny 关于降雨对土壤冲刷的影响研究。至今，各国学者对土壤侵蚀演变规律仍在不断地认识与发展中[1]，且多基于通用土壤流失方程（universal soil loss equation, USLE）[2]、修正通用土壤流失方程（RUSLE）[3]来评估土壤侵蚀动态演变特征。其中，国外一些学者利用 RUSLE 模型分析土地覆盖对土壤侵蚀空间变化的响应[4,5]或者将环境保护价值评估图（ECVAM）、使用频率比（frequency reuse, FR）、层次分析法（analytic hierarchy process, AHP）和逻辑回归（logistic regression, LR）法与 RUSLE 模型结合研究城镇建设与水土流失演变规律的响应[6]；国内部分学者将 3S 技术与 RUSLE 模型相结合，对土壤侵蚀强度时空演变特征进行量化研究，发现在流域尺度上土壤侵蚀模数基本呈递减趋势[7,8]，而在区域尺度上土壤侵蚀模数大致呈现先增再减的变化特点[9,10]。三峡库区腹地岩溶地貌广泛分布，生态环境脆弱，其生态安全对三峡库区乃至整个长江流域有着重要影响[11]。一些学者通过对三峡库区不同地区的土壤侵蚀动态演变进行研究，发现土壤侵蚀强度有向低级别转移的趋势，且主要发生在受人类活动影响最为剧烈的旱坡地和疏林地[10,12]。关于治理关键区的确定，现有研究多利用空间马尔科夫链[13]或土壤侵蚀模数分级[14]等方法来判断，而通过尺度分析来确定治理关键区的研究则相对较少。本研究将从空间网格单元尺度来确定研究区土壤侵蚀治理关键区，为未来三峡库区腹地的土壤侵蚀治理提供科学参考。

    在中国变绿的大背景下[15]，三峡水库建设以来的二十多年中，随着山区土地利用转型和三峡库区社会经济的发展，三峡库区腹地土壤侵蚀演变趋势如何，是否存在同样的土壤侵蚀转型？回答这些问题，对三峡库区生态建设有着重要的参考价值。因此，本节选取了三峡库区的腹心地带的奉节县和巫山县作为研究对象，运用 3S 技术及 RUSLE，借鉴近几年对各个土壤侵蚀因子算法的研究成果，结合野外踏勘获得的相关资料，定量分析 20世纪70年代至 2017 年三峡库区腹地开州区、云阳县、奉节县、巫溪县和巫山县五区县土壤侵蚀的时空演变特征，从而探究三峡库区腹地土壤侵蚀演变规律是否存在明显的转变，以及这些转变的生态效应等问题。

1.1   研究区概况

    三峡库区是指因长江三峡水利工程建设而被淹没且有移民任务的区域，包含湖北和重庆境内的 20 个县（区）市。《三峡库区近、中期农业和农村经济发展总体规划》将三峡库区划分为库首区、库腹区、库尾区三大地理区域。其中，库腹区包括重庆万州区、涪陵区、丰都区、开州区、忠县、云阳县、奉节县、巫山县、巫溪县、武隆县（该县 2017 年正式改为武隆区）和石柱土家族自治县（简称石柱县）。该区域生态环境先天性脆弱，坡耕地开垦严重，人地矛盾突出，已成为三峡库区水土流失最为严重的地区。综合考虑自然和社会经济因素后，本书选取库区腹地的开州区、云阳县、奉节县、巫溪县和巫山县五区县作为研究区域。研究区地处 107°55′48″E ~ 110°11′E，30°29′19″N ~ 31°44′N，位于四川盆地东部，分别与湖北、湖南、贵州、四川和陕西五省交界，是长江流域中西部结合地带。研究区总面积约为 18 683 km²，所辖乡镇 165 个，截至 2016 年底，常住人口为 367.45 万人[16]。研究区地形地貌复杂，位于渝东北褶皱带和大巴山弧形断裂带交接地带，山脉纵横岭谷交错，多以山地为主，喀斯特地貌广泛分布且发育典型。

1.2　数据来源与研究方法

1.2.1　数据来源

本书研究以遥感数据为主要信息源，其中 1988 年为 Landsat TM 影像，2000 年、2010 年为 Landsat ETM+影像，2017 年为 Landsat8 OLI/TIRS 影像，空间分辨率均为 30 m；20 世纪 70 年代数据来源于 Landsat MSS，但由于数据难以获取，条带号 138039 来自 1973 年，条带号 135038 和条带号 136038 来自 20 世纪 70 年代，条带号 136039 来自 1976 年。借助 ENVI 5.0 和 ArcGIS 10.2 对遥感影像进行波段融合、几何校正、拼接、裁剪等数据预处理，运用分类模块中的 Unsupervised Classification 命令实行非监督分类，确定相应分类所需参数，采用人机交互解译，获得土壤侵蚀和土地利用数据。结合区域实际情况，将土地利用类型分为旱地、水田、林地、草地、水域和建设用地六类。与此同时，分别于 2011 年 2 月和 5 月、2017 年 7 月三次深入研究区内部对土壤侵蚀、土地利用解译结果进行验证与修正。最终解译结果与相关部门公布的侵蚀面积基本吻合，解译精度达到 85% 左右。

研究区的 1∶50 000 DEM（digital elevation model，数字高程模型）数据则来源于重庆师范大学三峡库区地表过程和环境遥感实验室，运用 ArcGIS 10.2 的 Hydrology 工具提取而得研究区的集水区，再结合长江上游 1∶250 000 水系分布数据，最终确定流域的矢量数据，其中长江上游水系数据来源于"地球系统科学数据共享网西南山地分中心"。

1.2.2　土壤侵蚀分类分级指标判定

三峡库区腹心地带土壤侵蚀类型多样，侵蚀过程复杂，但仍以水力侵蚀为主。本书研究在参考水利部颁发的《土壤侵蚀分类分级标准》（SL190—2007）[17] 和何丙辉[18]、Wang 等[19]、武国盛等[20]学者对水力侵蚀的分级判定的基础上，采用人机交互解译方式从土地利用、植被覆盖度、坡度三个方面综合分析流域土壤侵蚀状况。最终将区域土壤侵蚀类型划分为六级：微度侵蚀、轻度侵蚀、中度侵蚀、强烈侵蚀、极强烈侵蚀和剧烈侵蚀（表 1.1）。

表 1.1　研究区土壤侵蚀分级判读标准

侵蚀类型	判读标准	影像→照片截图
11 微度侵蚀	坡度≤5°平地；植被覆盖度≥75%的林、灌、草地；水田、建设用地、水域等	
12 轻度侵蚀	植被覆盖度为 60%～75%且坡度为 5°～25°的坡地；植被覆盖度为 45%～60%且坡度为 5°～15°的坡地；植被覆盖度为 30%～45%且坡度为 5°～8°的坡地；坡度为 5°～8°的耕地	
13 中度侵蚀	植被覆盖度 60%～75%且坡度>25°的坡地；植被覆盖度为 45%～60%且坡度为 15°～35°的坡地；植被覆盖度为 30%～45%且坡度为 8°～15°的坡地；植被覆盖度<30%且坡度<15°的坡地；坡度为 8°～15°的坡耕地	
14 强烈侵蚀	植被覆盖度为 45%～60%且坡度>35°的坡地；植被覆盖度为 30%～45%且坡度为 25°～35°的坡地；植被覆盖度<30%且坡度为 15°～25°坡地；坡度为 15°～25°的坡耕地	
15 极强烈侵蚀	植被覆盖度为 30%～45%且坡度>35°的坡地；植被覆盖度<30%且坡度为 25°～35°的坡地；坡度为 25°～35°的坡耕地	
16 剧烈侵蚀	植被覆盖度<30%且坡度>35°的坡地；坡度>35°的坡耕地	

1.2.3　土壤侵蚀强度综合指数计算

为了评价某个单元内土壤侵蚀程度和时空变化，本书使用土壤侵蚀强度综合指数[21]来衡量。该指标可从统一的定量标准反映土壤侵蚀程度，其计算公式为

$$\text{INDEX} = \sum_{i=1}^{n} \sum_{j=1}^{m} W_{ij} A_{ij}$$

式中，INDEX 为土壤侵蚀强度综合指数；W_{ij} 为第 i 类第 j 级土壤侵蚀强度分级值；A_{ij} 为第 i 类第 j 级土壤侵蚀强度面积。侵蚀权重由微度向剧烈侵蚀分别设置为 0、2、4、6、8、10。

1.3 结果分析

1.3.1 研究区土壤侵蚀时序变化

在对区域遥感影像数据处理的基础上，借助 ENVI 5.0 将研究区土壤侵蚀分为微度侵蚀、轻度侵蚀、中度侵蚀、强烈侵蚀、极强烈侵蚀和剧烈侵蚀六类。在此基础上，借助 ArcGIS 10.2 得到研究区 20 世纪 70 年代至 2017 年各时段土壤侵蚀强度分布及侵蚀基本情况，结果如图 1.1 和表 1.2 所示。

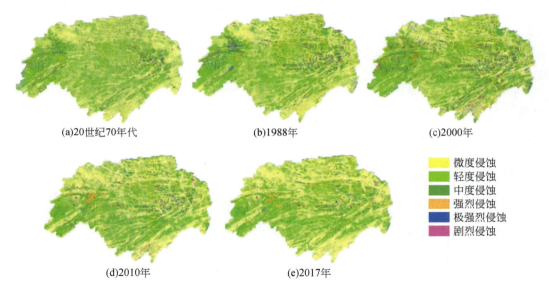

(a)20世纪70年代 (b)1988年 (c)2000年

(d)2010年 (e)2017年

微度侵蚀
轻度侵蚀
中度侵蚀
强烈侵蚀
极强烈侵蚀
剧烈侵蚀

图 1.1 研究区 20 世纪 70 年代至 2017 年五期土壤侵蚀强度分布图

表 1.2 研究区 20 世纪 70 年代至 2017 年五期土壤侵蚀强度基本情况

侵蚀类型	20 世纪 70 年代		1988 年		2000 年		2010 年		2017 年	
	面积/km²	比例/%	面积/km²	比例/%	面积/km²	比例/%	面积/km²	比例/%	面积/km²	比例/%
微度侵蚀	7 902.91	42.19	7 357.66	39.28	6 478.75	34.59	8 177.20	43.66	9 048.81	48.31
轻度侵蚀	4 752.91	25.38	4 785.91	25.55	4 627.22	24.70	4 599.16	24.56	4 773.35	25.49
中度侵蚀	3 176.09	16.96	3 359.86	17.94	4 240.93	22.64	3 557.61	18.99	3 102.13	16.56
强烈侵蚀	1 765.86	9.43	2 009.69	10.73	2 035.30	10.87	1 665.29	8.89	1 302.97	6.96
极强烈侵蚀	841.58	4.49	932.83	4.98	938.69	5.01	469.23	2.51	315.36	1.68

续表

侵蚀类型	20 世纪 70 年代		1988 年		2000 年		2010 年		2017 年	
	面积 /km²	比例 /%	面积 /km²	比例 /%	面积 /km²	比例 /%	面积 /km²	比例 /%	面积 /km²	比例 /%
剧烈侵蚀	270.06	1.44	275.68	1.47	400.42	2.14	259.43	1.39	182.78	0.98

考虑到微度侵蚀多为无明显水土流失，故本书所提及的侵蚀面积并不包括微度侵蚀。研究发现，各时期土壤侵蚀面积所占研究区面积比均达到 50% 以上，分别为 57.81%、60.72%、65.41%、56.34% 和 51.69%。其中，最大值出现在 2000 年，达到 12 242.56 km²。这说明该区域土壤侵蚀普遍存在且部分区域侵蚀严重。由图 1.1 可知，侵蚀严重地区主要分布在研究区中东部、东南部和西南部等地区，且在河谷与槽谷地区广泛分布。从整体来看，侵蚀面积随时间变化呈现倒"V"字形的趋势，呈现先增后减的趋势。

从土壤侵蚀强度来看，研究区以微度侵蚀分布范围最广，且在研究区的北部、西南部边缘及东北部分布较多。随着侵蚀强度的增加，侵蚀面积明显减少，以剧烈侵蚀分布面积最小，占比低于 3%。研究发现，区域土壤侵蚀强度面积变化可归纳为三种变化类型：① "V"字形变化，微度侵蚀；② 倒"V"字形变化，中度侵蚀、强烈侵蚀、极强烈侵蚀和剧烈侵蚀；③ "N"字形变化，轻度侵蚀。

1.3.2 研究区土壤侵蚀强度空间变化

本节借助 ArcGIS 中 Analysis Tool 工具的 Intersect 模块对 20 世纪 70 年代、1988 年、2000 年、2010 年和 2017 年每两期土壤侵蚀矢量数据做叠置分析，通过分析各图斑土壤侵蚀强度等级的变化，得到 20 世纪 70 年代至 1988 年、1988～2000 年、2000～2010 年、2010～2017 年及 20 世纪 70 年代至 2017 年土壤侵蚀强度空间变化分布图（图 1.2）和侵蚀强度面积转移图（图 1.3），以反映不同土壤侵蚀强度之间的动态转换关系。

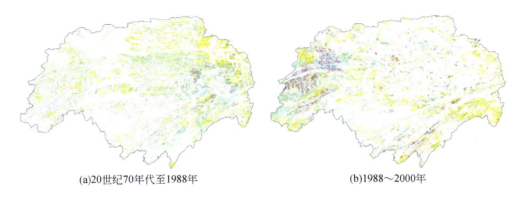

(a)20世纪70年代至1988年　　　　　　　　(b)1988～2000年

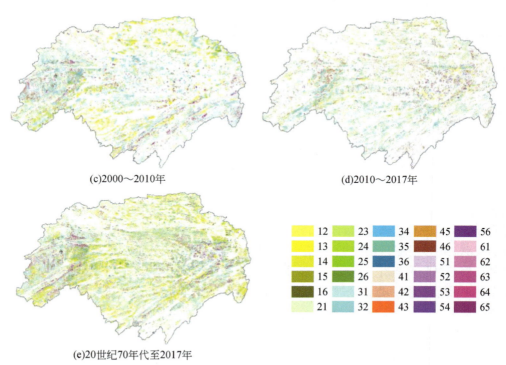

(c)2000～2010年　　　　　　　　　　　(d)2010～2017年

(e)20世纪70年代至2017年

12. 微度转轻度；13. 微度转中度；14. 微度转强度；15. 微度转极强烈；16. 微度转剧烈；21. 轻度转微度；23. 轻度转中度；24. 轻度转强度；25. 轻度转极强烈；26. 轻度转剧烈；31. 中度转微度；32. 中度转轻度；34. 中度转强烈；35. 中度转极强烈；36. 中度转剧烈；41. 强烈转微度；42. 强烈转轻度；43. 强烈转中度；45. 强烈转极强烈；46. 强烈转剧烈；51. 极强烈转微度；52. 极强烈转轻度；53. 极强烈转中度；54. 极强烈转极强烈；56. 极强烈转剧烈；61. 剧烈转微度；62. 剧烈转轻度；63. 剧烈转中度；64. 剧烈转强烈；65. 剧烈转极强烈

图 1.2　土壤侵蚀强度空间变化分布图

1.3.2.1　20世纪70年代至1988年土壤侵蚀空间动态变化

微度侵蚀首先向中度侵蚀转移，其次向轻度侵蚀转移，在空间上多分布于研究区的西南、东南和东北部地区。在研究区东北部地区，不仅表现为微度侵蚀向中度侵蚀转移，微度侵蚀转变为剧烈侵蚀的情况也较为明显。虽然存在轻度侵蚀和中度侵蚀向微度侵蚀转移的状况，但整体上仍以微度侵蚀向其他侵蚀强度类型转移。

轻度侵蚀则向微度侵蚀和中度侵蚀转移的数量相当，在研究区西部地区主要由轻度侵蚀向微度侵蚀转移，在研究区西北部和东南部地区则主要由轻度侵蚀向中度侵蚀转移。轻度侵蚀转移为剧烈侵蚀的情况多发生于研究区中部以东地区。与此同时，微度侵蚀亦向轻度侵蚀转移，且转移比例达到转入面积的一半，约为 655 km²。尽管轻度侵蚀转移波动较大，但总面积大体保持不变。

中度侵蚀转移为微度侵蚀、轻度侵蚀和中度侵蚀的比重较大，其中转变为微度侵蚀的面积最大，且广泛分布于长江以南地区，长江以北地区分布较少且较为分散。中度侵蚀转

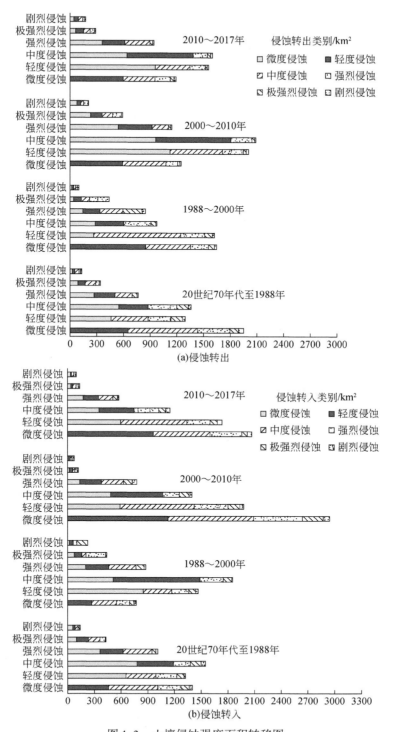

图 1.3　土壤侵蚀强度面积转移图

移为轻度侵蚀和强烈侵蚀的转移量约为 320 km²，其中研究区西部地区主要向轻度侵蚀转移，研究区中部、北部及南部地区多转变为剧烈侵蚀。中度侵蚀转移为极强烈侵蚀的面积达到 131.64 km²，主要分布在研究区东南地区。转为中度侵蚀的侵蚀强度依旧为微度侵蚀，数量为 776.57 km²，这与微度侵蚀的基数大有关，而极强烈侵蚀主要向中度侵蚀转移，说明中度侵蚀与极强烈侵蚀之间较易发生转移。

强烈侵蚀主要向微度侵蚀、轻度侵蚀和中度侵蚀转移，且转移地区多分布于研究区北部及长江沿岸地区。其中，研究区东南部平行岭谷区和长江河谷区主要向极强烈侵蚀与剧烈侵蚀转移。其他侵蚀强度中以微度侵蚀和轻度侵蚀转为强烈侵蚀的比例最大，且多分布在研究区东北、东部及东南部边缘地区。

极强烈侵蚀和剧烈侵蚀转出为中度侵蚀的量最大，占比达 1/3 以上。这两种转移多分布在研究区中部及其以南地区，西部地区零星分布。与此同时，微度侵蚀、轻度侵蚀和中度侵蚀向极强烈、强烈侵蚀的转移量超出了极强烈侵蚀与强烈侵蚀本身的转出量。这说明极强烈和剧烈侵蚀的面积在该阶段有所增加。

综上可知，20 世纪 70 年代至 1988 年研究区侵蚀面积转移多发生在研究区西南部、中部、东南部和东北部地区。因微度侵蚀面积基数最大，与其他侵蚀强度类型间的转移量较大，且较多面积向着较高的侵蚀强度转移，研究区侵蚀状况整体呈现恶化趋势。

1.3.2.2　1988~2000 年土壤侵蚀空间动态变化

在该阶段，微度侵蚀主要向轻度侵蚀转移，转移面积达 844.06 km²，多位于研究区西北部、东部及南部地区。其次是向中度侵蚀转移，转移面积达 509.85 km²，主要分布在研究区东南部及长江沿岸地区。转移到强烈侵蚀及以上的面积占微度侵蚀转移面积不及 20%，且多分布在研究区东南部缓坡地区，这说明该地区土壤侵蚀加重。与此同时，微度侵蚀转出面积远大于转入面积，这说明土壤侵蚀恶化明显。

1988~2000 年主要由轻度侵蚀向中度侵蚀转移，转移面积达 975.36 km²，且主要分布在研究区中西部及长江以南地区。轻度侵蚀转变为微度侵蚀和中度侵蚀的面积主要分布在奉节县、巫山县与两县交界处及研究区东北部地区。该阶段轻度侵蚀面积增加不多，且多来源于微度侵蚀。

中度侵蚀多向微度侵蚀、轻度侵蚀和强烈侵蚀三者之间转移，且转出面积数量远小于微度侵蚀和轻度侵蚀的转入量，增加近 1000 km²，且分布范围较广，这说明该阶段研究区整体侵蚀面积都在增加。

强烈侵蚀主要向中度侵蚀转移，其次是向极强烈侵蚀转移，侵蚀面积转移量达 215.85 km²，且多分布于研究区东南的喀斯特峰丛洼地地区。在该阶段，强度侵蚀主要向极强烈侵蚀转移，且超过其他侵蚀强度类型转移之和。

极强烈侵蚀主要转移为剧烈侵蚀，其次是向中度侵蚀和强烈侵蚀转移，在研究区东南部和中部偏西地区主要由极强烈侵蚀向剧烈侵蚀转移，土壤侵蚀恶化明显。剧烈侵蚀转出面积较少，转出量在 20 km² 左右，而转入面积超过 1988 年的 1/3，面积增加且多来源于极强烈侵蚀。

1988～2000 年，研究区东南部、东北部等地区为土壤侵蚀活跃区，且土壤侵蚀恶化严重。整体看，微度侵蚀、中度侵蚀和剧烈侵蚀面积变化大，其他强度面积基本不变，侵蚀面积有所增强且多向高侵蚀强度转移。

1.3.2.3 2000～2010 年土壤侵蚀空间动态变化

在该阶段，微度侵蚀转出量为 1247.21 km²，主要向轻度侵蚀和中度侵蚀转移，转移区主要分布在研究区北部和南部地区。微度侵蚀而转入量达 2944.91 km²，净增量为 1697.69 km²，研究区侵蚀面积大幅度减少，说明土壤侵蚀总体呈现好转趋势。

轻度侵蚀首先转向微度侵蚀，面积达 1123.50 km²，其主要分布在研究区北部、西部、东部及东北地区。其次是向中度侵蚀转移，转移量为 582.74 km²。虽然轻度侵蚀有所转移，但变化量仅为 27.98 km²。虽然轻度侵蚀波动幅度较大，但转入面积与转出面积基本持平，且主要由微度侵蚀和中度侵蚀转移而来。

中度侵蚀亦主要向微度侵蚀和轻度侵蚀转移，分别达 965.82 km² 和 832.93 km²，在空间上多分布于研究区西部、东北部、南部及长江沿岸等地。中度侵蚀多向轻度和微度等较低侵蚀转移，且转出量大于转入量。

强烈侵蚀转移方向与中度侵蚀相似，主要向微度侵蚀和轻度侵蚀尤其是微度侵蚀转移。其中转向微度侵蚀的面积占强烈侵蚀转出面积的 1/4，且广泛分布在研究区西北部、东南部、北部、东部等地区。这表明转移区侵蚀状况大幅度好转，转入面积少于转出面积，因而强烈侵蚀面积减少。

极强烈与剧烈侵蚀主要向微度侵蚀转移，其中极强烈转移量达 234.47 km²，在空间上主要分布在研究区西部、东南部、东部及东北部地区。其次为轻度侵蚀，分布在研究区东南部及西部地区。其中，研究区东南部和西部地区为侵蚀状况好转且变化较为活跃区。

2000～2010 年，微度侵蚀面积大幅度增加，而中度侵蚀及以上侵蚀强度大幅度减少，且主要向微度侵蚀和轻度侵蚀转移。就面积变化和空间分布状况而言，该时期侵蚀状况好转，且好转区多分布在研究区西部、东北部、东南部等地区。

1.3.2.4 2010～2017 年土壤侵蚀空间动态变化

在该阶段，微度侵蚀转出量亦较大，主要转移为轻度侵蚀和中度侵蚀，分布范围较广，这与微度侵蚀本身基数较大有关。微度侵蚀转入量主要集中于轻度侵蚀和中度侵蚀，其次为强烈侵蚀，微度侵蚀净增长面积近 900 km²。

轻度侵蚀作为微度侵蚀的主要来源，其转移为微度侵蚀的面积为 957.60 km²，多分布于长江以北和研究区南部地区。相较于其他时段，2010～2017 年轻度侵蚀有所增加，且主要来源于微度侵蚀和中度侵蚀。

中度侵蚀首先向较低侵蚀强度转移，向轻度侵蚀转移量最大，为 743.88 km²，多分布在长江以南及研究区西南部地区。其次向微度侵蚀转移，转移量为 638. 89 km², 多分布在研究区东南部平行岭谷区和东北部地区。该强度主要由微度侵蚀、轻度侵蚀和强烈侵蚀转入，但转入量少于转出量。

强烈侵蚀首先向微度侵蚀转移，其次向中度侵蚀转移，向轻度侵蚀转移量也较大。总体上是向较低侵蚀强度转移，且强烈侵蚀面积处于减少状态。

极强烈侵蚀与剧烈侵蚀转移量持续减小，且向更低侵蚀强度转移量大于转入量，转移地区主要分布在开州区、研究区中部以东地区及东南部边缘区。

2010 ~ 2017 年，土壤侵蚀的动态变化与 2000 ~ 2010 年相似，基本上以高强度侵蚀向低强度侵蚀方向转变。不同的是，2000 ~ 2010 年土壤侵蚀变化总面积大于 2010 ~ 2017 年，年均变化小于 2010 ~ 2017 年。

研究区近四十年的土壤侵蚀演变主要分为两个阶段：20 世纪 70 年代至 2000 年和 2000 ~ 2017 年。其中，20 世纪 70 年代至 2000 年为土壤侵蚀状况恶化期，而 2000 ~ 2017 年为土壤侵蚀状况好转期。20 世纪 70 年代至 2000 年表现为较低侵蚀强度向较高侵蚀强度转移面积较大，土壤侵蚀加剧；2000 ~ 2017 年则表现为较高侵蚀强度向较低侵蚀强度转移面积较大，土壤侵蚀面积减小，以 2000 年左右为转折点。整体来看，在研究时段内，高土壤侵蚀强度类型面积减小，微度土壤侵蚀面积增加，土壤侵蚀状况大幅度好转。

1.3.3 研究区土壤侵蚀强度变化特征

在研究区五期土壤侵蚀数据的基础上，借助计算得到的 20 世纪 70 年代至 2017 年五期土壤侵蚀综合指数（表1.3），发现最高值为 2000 年的 2. 67, 土壤侵蚀最为严重。20 世纪 70 年代至 2017 年土壤侵蚀综合指数呈现先增大后减小的趋势，20 世纪 70 年代至 2000 年土壤侵蚀综合指数值明显增加，土壤侵蚀综合指数值增加 0. 41, 表明在此期间研究区整体土壤侵蚀状况恶化。2000 ~ 2017 年土壤侵蚀综合指数值急剧减小，2017 年土壤侵蚀综合指数值降至 1. 82, 与 2000 年相比差值达到 0. 85, 并低于研究初期的值。从土壤侵蚀综合指数来看，土壤侵蚀程度呈现整体转好的趋势。根据土壤侵蚀演变类型分析出研究区土壤侵蚀演变为波动性变好类型，表现为倒 "V" 字形变化。

表 1.3　研究区 20 世纪 70 年代至 2017 年五期土壤侵蚀综合指数

指标	20 世纪 70 年代	1988 年	2000 年	2010 年	2017 年
土壤侵蚀综合指数	2. 26	2. 42	2. 67	2. 12	1. 82

1.4　三峡库区土壤侵蚀转型模型构建

所谓转型，是指伴随系统结构特征转变的系统变化过程[22]，其来源于生物学，现多用于描述经济社会变迁过程[23~25]。在经济发展和社会革新的过程中，土地利用形态普遍存在着从某一变化趋势显著地转变为另一变化趋势的过程，这便是土地利用转型。在土地利用转型的背景下，土壤侵蚀强度或类型由一种形态转变为另一种形态的过程，即为土壤侵蚀转型。其实质是经济社会转型和土地利用转型耦合条件下，地表土壤形态及其侵蚀强度变化的趋势性转折。宋小青等[26]认为，耕地空间形态转型可从数量变化和格局变化两方面开展研究。龙花楼[27]认为社会经济发展水平越高，区域土地利用形态格局冲突越弱，即为土地利用转型理论模型。从1983年三峡大坝修建的想法提出至今，已先后经历了建设期、蓄水期，目前正处于后三峡时代，如图1.4所示。关于三峡库区腹地土壤侵蚀时空演变的研究结果表明，随着社会经济发展及土地利用转型的推进，三峡库区土壤侵蚀面积占比及土壤侵蚀强度亦发生了相应的变化，如图1.5所示。由图1.5可知，三峡工程建设期包括生计单一期（1983～1999年）和生计多元期（1999～2002年）；三峡大坝蓄水期亦是非农化期（2003～2010年）；后三峡时代亦是生态建设期（2010年至今）。这一系列的社会经济变化，直接导致了三峡库区土壤侵蚀的转型演变。

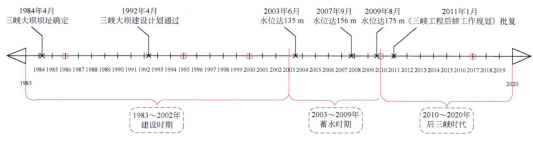

图 1.4　三峡工程建设阶段

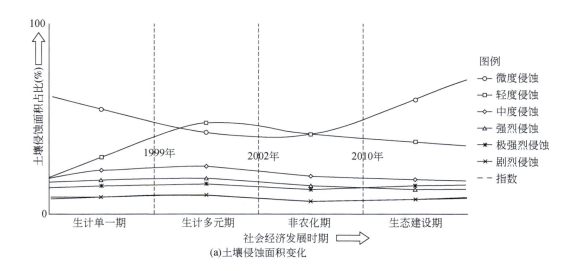

(a)土壤侵蚀面积变化

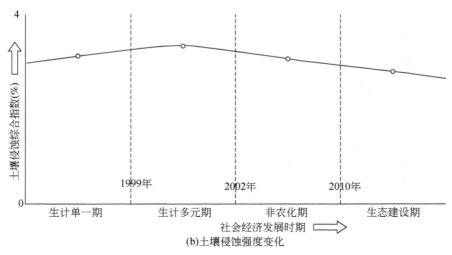

图 1.5　三峡库区土壤侵蚀转型理论模型

1.5　本章小结

本章在土壤侵蚀演变的基础上，提出了三峡库区土壤侵蚀转型模型。从区县整体尺度进行土壤侵蚀研究为后续流域、乡镇及网格尺度土壤侵蚀研究的开展奠定了基础。

参 考 文 献

［1］李占斌，朱冰冰，李鹏．土壤侵蚀与水土保持研究进展［J］．土壤学报，2008，45（5）：802-809.

［2］Wischmeier W H，Smith D D. Predicting Rainfall Erosion Losses a Guide to Conservation Planning［M］. Washington：USDA Agricultural Handbook，1978.

［3］Renard K G，Foster G R. Weesies G A. RUSLE a Guide to Conservation Planning With the Revised Universal Soil Loss Equation［M］. Washington：USDA Agricultural Handbook，1997.

［4］Park S，Oh C，Jeon S，et al. Soil erosion risk in Korean watersheds，assessed using the revised universal soil loss equation［J］. Journal of Hydrology，2011，399：263-273.

［5］Meshesha D T，Tsunekawa A，Tsubo M，et al. Dynamics and hotspots of soil erosion and management scenarios of the central rift valley of Ethiopia［J］. International Journal of Sediment Research，2012，27：84-99.

［6］Alkharabsheh M M，Alexandridis T K，Bilas G，et al. Impact of land cover change on soil erosion hazard in northern Jordan using remote sensing and GIS［J］. Procedia Environmental Sciences，2013，19：912-921.

［7］赵明松，李德成，张甘霖．1980—2010 年间安徽省土壤侵蚀动态演变及预测［J］．土壤，2016，48（03）：588-596.

［8］查良松，邓国徽，谷家川．1992~2013 年巢湖流域土壤侵蚀动态变化［J］．地理学报，2015，

70（11）：1708-1719.

［9］ 李天宏，郑丽娜. 基于 RUSLE 模型的延河流域 2001～2010 年土壤侵蚀动态变化［J］. 自然资源学报，2012，27（07）：1164-1175.

［10］ 刘婷，邵景安. 基于 BP 神经网络的三峡库区土壤侵蚀强度模拟［J］. 自然资源学报，2018，33（04）：669-683.

［11］ 董杰，杨达源，周彬，等. 137Cs 示踪三峡库区土壤侵蚀速率研究［J］. 水土保持学报，2006，20（6）：1-5，66.

［12］ 李月臣，刘春霞，赵纯勇，等. 三峡库区重庆段水土流失的时空格局特征［J］. 地理学报，2008，（05）：475-486.

［13］ Liu R，Men C，Wang X，et al. Application of spatial Markov chains to the analysis of the temporal-spatial evolution of soil erosion［J］. Water Science & Technology，2016，74（5）：1051-1059.

［14］ 怡凯，王诗阳，王雪，等. 基于 RUSLE 模型的土壤侵蚀时空分异特征分析——以辽宁省朝阳市为例［J］. 地理科学，2015，35（03）：365-372.

［15］ Macias-Fauria M. Satellite images show China going green. Nature，2018，553：411-413

［16］ 重庆市统计局. 重庆市统计年鉴（2017）［M］. 北京：中国统计出版社，2017.

［17］ 中华人民共和国水利部. 土壤侵蚀分级分类标准 SL190—2007［B］. 北京：中国水利水电出版社，2008.

［18］ 何丙辉. 重庆市三峡库区土壤侵蚀分级分类标准的探讨［J］. 水土保持研究，2003，10（4）：63-65.

［19］ Wang X，Zhao X，Zhang Z，et al. Assessment of soil erosion change and its relationships with land use/cover change in China from the end of the 1980s to 2010［J］. Catena，2016，137：256-268.

［20］ 武国盛，林惠花，朱建鹤，等. 典型红壤侵蚀景观的时空变化——以福建长汀为例［J］. 应用生态学报，2011，22（7）：1825-1832.

［21］ 文雯，李阳兵，李睿康，等. 三峡库区腹地土壤侵蚀动态演变研究［J］. 长江流域资源与环境，2018，27（3）：544-555.

［22］ Martens P，Rotmans J. Transition in a Globalising World［M］. Lisse：Swets & Zeitlinger Publisher，2002.

［23］ Fischer-kowalski M，Haberl H. Socialecological Transition and Global Change：Trajectories of Social Metabolism and Land Use［M］. Cheltenham：Edward Elgar Publishing，2007.

［24］ Nee V. A theory of market transition：From redistribution to markets in state socialism［J］. American Sociological Review，1989，54（5）：663-681.

［25］ Szelenyi I，Kostello E. The market transition debate：Toward a synthesis［J］. American Journal of Sociology，1996，101（4）：1082-1096.

［26］ 宋小青，吴志峰，欧阳竹. 耕地转型的研究路径探讨［J］. 地理研究，2014，33（3）：403-413.

［27］ 龙花楼. 论土地利用转型与土地资源管理［J］. 地理研究，2015，34（9）：1607-1618.

2 | 流域类型与土壤侵蚀的关系

长江自西向东横穿重庆三峡库区，因此三峡库区内江河纵横，形成一系列长江一级支流，发源了众多流域面积较大的河流，如梅溪河、汤溪河、大宁河、小江流域、澎溪河和长滩河等。

对于水库建设而言，泥沙淤积是其最大的威胁，是关乎水库的运行及其效益的重要影响因素[1~4]。三峡库区的泥沙主要来源于长江沿岸一些大的流域和三峡库区内的小流域侵蚀产沙。为此这些河流上游一些较大的流域修建的一系列水库大坝、梯级水电站等，这对流域内泥沙有一定程度的拦截[5~7]。近年来，长江上游水库大坝的陆续修建使得由较大流域进入长江三峡库区的泥沙有减少的趋势[8]，所以三峡库区内小流域产沙对三峡库区的影响就显得更为重要[9]。三峡库区内每条支流流域都是一个完整的、独立的自然侵蚀、输移、产沙系统[10]，是进行水土流失综合治理的基本单元[11]，为保障长江三峡水利枢纽工程安全运行、长江中下游防洪和生态安全，应着重关注三峡库区小流域的土壤侵蚀。因此，查清三峡库区小流域的本底情况，包括流域类型、大小、坡度、岩性、土壤侵蚀等，对于保障长江三峡水利枢纽工程安全运行、长江中下游的防洪和生态安全具有特殊的战略意义。本章正是基于此，在探讨三峡库区重庆段内小流域空间分布规律的同时，对三峡库区流域的基本类型进行划分。

2.1 研究区流域划分

一般而言，不同流域的类型特征差异导致其潜在土壤侵蚀对三峡水库的影响存在很大的不同。依据三峡库区两岸水系是否直接注入长江和流域土壤侵蚀情况是否会对水库产生直接影响这两个条件可以判断出研究区小流域可能存在以下三种情形：①流域如位于长江两侧第一道分水岭以内，则流域土壤侵蚀产沙会直接注入长江；②流域如位于第一道分水岭外的第二、第三道分水岭等，受重庆地区格子状水系的影响，土壤侵蚀产沙会有明显的淤积过程；③一些流域如已建坝，则其流域产沙因大坝拦截、淤积作用，对水库不会产生直接影响。因此，根据以上考虑，并结合2010年三峡库区遥感影像图和重庆三峡库区水系图将流域类型初步划分为：①形成于第一道分水岭内的小流域；②形成于第一道分水岭外的小流域；③已建坝的流域（图2.1）。

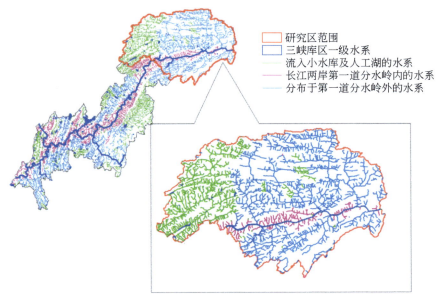

图 2.1　研究区流域类型划分

图例：
- 研究区范围
- 三峡库区一级水系
- 流入小水库及人工湖的水系
- 长江两岸第一道分水岭内的水系
- 分布于第一道分水岭外的水系

2.2　数据来源与研究方法

2.2.1　数据来源

　　研究区以遥感影像为主要信息源，影像信息见表 2.1。自然背景数据主要有通过 GIS 软件对地质图实行跟踪数字化而得的地质图，由 1∶50 000 DEM 中提取的高程图和坡度图[12]。参考地球系统科学数据共享网西南山地分中心（http：//imde. geodata. cn）的长江上游 1∶250 000 水系分布数据，得到研究区的流域类型划分图。

表 2.1　研究区遥感影像数据

地区	卫星类型	条带号	行编号	日期（年-月-日）	分辨率（m）
	Landsat1 -3 MSS	138	40	1988－05－18	30. 0
研究区	Landsat4 -5 TM	128	40	2000－05－05	30. 0
	CBERS	128	40	2010－04－28	17. 5

2.2.2　土壤侵蚀强度综合指数

　　本部分内容详见 1.2.3 相关内容。

2.3　研究区水系空间分布规律

　　由于已建坝流域全部都位于第一道分水岭外的第二道分水岭以外地带，因此将其归于第一道分水岭外小流域一起分析。由表2.2可知，研究区流域的水系主要位于长江两侧第一道分水岭内，共71条，其中长江北岸有34条，南岸有37条，且都以无分支的水系为主。无分支水系共有55条，占第一分水岭内水系总数的77.46%，1级、2级、3级分支的水系分别占第一道分水岭内流域总数的11.27%、7.04%和4.23%。在第一道分水岭以外小流域的水系，长江北岸有6条，长江南岸有6条，水系以4级以上分支为主，占第一道分水岭外水系总数的83.33%，1级和2级分支水系数量所占比例都为8.33%。

表2.2　研究区两种类型流域的水系分布

划分类型	长江北岸				长江南岸			
	无分支	1级分支	2级分支	3级及以上分支	无分支	1级分支	2级分支	3级及以上分支
第一道分水岭内的小流域	24	4	3	3	31	4	2	—
第一道分水岭外的小流域	—	1		5	—		1	5

　　从整个库区来看，第一道分水岭以外小流域的主要集中在研究区内。而根据表2.3可明显看出研究区流域主要位于第一道分水岭之内，其次是第一道分水岭到第二道分水岭之间，其流域数目占整个第一道分水岭外小流域总数的38.46%。

表2.3　研究区长江支流各分水岭中的分布情况

第一道分水岭内小流域		过第一道分水岭没到第二道分水岭的小流域		过第二道分水岭没到第三道分水岭的小流域		过第三道分水岭的小流域	
北岸	南岸	北岸	南岸	北岸	南岸	北岸	南岸
34	37	2	3	1	2	3	1

2.4　研究区内两种流域类型的自然特征

2.4.1　研究区两种流域类型岩性特征

　　从表2.4中可以看出，研究区第一道分水岭内小流域的岩性只包含泥页岩、泥岩、砂岩和石灰岩。其中泥页岩、泥岩面积最大，大约占第一道分水岭内小流域面积的45%。其次是砂岩，面积占比为38.74%，分布在石灰岩出露区的较少且集中位于长江南岸流域。

第一道分水岭外小流域中石灰岩分布面积最多,达45.58%,主要分布在第一道分水岭外小流域的北部和东南部地区。其次是砂岩和泥页岩、泥岩,主要分布在中部和西部。结合图2.1和图2.2可以看出第一道分水岭外未建坝小流域仍集中分布在泥页岩、泥岩以及砂岩上,而泥页岩疏松深厚的风化物,为径流冲刷提供了丰富的物质,其产生的大量泥沙会对三峡库区的沉积、航运、发电及工程设施等造成危害[13]。

表 2.4 研究区两种流域类型岩性、高程和坡度面积比例分布特点 (单位:%)

岩性	第一道分水岭内小流域	第一道分水岭外小流域
泥页岩、泥岩	44.62	20.83
砂岩	38.74	29.99
石灰岩	16.64	45.58
白云岩、石灰岩互层	—	0.41
泥页岩夹泥灰岩	—	2.67
石灰岩夹泥页岩	—	0.52
总计	100	100
高程（m）	第一道分水岭内小流域	第一道分水岭外小流域
<300	14.04	7.44
300～500	26.07	11.84
500～800	38.01	22.88
800～1200	16.89	28.80
1200～1500	3.16	13.33
1500～2000	1.83	11.51
>2000	—	4.20
总计	100	100
坡度（°）	第一道分水岭内小流域	第一道分水岭外小流域
<5	1.87	3.22
5～15	14.32	14.52
15～25	34.59	29.58
25～35	33.64	29.09
35～45	12.95	16.29
45～55	2.32	5.66
>55	0.31	1.64
总计	100	100

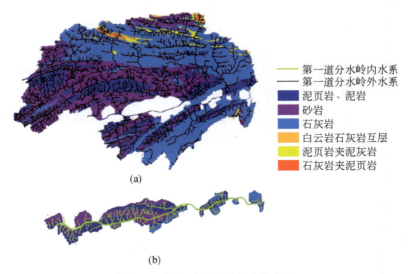

(a)

(b)

图 2.2　研究区流域类型岩性分布

2.4.2　研究区两种流域类型高程特征

从表 2.1 中可以看出，研究区第一道分水岭内小流域高程主要集中在 500~800 m 及 300~500 m 高程带上，两高程带面积之和占第一道分水岭内小流域的 64% 以上。同时第一道分水岭内小流域高程等级分布缺失>2000 m 的高程带；第一道分水岭外小流域分布在 800~1200 m 高程带上的面积最多，其次是分布在 500~800 m 高程带，两高程带面积和占第一道分水岭外小流域面积的 1/2 左右。结合图 2.3 可以看出，第一道分水岭外未建坝小流域高程主要位于 1200 m 以下，而超过第三道分水岭的已建坝小流域越往研究区北部和南部地区，高程越高，研究区西部地区流域海拔低于东部流域，对比长江两岸流域可以发现，长江南岸的小流域海拔普遍低于北岸。

2.4.3　研究区两种流域类型坡度特征

从表 2.1 中可以看出，研究区第一道分水岭内小流域和第一道分水岭外小流域所在坡度主要集中在 15°~35° 坡度段上，其中 15°~25° 坡度段上面积最大，分别占各流域类型的 34.59% 和 29.58%。结合图 2.4 可以看出第一道分水岭外未建坝小流域主要位于 35° 以下坡度段上，而超过第二道分水岭的已建坝小流域向研究区北部地区坡度增加，往西部地区坡度降低。

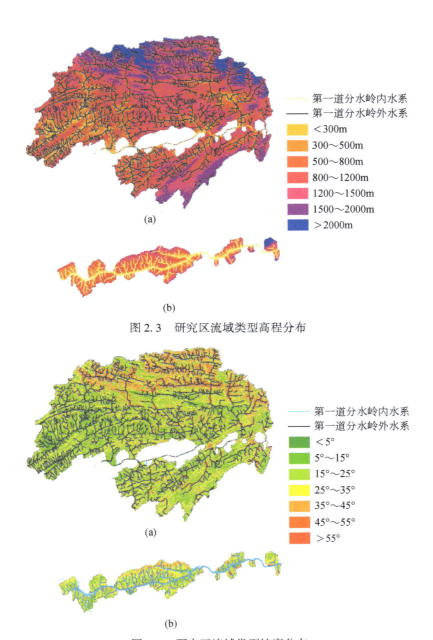

图 2.3　研究区流域类型高程分布

图 2.4　研究区流域类型坡度分布

2.5　研究区流域类型同土壤侵蚀关系

通过统计计算可以得出研究区两种流域类型在 1988 ~ 2010 年各土壤侵蚀类型面积比

例，具体如表 2.5 所示。从表 2.5 中可以看出，第一道分水岭内小流域强烈侵蚀、极强烈侵蚀和剧烈侵蚀在总侵蚀面积中所占的比例呈现先增加后减少的变化趋势，其中 2010 年强烈侵蚀面积所占比例高于 1988 年；轻度侵蚀和中度侵蚀所占面积比例在整个研究期内呈现逐渐增加的变化趋势；微度侵蚀则呈现逐渐减少的变化趋势。从流域类型上看，第一道分水岭内小流域自 1988～2010 年土壤侵蚀强度正在逐渐增加，侵蚀加剧。从表 2.6 可以看出，1988～2000 年第一道分水岭内小流域土壤侵蚀综合指数增加，到 2010 年下降，但总体呈现增加趋势，说明侵蚀严重性虽出现好转，但总体上侵蚀强度并未下降反而升高，是较易产生侵蚀的地带。这主要是因为第一道分水岭内小流域多为无分支流域，同时集中分布在高程为 500～800 m，坡度为 15°～35°坡度段的泥页岩、泥岩和砂岩地带上，导致径流侵蚀加剧，剧烈的块体运动导致水土流失更为严重，泥沙沉积及与水的相互作用最终影响水库的防洪能力和水体质量[14]，流失的泥沙直接进入三峡库区，给三峡水库的安全运行留下了隐患。

表 2.5　研究区两种流域类型 1988 年、2000 年和 2010 年各土壤侵蚀类型面积比例

（单位:%）

年份	第一道分水岭内小流域						
	微度侵蚀	轻度侵蚀	中度侵蚀	强烈侵蚀	极强烈侵蚀	剧烈侵蚀	总计
1988	44.88	30.59	16.86	4.63	2.66	0.38	100
2000	34.63	28.30	26.30	6.00	3.21	1.56	100
2010	30.84	34.56	27.14	5.61	1.49	0.36	100
年份	第一道分水岭外小流域						
	微度侵蚀	轻度侵蚀	中度侵蚀	强烈侵蚀	极强烈侵蚀	剧烈侵蚀	总计
1988	39.29	24.67	17.3	11.86	5.45	1.43	100
2000	33.98	24.28	22.08	12.25	5.16	2.25	100
2010	44.25	24.16	17.95	9.42	2.73	1.49	100

表 2.6　研究区两种流域类型 1988 年、2000 年和 2010 年土壤侵蚀综合指数

流域类型	1988 年	2000 年	2010 年
第一道分水岭内小流域	1.81	2.39	2.27
第一道分水岭外小流域	2.48	2.74	2.13

第一道分水岭外小流域中度侵蚀、强烈侵蚀和剧烈侵蚀所占面积比例在研究期内呈现先增加后减少的变化趋势；轻度侵蚀和极强烈侵蚀面积所占比例在 1988～2010 年呈现递减的变化趋势，说明两种侵蚀类型面积逐渐减少；微度侵蚀则呈现相反的变化趋势，到 2010 年面积达 44.25%。说明在 1988～2010 年第一道分水岭外小流域的侵蚀强度在逐渐降低，高强度侵蚀类型向低强度侵蚀类型转变，侵蚀逐渐减少。这一点从表 2.6 中第一道分水岭外小流域土壤侵蚀综合指数变化同样可以看出，土壤侵蚀综合指数在 1988～2010

年呈现先增加后减少的变化趋势，总体呈现下降趋势。对比第一道分水岭内小流域的土壤侵蚀综合指数可以发现，到 2010 年第一道分水岭外小流域的土壤侵蚀综合指数开始低于第一道分水岭内小流域。这也说明第一道分水岭外小流域的土壤侵蚀强度较第一道分水岭内小流域减弱，强度明显下降。这与近几年陆续建立了一系列水库大坝和梯级水电站有直接关系，如向家咀水电站、白石水库、鲫鱼塘水库、门坎滩水电站、中梁水电站等水利工程。通过对流域产生的侵蚀泥沙进行拦截，使泥沙沉积到这些水库，减轻了侵蚀泥沙对三峡库区的危害。但同时也要注意高强度侵蚀类型所占面积比例仍有增高的趋势，土壤侵蚀综合指数始终>2，这是由于在第一分水岭外仍有一些小流域未建坝或梯级水电站，同时位于易产生侵蚀的海拔为 800 ~ 1200 m，坡度为 15° ~ 35° 的泥页岩、泥岩地带，流失的泥沙直接进入库区，对水库安全运行造成影响。

2.6 本 章 小 结

第一道分水岭内小流域高程主要集中在 300 ~ 800 m 高程带、15° ~ 35° 坡度段的泥页岩、泥岩及砂岩上。其坡度等级和岩性类型都是研究区最易产生侵蚀的位置，加之该范围内小流域大多以无分支为主，其土壤侵蚀综合指数总体上有逐渐增大的趋势，侵蚀强度增加，侵蚀加剧，是需要重点关注和治理的地带。而第一道分水岭外未建坝小流域，分布位置同上文研究区土壤侵蚀背景空间分析所指出的研究区土壤侵蚀综合指数最高值集聚位置相同，主要分布在 800 ~ 1200 m 高程带，15° ~ 35° 坡度段的泥灰岩、泥岩上，这是整个研究区中最易产生侵蚀的地方，同时由于该地带小流域大多为 3 级以上分支且并未建坝或梯级水电站，对侵蚀泥沙不具有拦截能力，是整个研究区中土壤侵蚀最为强烈的地区，也是进行水土流失治理的关键地带。

在本书研究中选择三峡库区腹心地带的开州区、云阳县、奉节县、巫山县和巫溪县的小流域作为研究对象，并非是单个的县、市或是整个库区，弥补了过去研究的过于细化或者宽泛问题。在时间上考虑到三峡库区不同建设阶段及蓄水前后对三峡库区内土壤侵蚀的影响，分别进行对比分析，为全面分析土壤侵蚀的产生来源提供数量化的决策依据和理论支持。

参 考 文 献

[1] 季学武, 郭一兵. 三峡水库的来沙分析 [J]. 水利水电技术, 1998, 29 (1)：40-43.
[2] 熊平生, 谢世友, 谢金宁. 初探三峡水库湿地面临的问题及其对策 [J]. 国土与自然资源研究, 2004, (4)：62-63.
[3] 花利忠, 贺秀斌, 颜昌宙, 等. 基于 AnnAGNPS 模型的大宁河流域泥沙泥沙输移比评价 [J]. 水土保持通报, 2009, 23 (3)：154-158.
[4] 甘彩红, 赵岩洁, 李阳兵. 三峡库区腹地流域类型与土壤侵蚀的关系 [J]. 水土保持通报, 2015, 35 (6)：291-295.
[5] 郭选英, 李庆国, 廖晓芳. 黄河干流梯级开发构架与泥沙控制布局研究 [J]. 人民黄河, 2012,

34（4）：1-3.

［6］陈荣，徐晓鹏，丁兵．漫湾水库拦沙对大朝山水库淤积的影响研究［J］．人民长江，2007，38（2）：106-108.

［7］江恩惠，万强，曹永涛．小浪底水库拦沙运用九年后黄河下游防洪形势预测［J］．泥沙研究，2010，（1）：1-4.

［8］Wei J, He X B, Bao Y H. Anthropogenic impacts on suspended sendiment load in the Upper Yangtze River ［J］. Regional Environmental Change, 2011, 11（4）：857-868.

［9］张俊华，陈书奎，李书霞，等．小浪底水库拦沙初期泥沙输移及河床变形研究［J］．水利学报，2007，38（9）：1085-1089.

［10］陈万志，刘德绍，袁兴中．三峡库区生态环境研究［M］．重庆：重庆出版社，2010.

［11］程根伟，肖飞鹏，范继辉．山区小流域坡面和沟道侵蚀的数学模式探讨［J］．山地学报，2010，（3）：327-332.

［12］李睿康，李阳兵，文雯，等．典型流域土壤侵蚀演变的高程、坡度空间差异比较［J］．水土保持学报，2017，31（5）：99-107.

［13］高中琪，张洪江，史玉虎．长江三峡花岗岩区不同地类土壤流失量研究［J］．中国水土保持科学，2004，2（4）：26-29.

［14］Bao Y H, He X B, Zhang X B. Sediment at reservoir riparian zone in Three Gorges Area of China ［J］. Geomorphology, 2009, 479/480：1-18.

3 土壤侵蚀演变的地学背景分析

土壤侵蚀演变与区域地理环境密不可分[1]。例如，高峰等[2]通过对地形位指数和分布指数的研究，发现钦江流域土壤侵蚀强度随着高程、坡度的增加先增后减，在350~500 m、>35°达到最大值；赵明松等[3]发现1980~2010年安徽省土壤侵蚀加剧和减弱的面积以高程在200~500 m及坡度在15°~25°区域最大；姚志宏等[4]认为1975~2006年，孤山川流域中度以上的土壤侵蚀主要发生在1070~1300 m高程带，在坡度上对应于15°~25°的陡坡地；同时也发现，广东省土壤侵蚀主要分布于花岗岩、紫红色砂岩、泥页岩及碎屑岩类母岩上[5]。三峡库区作为中国水土流失最严重地区之一[6]，其生态安全将直接影响到长江上游乃至整个长江流域的经济社会可持续发展[7]。赵岩洁等[8]分析了草堂溪流域高程、坡度、土地利用与土壤侵蚀关系；俱战省等[9]从坡度和土地利用类型两方面分析了菱角塘流域土壤侵蚀的空间分布特征；吴昌广等[10]认为，500~1000 m高程带对三峡库区土壤侵蚀的贡献最大，且15°~25°、25°~35°、>35°坡度带上的平均侵蚀模数均高于三峡库区平均水平；但Chen等[11]认为三峡库区香溪河流域的土壤侵蚀主要发生在高程为2000 m和坡度为25°以下[11]地区。

一般而言，土壤侵蚀程度随着高程、坡度的变化先增后减，在某一范围内达到最大值。同时母岩不同，土壤侵蚀的分布也存在空间差异性。由此可见，高程、坡度及岩性耦合下的土地类型不同，土壤侵蚀演变空间分布必然不同[12]。然而目前研究多考虑单一地理环境要素影响下的土壤侵蚀演变，侧重于分析不同高程（或坡度）条件下土壤侵蚀的空间分布及演变，有关高程–坡度–岩性耦合下土地类型的土壤侵蚀时空格局演变较少，而这对于自然因素耦合条件下土壤侵蚀演变研究具有极其重要的意义。因此，本书以探析不同土地类型下土壤侵蚀强度演变及其空间差异性为目标，重点在于揭示高程、坡度及岩性不同组合类型的土壤侵蚀时空演变规律，探究高程、坡度、岩性三者共同作用下的典型流域土壤侵蚀演变差异性，并探索其对土壤侵蚀演变的启示作用，以期对土壤侵蚀治理提供科学的理论基础。

3.1　研究区概况

《三峡库区近、中期农业和农村经济发展总体规划》将三峡库区分为库首、库腹和库尾，其中库腹区包括重庆市万州区、涪陵区、丰都区、开州区、忠县、云阳县、奉节县、巫山县、巫溪县、武隆县和石柱县[13]。大宁河流域和梅溪河流域（图3.1）均位于三峡库区腹地奉节县、巫山县和巫溪县等区县，自然地理环境具有一定的相似性，即位于大巴山弧形褶皱带，且以中低山为主，山高坡陡，地形条件复杂，岩石发育广泛，属亚热带湿润气候，夏季多暴雨且降雨较为集中。大宁河流域与梅溪河流域均为传统农耕区，坡耕地分布范围较广，在复杂地理环境的影响下，伴随着强降雨的冲刷，成为土壤侵蚀集中分布区。与此同时，大宁河流域以喀斯特地貌为主，梅溪河流域以喀斯特–非喀斯特地貌为主，因此选择具有不同地理背景的两流域进行土壤侵蚀演变比较研究具有一定的典型性和代表性。大宁河流域位于 31°03′54″N ~ 31°44′01″N，109°01′22″E ~ 110°09′05″E，全长为 142.7 km，流域面积有 4200 km²；地势北高南低，地形山高谷深，落差悬殊，其中海拔大于 800 m 的面积占流域总面积的 73.06%，坡度大于 25°的面积占流域总面积的 69.7%；喀斯特地貌广泛发育，石灰岩广布。梅溪河流域位于 31°02′39″N ~ 31°32′43″N，108°56′22″E ~ 109°33′38″E，全长为 112.8 km，流域面积有 1928 km²、地势东中西高，南部低，海拔大于 800 m 的面积占流域总面积的 74.28%，坡度大于 25°的面积占流域总面积的 51.01%；地层古老，砂岩和石灰岩分布广泛。

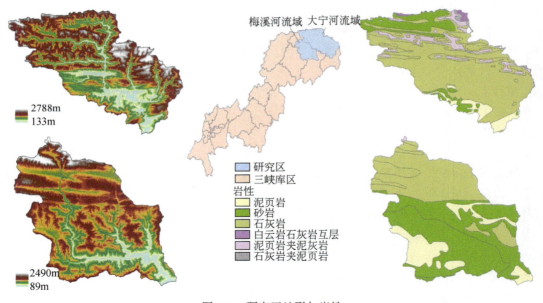

图 3.1　研究区地形与岩性

3.2　数据来源与研究方法

3.2.1　数据来源

研究区基础遥感影像来源于 1988 年（时相为 5 月 18 日）、2010 年（时相为 5 月 5 日）和 2015 年（时相为 5 月 9 日）的 TM 遥感影像及 2000 年（时相为 4 月 28 日）的

CBRS 影像，其中 TM 影像空间分辨率为 30 m，CBRS 影像空间分辨率为 17.5 m。借助 ENVI 软件对影像进行几何校正，并选择 4、3、2 波段进行波段融合。在非监督分类的基础上通过人机交互解译，并依据土壤侵蚀强度分类分级标准[14]及现有研究成果[15~18]的基础上，结合流域土地利用、坡度和植被覆盖度等数据，将流域土壤侵蚀分为微度侵蚀、轻度侵蚀、中度侵蚀、强烈侵蚀、极强烈侵蚀和剧烈侵蚀六大类（表 3.1）。为保证数据的精确性，本书借助高分辨率遥感影像（2.5 m 分辨率）对研究区土壤侵蚀数据进行验证，并于 2016 年 3 月及 8 月深入研究区对结果选点进行验证，使解译精度达到 85% 以上。流域各时段土壤侵蚀类型如图 3.2 所示。

表 3.1　研究区土壤侵蚀分级分类标准

侵蚀等级	解译标准	典型影像
微度侵蚀	植被覆盖度>75% 成片的林、灌、草地和坡度< 5°平地，水田、平原区旱地、水域、城镇和居民点用地	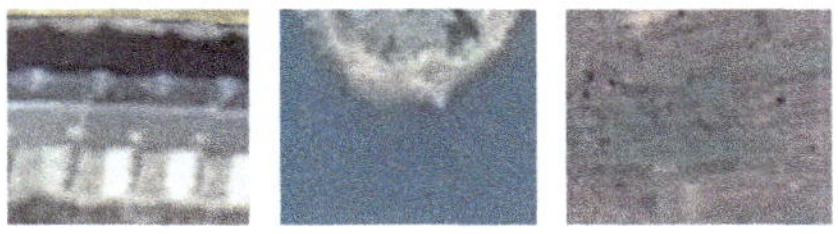
轻度侵蚀	坡度为 5°~15°，且植被覆盖度为 45%~60% 的坡耕地；坡度为 5°~25°，且植被覆盖度为 60%~75% 的林、灌、草地	
中度侵蚀	坡度为 5°~15°，且植被覆盖度<30% 的坡耕地；坡度为 15°~35°，且植被覆盖度为 45%~60% 的林、灌、草地	
强烈侵蚀	坡度为 15°~25°，且植被覆盖度<30% 的坡耕地；坡度>35°，且植被覆盖度为 45%~60% 的林、草地	
极强烈侵蚀	坡度为 25°~35°，且植被覆盖度<30% 的坡耕地	
剧烈侵蚀	植被覆盖度<10%，且坡度>30°的区域	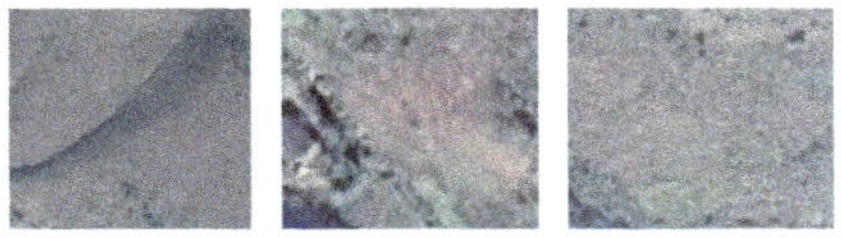

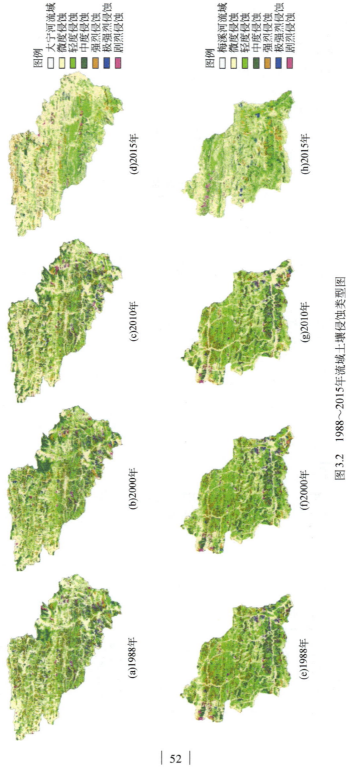

图 3.2 1988～2015年流域土壤侵蚀类型图

3.2.2　高程、坡度重分类

在 30 m 分辨率 DEM 数据的基础上, 利用 ArcGIS 中的 Spatial Analyst Tools, 通过栅格计算和 Slope[19~21] 分析工具, 结合 1 : 50 000 地形图等高线和局部实地对比, 提取两流域修正后的坡度数据, 结合流域地形实际情况, 将两流域坡度进行重新分类, 分为 0°~8°、8°~15° 和 >15° 三个坡度带, 并将其转换为矢量数据。流域坡度因子修正公式为

$$S = \begin{cases} 10.8\sin\theta + 0.03 & \theta \leqslant 5° \\ 16.8\sin\theta - 0.50 & 5° < \theta \leqslant 10° \\ 20.204\sin\theta - 1.2404 & 10° < \theta \leqslant 25° \\ 29.585\sin\theta - 5.6079 & \theta > 25° \end{cases}$$

与此同时, 借助 ArcGIS 中的 3D Analyst Tools 工具对两流域 DEM 数据进行分类, 分为 <500 m、500~1000 m 和 >1000 m 三个高程带, 并通过 Conversion Tools 将其转换为矢量数据。

3.2.3　流域土地类型划分

所谓土地类型, 是指地球表面某一区域包括地形、地貌、水文、土壤等全部自然要素在内相互作用而形成的统一体, 多用于反映中小尺度地域分异规律[22]。一般而言, 因流域高程、坡度和岩性等自身差异条件的存在, 导致土壤侵蚀分布演变不尽相同。因此, 为反映流域高程-坡度-岩性耦合下的土壤侵蚀分布与演变差异性, 本书在参考前人研

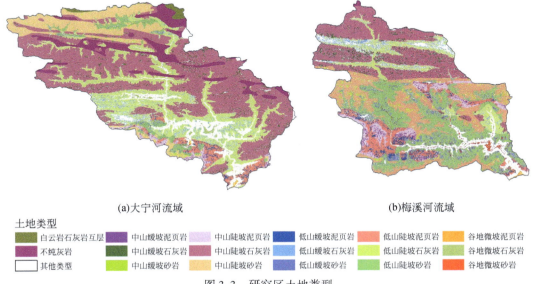

(a)大宁河流域　　　　　　　　　　　　(b)梅溪河流域

土地类型

白云岩石灰岩互层	中山缓坡泥页岩	中山陡坡泥页岩	低山缓坡泥页岩	低山陡坡泥页岩	谷地微坡泥页岩
不纯灰岩	中山缓坡石灰岩	中山陡坡石灰岩	低山缓坡石灰岩	低山陡坡石灰岩	谷地微坡石灰岩
其他类型	中山缓坡砂岩	中山陡坡砂岩	低山缓坡砂岩	低山陡坡砂岩	谷地微坡砂岩

图 3.3　研究区土地类型

究[18,22,23]的基础上，结合区域实际情况，以"地貌+坡度+岩性"的命名方式对流域土地类型进行划分（图 3.3）。在表 3.2 和图 3.3 的基础上，借助 ArcGIS 中的 Intersect 工具，对两流域的高程、坡度和岩性叠加的基础上，按照其面积占比大小进行降序排列，并将其面积占比累积大于 83% 的土地类型单独提取出来作为两流域主要土地类型，结果见表3.3。由于两流域背景条件的差异性，土地类型并不完全相同，其中同类型所代表的含义是相同的。对两流域主要土地类型土壤侵蚀进行研究，一方面可反映两流域内部主要土地类型的土壤侵蚀分布与演变的差异性，另一方面可突出两流域间土壤侵蚀空间分布演变的比较性差异，为流域土壤侵蚀治理提供切合实际的参考。

表 3.2 流域高程、坡度地貌分级

分级	高程带（m）	地貌分级	坡度带（°）	坡度分级
1	<500	谷地	0~8	微坡
2	500~1000	低山	8~15	缓坡
3	>1000	中山	>15	陡坡

表 3.3 两流域主要土地类型

序号	大宁河流域			梅溪河流域		
	土地类型	面积（km²）	面积占比（%）	土地类型	面积（km²）	面积占比（%）
1	中山陡坡石灰岩	1 670.95	39.94	中山陡坡石灰岩	411.90	21.37
2	低山陡坡石灰岩	759.01	18.14	低山陡坡砂岩	400.59	20.78
3	中山陡坡砂岩	403.76	9.65	中山陡坡砂岩	324.98	16.86
4	不纯灰岩	324.35	7.75	低山陡坡石灰岩	148.56	7.71
5	低山陡坡砂岩	129.63	3.10	低山陡坡泥页岩	108.89	5.65
6	低山陡坡泥页岩	99.77	2.38	中山陡坡泥页岩	72.06	3.74
7	中山缓坡石灰岩	83.69	2.00	低山缓坡砂岩	58.14	3.02
8	低山缓坡石灰岩	62.18	1.49	低山缓坡石灰岩	38.67	2.01
9	中山陡坡泥页岩	41.98	1.00	中山缓坡石灰岩	37.74	1.96
累计		3 575.33	85.46	累计	1 601.53	83.1

3.2.4 土壤侵蚀强度综合指数

引入土壤侵蚀强度综合指数来分析研究流域土壤侵蚀的综合程度[24]，具体公式为

$$INDEX = \sum_{i=1}^{n} \sum_{j=1}^{m} W_{ij}A_{ij} \times 100$$

式中，W_{ij} 为 i 土地类型第 j 级土壤侵蚀强度分级值；A_{ij} 为两流域 i 土地类型第 j 级土壤侵蚀强度面积占比；为便于研究，将土壤侵蚀分级值按土壤侵蚀强度由弱到强依次设置为 1，2，3，4，5，6；为方便结果的统计，将其扩大 100 倍。

3.2.5 基于蜂巢网格的冷热点分析

为反映两流域的各土地类型的土壤侵蚀空间分布集聚状况，本书首先建立面积为 3 km² 的蜂巢网格（图3.4）。在此基础上通过 Getis-Ord G_i^* 识别区域要素的空间高值簇和低值簇，即冷热点区的空间分布格局，通过冷热点区的变化反映不同土壤侵蚀类型的空间格局演变[25~27]，其计算公式为

$$G_i^*(d) = \sum_j^n W_{ij}(d)X_j \Big/ \sum_j^n X_j$$

为便于解释与比较，对其进行标准化处理：

$$Z(G_i^*) = \frac{G_i^* - E(G_i^*)}{\sqrt{\mathrm{Var}(G_i^*)}}$$

式中，$E(G_i^*)$ 和 $\mathrm{Var}(G_i^*)$ 分别为 G_i^* 的数学期望和变异系数；$W_{ij}(d)$ 为空间权重。如果 $Z(G_i^*)$ 为正且显著，表示 i 周围的值相对较高（高于均值），属高值空间集聚（热点区）；反之，若 $Z(G_i^*)$ 为负且显著，表示 i 周围的值相对较低（低于均值），属低值空间集聚（冷点区）。

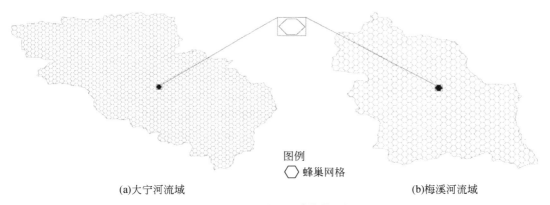

图例
⬡ 蜂巢网格

(a)大宁河流域　　　　　　　　　　　　　　　　(b)梅溪河流域

图3.4　两流域3 km²蜂巢网格

3.3　结　果　分　析

3.3.1　流域土壤侵蚀强度动态变化

首先通过土壤侵蚀强度综合指数来反映两流域土壤侵蚀总体变化状况。从图3.5中可以看出：1988~2015年，两流域土壤侵蚀强度综合指数呈现波动下降趋势，这说明两流域土壤侵蚀整体呈现好转趋势。通过比较发现，梅溪河流域土壤侵蚀强度综合指数略高于大

宁河流域，说明大宁河流域总体土壤侵蚀状况略好于梅溪河流域，这与梅溪河流域人口众多，农业生产活动发达有关。1988～2000年，两流域土壤侵蚀强度综合指数略有增加，主要是因为三峡库区移民后人类活动有所加强，从而使土壤侵蚀有所加强。2000～2015年，尤其是2010年之后，两流域土壤侵蚀强度综合指数下降趋势较为明显，这说明三峡库区在经济发展的同时已经开始注重生态环境保护，土壤侵蚀状况总体呈现好转趋势。

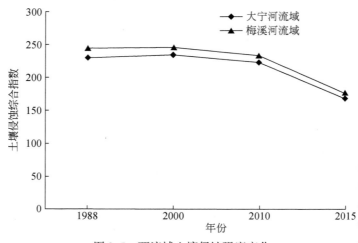

图3.5　两流域土壤侵蚀强度变化

　　两流域土壤侵蚀强度综合指数的差异性与两流域各土壤侵蚀强度面积占比有关，计算各侵蚀强度面积占比的变化可解释大宁河流域土壤侵蚀状况为何好于梅溪河流域。为此，本书在图3.2各时段土壤侵蚀类型图的基础上，利用土壤侵蚀面积占比变化来分析两流域不同侵蚀强度动态演变特征。在对两流域各强度土壤侵蚀面积进行统计的基础上，通过计算两流域各时段不同强度土壤侵蚀面积与各时段土壤侵蚀总面积的比值便可得到土壤侵蚀面积占比（图3.6）。由图3.6可知，1988～2015年两流域土壤侵蚀面积占比随土壤侵蚀强度的增加而呈现单调递减的趋势，且梅溪河流域轻度侵蚀、中度侵蚀和强烈侵蚀面积占比大于大宁河流域。随着时间的变化，两流域除中度侵蚀面积占比不一致外，其余土壤侵蚀强度具有一致性，即为微度侵蚀占总面积的比重呈现"先减后增"、轻度侵蚀占总面积比重呈现"先增后减"、强烈侵蚀及其以上占总面积比重呈现"持续减少"。就中度侵蚀而言，其面积比值在大宁河流域呈现"先增后减"趋势，在梅溪河流域则呈现"持续减少"趋势。

　　为了检验数据的准确性和结论的可靠性，本研究还与2005～2012年的重庆市土壤侵蚀公报结果进行了比对。由于流域边界与行政边界不一致，本研究通过巫溪县和奉节县的土壤侵蚀数据来反映两流域土壤侵蚀规律的准确性，具体如图3.7所示。研究时段内巫溪县和奉节县土壤侵蚀面积占比以中度侵蚀及其以下为主。2005～2012年，巫溪县各土壤侵蚀面积占比表现为：轻度侵蚀以下、极强烈侵蚀以上有所增加，中度侵蚀和强烈侵蚀有所减少，这说明，土壤侵蚀主要由中度侵蚀向其他类型转移，且好转趋势明显。奉节县则表现为：除轻度侵蚀、极强烈侵蚀和剧烈侵蚀有所增加外，其余侵蚀类型均有所减少，这说

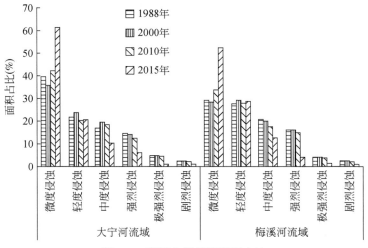

图3.6 流域土壤侵蚀面积占比

明土壤侵蚀总体由微度侵蚀、中度侵蚀和强烈侵蚀向其他类型转移，且主要呈现好转趋势。通过对比发现，巫溪县土壤侵蚀状况好于奉节县。这与奉节县人口多、农业活动发达有关，同时与两流域的研究结论一致，即梅溪河流域土壤侵蚀程度大于大宁河流域。究其原因是大宁河流域大部分位于巫溪县境内，人类活动强度较小，农业活动相对较少，而梅溪河流域海拔相对较低，农业活动发达，人类活动强度较大。

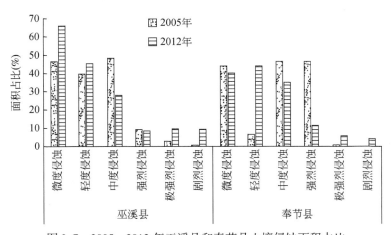

图3.7 2005～2012年巫溪县和奉节县土壤侵蚀面积占比

3.3.2 流域土壤侵蚀强度空间分布变化

为反映流域土壤侵蚀空间分布变化状况，本书首先建立两流域面积为 3 km² 的蜂巢网格，然后将两流域1988～2015年各土壤侵蚀类型变化图斑进行提取，并通过 Spatial Join

与蜂巢网格建立关联，最终借助 Hot Spot Analysis（Getis-Ord G_i^*）工具来反映两流域不同土壤侵蚀类型空间分布变化。研究发现，两流域土壤侵蚀空间分布变化以热点区为主，且大宁河流域微度侵蚀、轻度侵蚀、强烈侵蚀和极强烈侵蚀热点区变化大于梅溪河流域，梅溪河流域中度侵蚀和剧烈侵蚀热点区大于大宁河流域。就其空间分布而言，两流域具有一定的相似性，即热点区多位于两流域的中山陡坡石灰岩和中山陡坡砂岩地区，且以石灰岩地区分布较广（图3.8）。

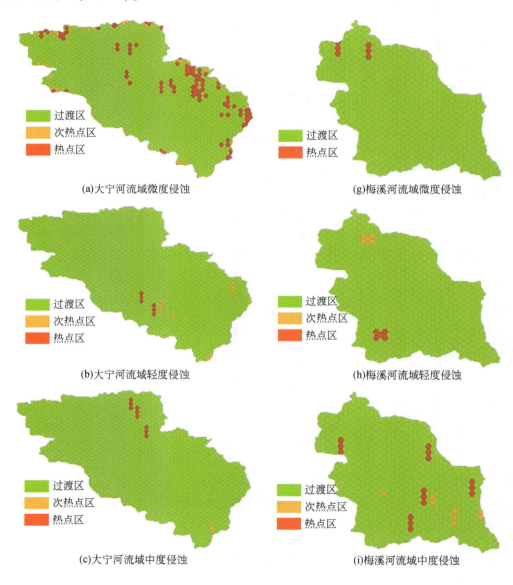

(a)大宁河流域微度侵蚀 　　　　　(g)梅溪河流域微度侵蚀

(b)大宁河流域轻度侵蚀 　　　　　(h)梅溪河流域轻度侵蚀

(c)大宁河流域中度侵蚀 　　　　　(i)梅溪河流域中度侵蚀

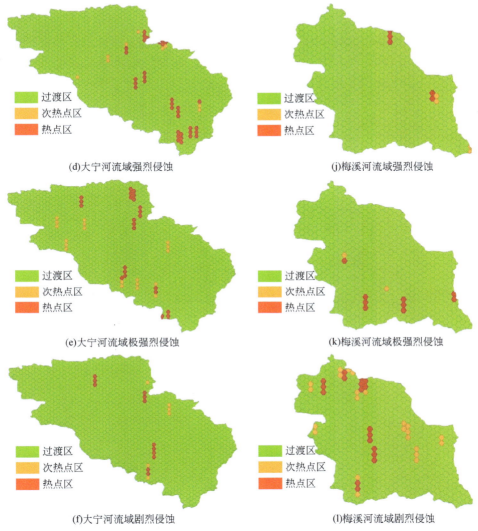

(d)大宁河流域强烈侵蚀　　　　　　　　(j)梅溪河流域强烈侵蚀

(e)大宁河流域极强烈侵蚀　　　　　　　(k)梅溪河流域极强烈侵蚀

(f)大宁河流域剧烈侵蚀　　　　　　　　(l)梅溪河流域剧烈侵蚀

图 3.8　两流域 1988~2015 年土壤侵蚀集聚分布状况

3.3.3　流域土壤侵蚀演变对土地类型的响应

前文虽综合比较了两流域土壤侵蚀的数量和空间分布状况，但并未从时间序列上反映两流域各时段土壤侵蚀的动态演变规律。故有必要深入探析不同土地类型下的土壤侵蚀演变和同一土壤侵蚀强度下不同土地类型的土壤侵蚀演变状况。

3.3.3.1 不同土地类型的土壤侵蚀强度指数变化

将两流域土地类型数据与 1988~2015 年各时段土壤侵蚀数据叠加,分类统计各土地类型土壤侵蚀面积占比变化,并结合土壤侵蚀强度综合指数的计算公式便可得到两流域 1988~2015 年不同土地类型土壤侵蚀强度变化(图 3.9)。由于地形和岩性等自然条件的

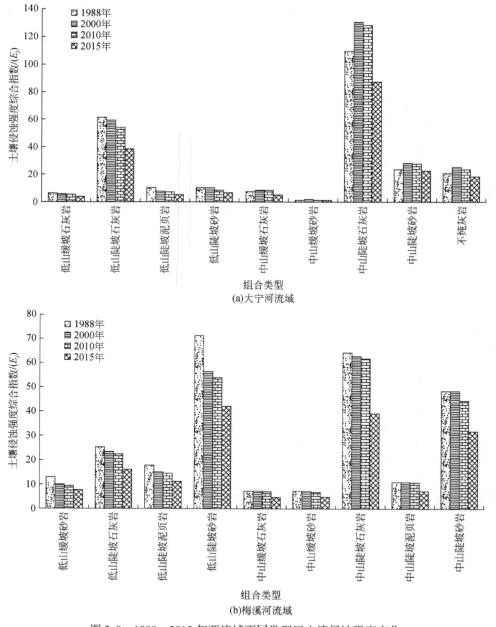

图 3.9 1988~2015 年两流域不同类型区土壤侵蚀强度变化

差异性，土地类型不同，土壤侵蚀强度也不同。1988～2015年，大宁河流域中山陡坡石灰岩和低山陡坡石灰岩地区土壤侵蚀程度严重，梅溪河流域低山陡坡砂岩和中山陡坡石灰岩地区侵蚀强度指数较大。具体来看，大宁河流域土壤侵蚀强度表现为：陡坡区强于缓坡区，中山区强于低山区，石灰岩区强于砂岩区和泥页岩区；梅溪河流域不同土地类型土壤侵蚀强度表现为：低山区强于中山区；陡坡区强于缓坡区；砂岩区强于石灰岩区和泥页岩区。该分布规律的形成一方面与大宁河流域为喀斯特流域，梅溪河流域为喀斯特–非喀斯特组合流域这一自然背景条件有关，另一方面也说明了梅溪河流域人口较多，农业活动发达，大宁河流域人类活动较少。

就同一土地类型来看，1988～2015年，两流域各土壤侵蚀面积占比总体随着时间的变化而逐渐减少，土壤侵蚀呈现好转趋势，且土壤侵蚀发生由强向弱转移的特点。大宁河流域土壤侵蚀面积占比随着土壤侵蚀强度的增加呈现出"减—增—减"、"持续减少"和"增—减—增—减"三种类型，梅溪河流域呈现"增—减"、"持续减少"和"减—增—减"三种类型。到2015年，两流域土壤侵蚀面积占比随着土壤侵蚀强度的增加均呈现"持续减少"的特点，各土地类型土壤侵蚀向好的方向转变。

3.3.3.2　不同土地类型的土壤侵蚀等级演变

为反映两流域不同土地类型的土壤侵蚀等级演变状况，首先对研究时段内微度侵蚀、轻度侵蚀、中度侵蚀、强烈侵蚀、极强烈侵蚀和剧烈侵蚀等各强度图斑进行提取并统计面积大小。其次在此基础上，对各侵蚀强度下的不同土地类型图斑进行提取并统计面积大小。最后通过计算各时段各强度下不同土地类型的面积占该时段对应土壤侵蚀强度总面积的比例便可得到1988～2015年两流域不同土地类型土壤侵蚀面积占比变化状况（图3.10）。

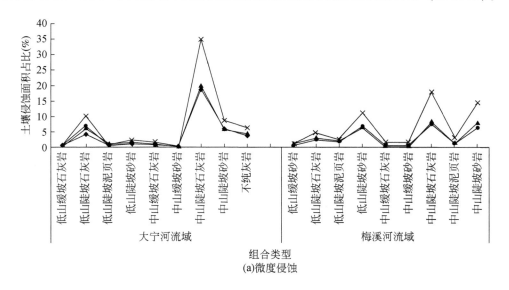

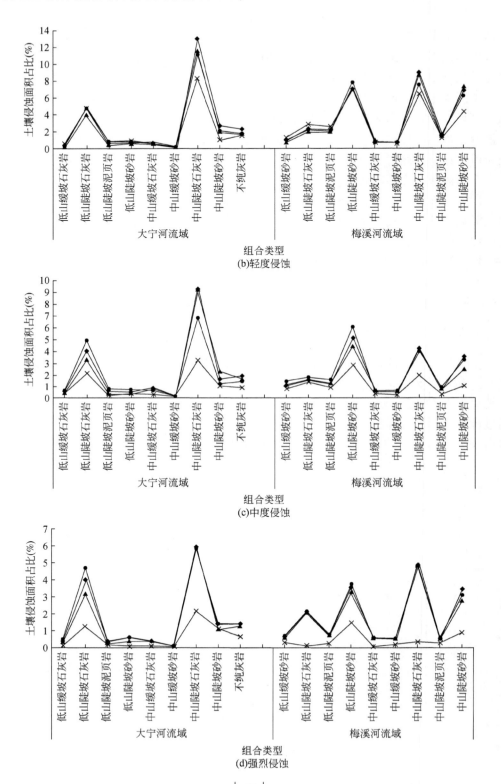

(b)轻度侵蚀

(c)中度侵蚀

(d)强烈侵蚀

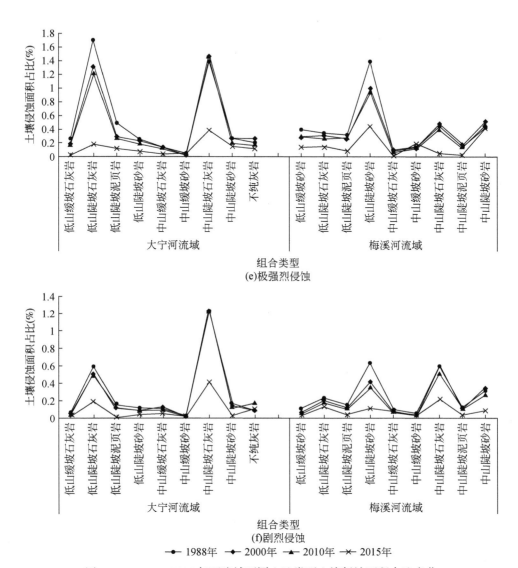

图 3.10　1988～2015 年两流域不同土地类型土壤侵蚀面积占比变化

　　就微度侵蚀而言，两流域各土地类型土壤侵蚀演变包括"先减后增"和"持续增长"两种类型。其中大宁河流域除低山缓坡石灰岩土壤侵蚀面积占比持续增加外，其余土地类型均为"先减后增"型；梅溪河流域低山地区表现为先减后增，中山以上地区土壤侵蚀面积占比持续增加。

　　两流域轻度侵蚀演变主要有三种类型："先减后增"型、"先增后减再增"型及"先增后减"型。"先增后减"型主要分布于大宁河流域的低山缓坡石灰岩、低山陡坡石灰岩、低山陡坡泥页岩和梅溪河流域的低山缓坡砂岩、低山陡坡石灰岩、低山陡坡泥页岩等土地类型；"先增后减再增"型主要分布于大宁河流域的低山陡坡砂岩、中山缓坡石灰岩、中山缓坡砂岩地区。"先增后减"型主要分布于大宁河流域的中山陡坡石灰岩、中山陡坡砂岩、不纯灰岩和梅溪河流域的中山地区。

两流域中度侵蚀及其以上的土壤侵蚀演变包括"持续减少"和"先增后减"两种类型。两流域低山地区以"持续减少"为主，两流域中山地区及大宁河流域的不纯灰岩地区土壤侵蚀演变表现为"先增后减"型。

3.4 讨 论

土地类型是基于自然因子的土地整合类型，当人类活动作用于土地类型时，便会产生不同的土地利用方式。为更好地揭示土壤侵蚀演变机理，本书在探讨土地类型与土壤侵蚀关系的基础上，结合流域的土地利用类型解释各土地类型土壤侵蚀强度差异的原因。

为反映土地利用变化及其政策驱动对两流域土壤侵蚀演变的作用机制状况，本书研究以时间轴序列为主线，分析总结了大宁河流域与梅溪河流域1988年、2000年和2010年等重要时间节点前后土地利用变化状况，并结合现有的研究成果，归纳了三峡库区腹地1988年以来重要国家重大方针、政策[28]，以便反映政策驱动下的土地利用变化对土壤侵蚀演变的作用机制，如图3.11所示。结合现有的研究成果[29]及野外调研的实际状况来看，大宁河、梅溪河两流域土地利用类型主要表现为：1988年，低山地区土地利用方式以耕地为主，林地次之；陡坡地区以草灌地为主，耕地次之；石灰岩区和砂岩区均以草灌地为主，耕地次之。1988~2000年，低山地区耕地和建设用地增加，林业用地减少，且林地面积低于旱地面积，高于建设用地；陡坡地区土地利用方式以草地为主，但灌木地面积有所减少，耕地和林地有所增加；石灰岩地区草灌地面积减少，耕地面积增加，并超过草灌地面积，之后因撂荒耕地面积，逐渐减少；砂岩地区耕地和林地面积变化不大，主要表现为灌木林地向有林地转变。该时段耕地的增加一方面与三峡库区冻结占用耕地，追求耕地总量动态平衡有关，另一方面一、二期移民及其安置政策等的实施对土地利用及其影响下的土壤侵蚀演变具有一定的影响。2000年之后，低山地区耕地和林地面积较前一阶段有所减少，建设用地面积进一步增加，但仍以耕地为主；陡坡地区耕地面积有所减少，林地面积有所增加，建设用地面积变化呈现出波动性增加的特征。建设用地面积与林地面积的增加，与三峡库区水位抬升、部分城镇整体搬迁、三期移民的开展有关。与此同时，移民后期的生态经济建设也使耕地面积减少，林地面积相对增加。

范丽丽等[30]通过土壤侵蚀综合指数的计算发现，大宁河流域各土地利用类型下土壤侵蚀强度由强到弱表现为：陡坡旱地>山地旱地>中度覆盖草地>高覆盖度草地>低覆盖度草地>平原水田>丘陵旱地>山地水田>平原水田>疏林地；冯永丽[31]通过土壤侵蚀面积占比变化的计算发现，梅溪河流域1988~2010年，中度侵蚀及其以下的土壤侵蚀类型主要分布于疏（灌）林地、灌丛草地、园地、有林地和建设用地，中度侵蚀以下土壤侵蚀以耕地为主，疏（灌）林地次之。由此可见，两流域土壤侵蚀表现为旱地>水田>灌木地>草地>林地>建设用地，流域土壤侵蚀以坡耕地和灌木地分布最为集中，且随着耕地面积的减少，

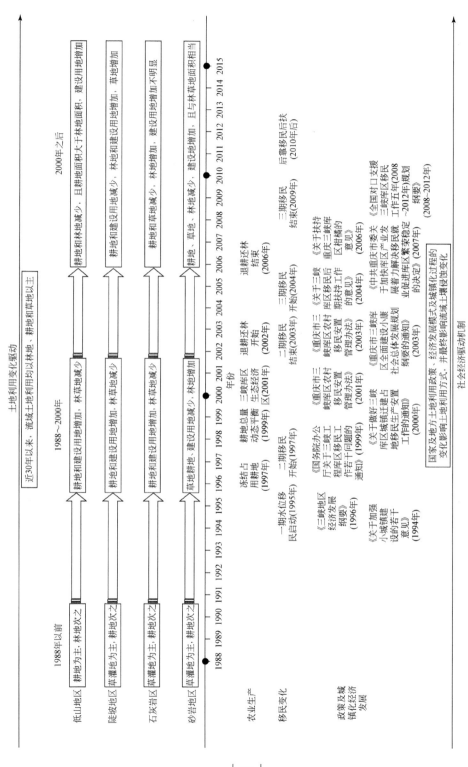

图3.11 两流域土壤侵蚀驱动耦合机制

土壤侵蚀总体好转[27]。一般而言，耕地布设的坡度较高，且缺乏较好的水土保持措施，土壤易被侵蚀；耕地退化而来的灌丛，因表土植被覆盖度低，其侵蚀程度相对严重。从岩性状况来看，石灰岩坡地土–石间缺乏过渡层土壤易侵蚀，砂岩和泥页岩区易被开垦为耕地，土壤侵蚀严重。

3.5 本章小结

本研究选取三峡库区典型流域——大宁河流域和梅溪河流域为研究区，将地形地貌和岩性因子结合起来，研究组合下各土地类型土壤侵蚀时空演变差异性。研究发现：①尽管两流域土壤侵蚀分布具有差异性，但土壤侵蚀程度总体呈现好转趋势；②就两流域土壤侵蚀空间数量变化而言，大宁河流域土壤侵蚀状况优于梅溪河流域，且中山陡坡石灰岩区为两流域土壤侵蚀变化热点区；③两流域不同土地类型土壤侵蚀演变在坡度和岩性上具有相似性，在海拔上具有差异性，总体而言主要分布于中山陡坡石灰岩和砂岩区；在同一土壤侵蚀强度下，两流域不同土地类型土壤侵蚀演变具有一定的相似性；④本书研究仅从土地类型与土壤侵蚀角度探讨了流域土壤侵蚀的演变规律，关于土壤侵蚀与土地利用转型、乡村转型的耦合关系将是未来需要加强的地方。

参 考 文 献

[1] 赵晓丽, 张增祥, 周全斌, 等. 中国土壤侵蚀与其地理环境背景的空间关系 [J]. 山地学报, 2002, 20 (3): 277-283.

[2] 高峰, 华璀, 卢远, 等. 基于地形梯度的土壤侵蚀强度分布特征研究——以钦江流域为例 [J]. 水土保持研究, 2014, 21 (2): 22-26.

[3] 赵明松, 李德成, 张甘霖. 1980—2010 年间安徽省土壤侵蚀动态演变及预测 [J]. 土壤, 2016, 48 (3): 588-596.

[4] 姚志宏, 杨勤科, 武艳丽, 等. 孤山川流域近 30 年土壤侵蚀时空动态特征分析 [J]. 武汉大学学报 (信息科学版), 2014, 39 (8): 974-980.

[5] 赖发业. 试论母岩岩性与土壤侵蚀的关系 [J]. 中国水土保持, 1989, (7): 41-43.

[6] 肖洋, 欧阳志云, 徐卫华, 等. 基于 GIS 重庆土壤侵蚀及土壤保持分析 [J]. 生态学报, 2015, 35 (21): 1-9.

[7] 花利忠, 贺秀斌, 颜昌宙, 等. 三峡库区大宁河流域径流泥沙的 AnnAGNPS 定量评价 [J]. 水土保持通报, 2009, 26 (6): 148-152.

[8] 赵岩洁, 李阳兵, 冯永丽. 三峡库区紫色岩小流域土壤侵蚀强度动态监测 [J]. 资源科学, 2012, 34 (6): 1125-1133.

[9] 俱战省, 文安邦, 严冬春, 等. 基于 GIS 和 RUSLE 的三峡库区小流域土壤侵蚀量估算研究 [J]. 地球与环境, 2015, 43 (3): 331-337.

[10] 吴昌广, 吕华丽, 周志翔, 等. 三峡库区土壤侵蚀空间分布特征 [J]. 中国水土保持科学, 2012, 10 (3): 15-21.

[11] Chen L G, Qian X, Shi Y. Critical area identification of potential soil loss in a typical watershed of the

Three Gorges reservoir region [J]. Water Resour Manage, 2011, (25): 3445-3463.

[12] 李睿康, 李阳兵, 文雯, 等. 1988—2015 年三峡库区典型流域土壤侵蚀强度时空变化——以大宁河流域和梅溪河流域为例 [J]. 生态学报, 2018, 38 (17): 6243-6253.

[13] 甘彩红, 赵岩洁, 李阳兵. 三峡库区腹地流域类型与土壤侵蚀的关系 [J]. 水土保持通报, 2015, 35 (6): 291-295.

[14] 中华人民共和国水利部. 土壤侵蚀分级分类标准 SL190—2007 [B]. 北京: 中国水利水电出版社, 2008.

[15] 何炳辉. 重庆市三峡库区土壤侵蚀分级分类标准的探讨 [J]. 水土保持研究, 2003, 10 (4): 63-65.

[16] 王茜, 王卫, 吕昌河. 基于 GIS 和 RS 的土地利用与土壤侵蚀关系研究——以冀北地区为例 [J]. 中国水土保持科学, 2006, 4 (6): 37-41.

[17] 武国盛, 林惠花, 朱建鹤, 等. 典型红壤侵蚀景观的时空变化——以福建长汀为例 [J]. 应用生态学报, 2011, 22 (7): 1825-1832.

[18] Wang X, Zhao X L, Zhang Z X, et al. Assessment of soil erosion change and its relationships with land use/cover change in China from the end of the 1980s to 2010 [J]. Catena, 2016, 137: 256-268.

[19] 甘彩红, 李阳兵, 邵景安, 等. 三峡库区腹地县域耕地压力研究——以奉节县的 27 个乡镇为例 [J]. 资源科学, 2014, 36 (7): 1365-1373.

[20] 泮雪芹, 于兴修, 孟晓云. 云蒙湖流域不同坡度的土壤侵蚀特征 [J]. 测绘科学, 2016, 41 (8): 63-66.

[21] 刘斌涛, 宋春风, 史展, 等. 西南土石山区土壤流失方程坡度因子修正算法研究 [J]. 中国水土保持, 2015, (8): 49-52.

[22] 申元村. 土地类型研究的意义、功能与学科发展方向 [J]. 地理研究, 2010, 29 (4): 575-583.

[23] 朱华忠, 王卷乐, 钟华平, 等. 土地类型多级地理格网分类体系框架的建设构想 [J]. 地球信息科学学报, 2015, 17 (7): 783-788.

[24] 梁音, 杨轩, 苏春丽, 等. 基于 EI 的南方红壤区土壤侵蚀县域差异与趋势分析 [J]. 土壤学报, 2009, 49 (1): 24-29.

[25] Hua W J, Chen H S, Zhu S G, et al. Hotspots of the sensitivity of the land surface hydrological cycle to climate change [J]. Chinese Science Bulletin, 2013, 58 (30): 3682-3688.

[26] Li Y J, Zhang L W, Yan J P, et al. Mapping the hotspots and coldspots of ecosystem services in conservation priority setting [J]. Journal of Geographical Sciences, 2017, 27 (6): 681-696.

[27] Mrityunjoy J, Nityananda S. Modeling of hotspot detection using cluster outlier analysis and Getis-Ord Gi* statistic of educational development in upper-primary level, India [J]. Modeling Earth Systems and Environment, 2016, (2): 60.

[28] 邵景安, 张仕超, 魏朝富. 基于大型水利工程建设阶段的三峡库区土地利用变化遥感分析 [J]. 地理研究, 2013, 32 (12): 2189-2203.

[29] 李睿康, 李阳兵, 文雯, 等. 典型流域土壤侵蚀演变的高程、坡度空间差异比较 [J]. 水土保持学报, 2017, 31 (5): 99-107.

[30] 范丽丽, 沈珍瑶, 刘瑞民. 基于 GIS 的大宁河流域土壤侵蚀评价及其空间特征研究 [J]. 北京师范大学学报 (自然科学版), 2007, 43 (5): 563-566.

[31] 冯永丽. 三峡库区大宁河、梅溪河流域土壤侵蚀空间格局特征差异性研究 [D]. 重庆: 重庆师范大学, 2012.

4 | 土壤侵蚀演变的尺度效应

尺度作为研究对象在时间和空间上的量度[1]，对于把握土壤侵蚀的研究具有重要的意义。尺度效应研究的内容非常丰富[2,3]，广义的尺度包括地图比例尺、地理范围和分辨率三个方面[4]。

土壤侵蚀的空间尺度效应和不同空间尺度土壤侵蚀定量评价分析作为目前土壤侵蚀研究中的热点问题之一，对于区域性的水土保持规划和土地资源的合理利用有着重要意义[5]。根据现有的研究成果发现，随着研究范围的扩大，土壤侵蚀的空间尺度效应主要呈现四方面的特点[5]：①土壤侵蚀宏观特征表征更为明显；②土壤侵蚀的整体特征会出现质的差异；③单位面积平均土壤流失量随流域集水面积的增大而减小；④土壤侵蚀的主要影响因素数目及其相互关系发生变化。因此，土壤侵蚀的空间尺度效应研究已成为国内外许多研究者的关注重点。例如，Aiello 等[6]运用通用流失方程评价了意大利南部流域尺度内的土壤侵蚀状况。Sonneveld 等[7]、Church 等[8]、Rondeau 等[9]从流域尺度进行土壤侵蚀研究；Renschler 和 John[10]从时间与空间尺度的变化来探究侵蚀主导因素。王春梅[11]从坡面尺度上对土壤侵蚀评价的影响进行了探究；仲晓雷等[12]、杨琴等[13]从不同空间尺度、不同比例尺的情况下揭示研究区土壤侵蚀量的变化；傅伯杰等[14]、赵文武等[15]选择坡度、小流域、流域三种尺度评价土壤侵蚀，并通过三种尺度的模拟深刻体现了土壤侵蚀的尺度效应。李秀霞等[16]选择四个级别流域探讨降雨、地形、土质、植被等因子对土壤侵蚀的影响。

综合目前对三峡库区土壤侵蚀的研究发现：①三峡库区土壤侵蚀研究区域选择包括整个三峡库区、三峡库区的局部区域及小流域，三峡库区局部区域的研究则多以县域作为研究对象，且针对区域尺度的系统研究较少，特别是水土流失最为严重的库区腹地。②研究三峡库区土壤侵蚀主要从单一尺度进行，只有极少学者将多尺度与三峡库区土壤侵蚀研究结合起来，所选用尺度多为景观尺度、比例尺、分辨率等，但在实际政策实施中主要从行政单元或流域的基础上进行水土流失治理。所以本书将从行政单元和流域尺度方面相结合对三峡库区腹地的土壤侵蚀演变规律进行探究，探索不同尺度下三峡库区腹地土壤侵蚀时空变化存在何种差异，保证三峡库区腹地的土壤侵蚀研究的针对性、准确性和完整性。

4.1 研究区概况

研究区的概况参见第 1 章的相关内容。

4.2　研究尺度选择与研究方法介绍

4.2.1　研究尺度的选择

一般而言,将流域作为研究对象探究土壤侵蚀演变及其差异性受到多数学者的青睐,而在省市、区县等行政区划尺度[17~19]研究的基础上,以乡镇等次一级尺度作为评价单元的研究不常见。三峡库区土壤侵蚀的研究多从库区整体、局部区域、行政单位、流域等尺度进行。为更好地探讨三峡库区腹地土壤侵蚀的演变规律,将行政单元和流域相结合,从整体、流域、乡镇、网格单元四种尺度对研究区土壤侵蚀进行多尺度分析。

4.2.2　研究区流域划分

以 ArcGIS 为平台,1∶50 000 DEM 为数据源,结合 DEM 数据特点,通过洼地的识别和填充、平地的抬升、水流方向的确定、水流累积矩阵的确定、河流栅格网络的生成、河网水系的生成及子流域的分割等过程,实现了流域河网特征的提取,得到最小沟谷的集水区域[20]。同时参考的长江上游 1∶250 000 水系分布数据,得到研究区 13 个流域矢量图(图 4.1)。各流域的流域面积见表 4.1。

图 4.1　研究区流域

表 4.1 研究区流域面积

流域名称	面积（km²）	流域名称	面积（km²）
朱衣河流域	153.62	大溪河流域	1 593.90
红岩河流域	189.62	汤溪河流域	1 693.80
边域溪流域	220.03	长江主干道流域	1 697.70
小溪流域	329.82	梅溪河流域	1 876.54
草堂溪流域	396.10	大宁河流域	4 358.69
长滩河流域	540.29	彭溪河流域	4 458.90
磨刀溪流域	725.17		

4.2.3 网格单元设定

网格分析在研究区域差异方面应用广泛，其优点是消除行政边界和自然边界面积大小的差异而导致计算结果的可比性较弱的问题，把属性特征空间化并找出研究区土壤侵蚀的空间分异和变化趋势。基于不同大小网格的分析，所揭示的地理事物空间差异详尽程度不同[21]。根据研究区的实际面积大小，经过比较选择生成 1.5 km×1.5 km 正方形网格做叠加分析（图 4.2）。

☐ 研究区网格单元

图 4.2 研究区网格单元

4.2.4 指标计算

4.2.4.1 土壤侵蚀强度综合指数

为了只用一个综合指标值来评价某个单元内土壤侵蚀严重程度和时空变化，或是比较不同单元侵蚀状况等，本书特提出了土壤侵蚀强度综合指数的概念[21]。该指标可从统一的定量标准反映土壤受侵蚀的程度，避免了面积的影响。详见 1.2.3 节相关内容。

4.2.4.2 空间相关性分析

空间自相关可以描述某空间变量的总体布局情况，检测在空间上具有一定规律性的空间变量在不同位置上的相关性，即是否存在集聚性[22]。本书采用常用的 Moran's I 全局指数和局部指数来进行土壤侵蚀空间相关性分析，其中全局空间自相关从整体上衡量空间要素之间的相互关系，而局部空间自相关则从局域上衡量空间自相关，进一步度量每个地域单元与其临近空间单元的属性特征值之间的相似性或相关性[23,24]。具体公式如下：

1）全局 Moran's I 指数：

$$I = \frac{\sum_{i=1}^{n} \sum_{j=1}^{n} W(i,j) \cdot (X_i - \bar{X}) \cdot (X_j - \bar{X})}{\sum_{i=1}^{n} \sum_{j=1}^{n} W(i,j) \cdot S^2}$$

2）局部 Moran's I 指数：

$$I_i = \frac{(X_i - \bar{X}) \sum_{j=1}^{n} W(i,j)(X_j - \bar{X})}{S^2}$$

式中，n 为研究单元的数目；X_i、X_j 为研究对象单元的数值；$\bar{X}$ 为 X_i 平均值；$W(i,j)$ 为研究单元 i 与单元 j 之间的空间连接矩阵；S^2 为方差。Moran's I 值介于 $[-1, 1]$，I、$I_i > 0$ 表示空间呈正相关，研究对象呈空间集聚；I、$I_i < 0$ 则相反，呈空间负相关，研究对象呈空间分散；I、$I_i = 0$ 则表示研究对象随机分布，一般用 Z 值进行显著性检验。

4.3 研究区流域尺度土壤侵蚀演变

4.3.1 流域尺度土壤侵蚀数量变化

为反映流域尺度土壤侵蚀数量变化状况，利用 ArcGIS 的 Intersect 工具将流域矢量图与土壤侵蚀强度图进行叠加。因流域面积本身相差悬殊，本书将其分成面积为 1000 km² 以上的流域和 1000 km² 以下流域，如图 4.3 所示。面积在 1000 km² 以上的流域包括大宁河流域、大溪河流域、彭溪河流域、汤溪河流域和长江主干道流域；面积在 1000 km² 以下的流域包括边域溪流域、草堂溪流域、红岩河流域、磨刀溪流域、小溪流域、长滩河流域和朱衣河流域。

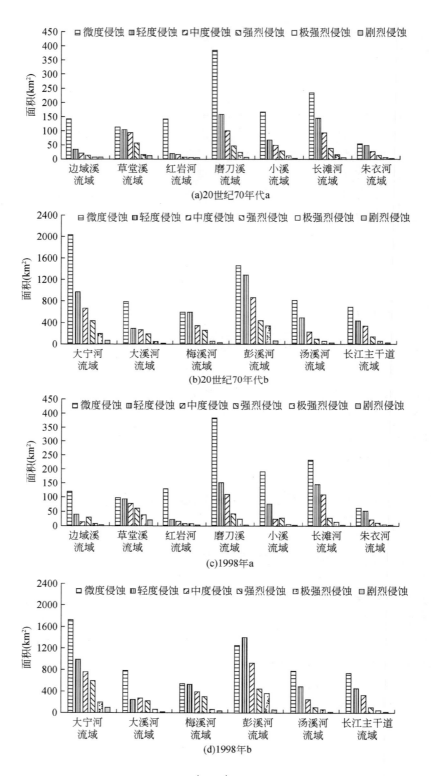

(a)20世纪70年代a

(b)20世纪70年代b

(c)1998年a

(d)1998年b

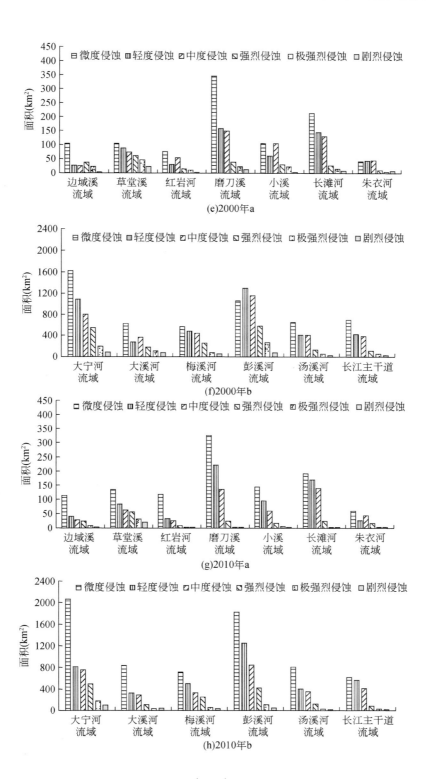

(e)2000年a

(f)2000年b

(g)2010年a

(h)2010年b

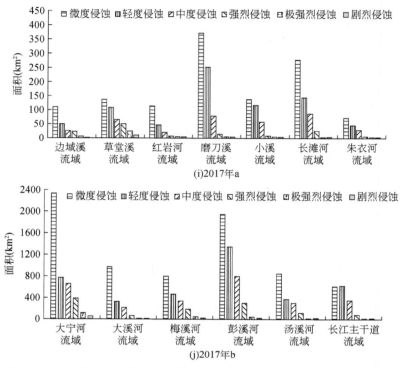

图 4.3 13 个流域 20 世纪 70 年代至 2017 年土壤侵蚀强度面积数量变化

20 世纪 70 年代除梅溪河流域外，其余流域土壤侵蚀面积随着土壤侵蚀强度等级的增大而减小。就土壤侵蚀强度变化特点而言，梅溪河流域微度侵蚀面积略小于中度侵蚀；边域溪流域、红岩河流域、磨刀溪流域和小溪流域中侵蚀面积都低于 50%，特别是红岩河流域土壤侵蚀面积仅占 26.12%；草堂溪流域、梅溪河流域、彭溪河流域、朱衣河流域这四个流域的土壤侵蚀面积都达到了 60% 以上，草堂溪流域土壤侵蚀面积最高已达到 71.49%。从土壤侵蚀综合指数（图 4.4）来看，边域溪流域、红岩河流域、磨刀溪流域和小溪流域该指数均小于 2，而边域溪流域、红岩河流域、磨刀溪流域为 13 个流域中土壤侵蚀程度最小的流域；草堂溪流域、梅溪河流域、彭溪河流域、朱衣河流域土壤侵蚀严重，土壤侵蚀综合指数均大于 2，其中草堂溪土壤侵蚀综合指数最大，达 2.87。

1988 年，研究区各流域土壤侵蚀面积分布随着土壤侵蚀强度的增加而降低。其中，彭溪河流域微度侵蚀面积小于轻度侵蚀；边域溪流域、红岩河流域、磨刀溪流域和小溪流域土壤侵蚀面积较低。从土壤侵蚀综合指数来看，红岩河流域、磨刀溪流域、小溪流域该指数最小；草堂溪流域土壤侵蚀程度增加，土壤侵蚀综合指数已经增至 3.54，土壤侵蚀面积占比也达到了 74.97%，其次为土壤侵蚀综合指数都达到 2.8 以上的梅溪河流域和彭溪河流域。总体而言，该阶段大多数流域土壤侵蚀面积和土壤侵蚀强度均有所增强。

2000 年各流域土壤侵蚀面积分布随着土壤侵蚀强度的变化出现两种不同的类型：①随

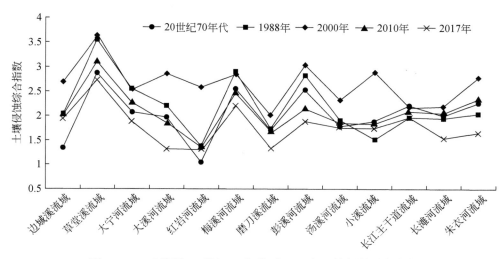

图 4.4　13 个流域 20 世纪 70 年代至 2017 年土壤侵蚀强度变化

土壤侵蚀强度增加土壤侵蚀面积减小；②随土壤侵蚀强度增加土壤侵蚀面积出现波动，如边域溪流域、红岩河流域、彭溪河流域、汤溪河流域、小溪流域和朱衣河流域中度侵蚀和强烈侵蚀面积在增加，且土壤侵蚀综合指数均大于 2，其中草堂溪流域和彭溪河流域土壤侵蚀综合指数均大于 3。从变化程度来看，除梅溪河流域基本不变，其他流域土壤侵蚀综合指数均增大，其中以红岩河流域和小溪流域变化最大，是 1988 年的 1.3 倍左右，土壤侵蚀面积已超 50%，恶化状况较为明显。

2010 年和 2017 年土壤侵蚀强度面积分布较为一致，其随土壤侵蚀强度的增加而减小。2010 年，土壤侵蚀面积占比低于 50% 的流域有三个，分别为边域溪流域、大溪河流域和红岩河流域，到 2017 年达七个，分别为边域溪流域、大宁河流域、大溪河流域、红岩河流域、磨刀溪流域、汤溪河流域和长滩河流域。该时段，草堂溪流域虽然土壤侵蚀仍最为剧烈，但土壤侵蚀综合指数在持续递减。

综上所述，流域土壤侵蚀强度的数量分布随土壤侵蚀强度增加而减小。其中草堂溪流域、梅溪河流域和彭溪河流域土壤侵蚀较为严重，边域溪流域、红岩河流域和小溪河流域土壤侵蚀状况较好。在时间上，2000 年左右为 13 个流域土壤侵蚀最严重时期，2017 年土壤侵蚀程度已大幅度好于 20 世纪 70 年代。

4.3.2　流域尺度土壤侵蚀演变类型

在对各时段不同流域土壤侵蚀综合指数计算的基础上，通过其指数变化分析总结不同流域的土壤侵蚀演变类型，如表 4.2 所示。研究发现，流域尺度土壤侵蚀演变包括波动性恶化和波动性变好两种类型。其中，边域溪流域为波动性恶化，其余流域为波动性变好。当然，边域溪流域土壤侵蚀虽整体恶化，但 2000 年后土壤侵蚀状况大幅度好转，土壤侵蚀综合指数降低 0.75，20 世纪 70 年代至 2000 年为恶化严重期，指数增加 1.36。波动性变好的流域类型中土壤侵蚀综合指数 20 世纪 70 年代至 2000 年增加，2000~2017 年减小，呈现倒 "V" 字形；小溪流域、长江主干道流域、长滩河流域和朱衣河流域存在 "N" 字形变化趋势。

表 4.2   流域尺度 20 世纪 70 年代至 2017 年土壤综合指数及演变类型

流域名称	20 世纪 70 年代	1988 年	2000 年	2010 年	2017 年	演变类型
边域溪流域	1.32	2.00	2.68	2.02	1.93	波动性恶化
草堂溪流域	2.87	3.55	3.62	3.10	2.73	波动性变好
大宁河流域	2.08	2.55	2.55	2.26	1.89	波动性变好
大溪河流域	1.97	2.21	2.86	1.85	1.31	波动性变好
红岩河流域	1.03	1.35	2.57	1.33	1.30	波动性变好
梅溪河流域	2.54	2.89	2.85	2.46	2.22	波动性变好
磨刀溪流域	1.68	1.73	2.00	1.70	1.31	波动性变好
彭溪河流域	2.54	2.83	3.05	2.15	1.87	波动性变好
汤溪河流域	1.79	1.89	2.32	1.87	1.76	波动性变好
小溪流域	1.86	1.51	2.90	1.83	1.73	波动性变好
长江主干道流域	2.19	1.98	2.18	2.07	1.99	波动性变好
长滩河流域	1.98	1.95	2.17	2.04	1.53	波动性变好
朱衣河流域	2.28	2.02	2.79	2.34	1.63	波动性变好

4.4   研究区乡镇尺度土壤侵蚀演变

4.4.1   乡镇尺度土壤侵蚀综合指数分布特征

在对研究区 165 个乡镇土壤侵蚀综合指数计算的基础上，按照自然断点法对各乡镇赋值为<1.25、1.25~2.5、2.5~3.75、>3.75 四类，如图 4.5 所示。除 2000 年外，剩余时段土壤侵蚀综合指数为 1.25~2.5 的乡镇数量最多，土壤侵蚀面积的贡献率最大；2000 年土壤侵蚀综合指数为 2.5~3.75 的乡镇数量最多，土壤侵蚀面积的贡献率最大。土壤侵蚀综合指数<1.25 的乡镇在 2017 年最多，达到 33 个；2000 年最少，仅有 1 个乡镇。土壤侵蚀综合指数>3.75 的乡镇个数在 2000 年最多，有 15 个乡镇；2017 年最少，仅有 2 个。从时空演变规律来看，乡镇尺度土壤侵蚀综合指数区间转移特征明显：20 世纪 70 年代至 1988 年，各乡镇土壤侵蚀综合指数向低区间转移；1988~2000 年土壤侵蚀综合指数趋向于更高区间，2000 年之后逐渐向土壤侵蚀综合指数较低区间转移。这从侧面体现出：在乡镇尺度上，1988 年土壤侵蚀表现好于 20 世纪 70 年代，而后至 2000 年土壤侵蚀程度加重，之后 17 年，土壤侵蚀程度在逐步缓解。

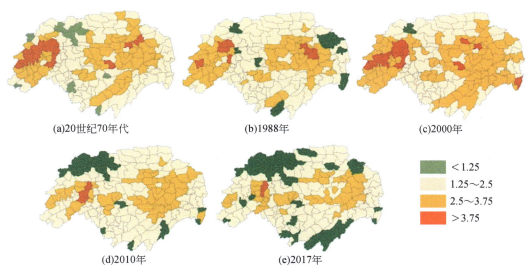

图 4.5　研究区乡镇尺度五期土壤侵蚀综合指数分布

就空间分布而言，土壤侵蚀综合指数>2.5 且土壤侵蚀较为严重的乡镇多分布于研究区的西部、中东部巫山县、巫溪县和奉节县三县交界处及长江沿岸地区（图 4.5）。就其演变特征而言，土壤侵蚀综合指数>2.5 的乡镇在这些地区呈现由中心向四周扩展后快速收缩的演变态势，其侵蚀的严重性与人类活动剧烈程度及岩溶地貌生态脆弱的背景条件有关；土壤侵蚀综合指数<1.25 的乡镇，即为土壤侵蚀较轻地区，以研究区西北部开州区、巫溪县交界处为中心并逐步向外围地区扩大。

在整体分析比较土壤侵蚀数量和空间分布变化的基础上，有必要找出各时段土壤侵蚀综合指数前五的乡镇。20 世纪 70 年代土壤侵蚀较为严重的乡镇依次为温泉镇、郭家镇、九龙山镇、白桥镇和金峰镇；1988 年土壤侵蚀较为严重的乡镇依次为郭家镇、福田镇、龙溪镇、温泉镇和金峰镇；2000 年土壤侵蚀较为严重的乡镇依次为义和镇、金峰镇、白桥镇、中和镇和温泉镇；2010 年土壤侵蚀较为严重的乡镇依次为白桥镇、金峰镇、厚坝镇、渠口镇和石岗乡；2017 年土壤侵蚀较为严重的乡镇依次为白桥镇、金峰镇、厚坝镇、菱角乡和峰灵镇。不难发现，各时段土壤侵蚀严重乡镇均有位于开州区的乡镇，特别是 20 世纪 70 年代和 2000 年两时段，土壤侵蚀严重的乡镇均位于开州区。这与开州区人口多，移民人口比重大所导致的人类活动剧烈有关。考虑到白桥镇和金峰镇基本上处于高土壤侵蚀的状态，应为治理的重点区域；而厚坝镇、菱角乡、峰灵镇作为当前土壤侵蚀严重乡镇，也应予以关注。

4.4.2　乡镇尺度土壤侵蚀空间变化

上文仅从土壤侵蚀综合指数分布角度探究了不同乡镇土壤侵蚀演变的空间规律，无法反映各乡镇土壤侵蚀的演变类型。因此有必要统计分析研究区 165 个乡镇土壤侵蚀好转或恶化状况，如图 4.6 所示。

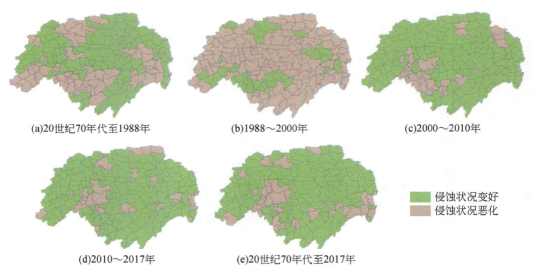

图 4.6 研究区乡镇尺度土壤侵蚀演变分布

20 世纪 70 年代至 1988 年，土壤侵蚀变好的乡镇有 104 个，主要分布在研究区东北部、中部和西部地区。侵蚀恶化乡镇则多分布于研究区西北部、东部及长江主干道流经区域。从土壤侵蚀综合指数变化幅度来看，土壤侵蚀变好幅度最大的乡镇依次为金坪乡、管阳镇、竹贤镇、笃坪乡和通城镇，除通城镇属巫溪县外，其他乡镇均属于巫山县境内；土壤侵蚀恶化幅度最大的乡镇分别为建平乡、康坪乡、两坪乡、铜鼓镇和福田镇，除康坪乡属于奉节县外，其他四镇同属巫山县。这说明该时段巫山县的土壤侵蚀波动最大。

1988～2000 年，土壤侵蚀状况变差的乡镇较多，占比达 72.12%，均匀分布于整个研究区。其中，土壤侵蚀恶化最严重的乡镇为笃坪乡、紫水乡和邓家土家族乡。在该时段，土壤侵蚀变好的乡镇数量占比达 1/4，且多分布于研究区中南部和东北部地区，为长江主干道流域和大宁河流域两个流域流经地区。说明 2000 年土壤侵蚀乡镇尺度虽整体变差，但仍有部分乡镇土壤侵蚀状况向好的方向转变。

2000～2010 年，乡镇尺度土壤侵蚀状况以变好为主。从数量上来看，有 135 个乡镇土壤侵蚀状况变好，占比达 81.82%，且变好幅度最大的乡镇多位于开州区。土壤侵蚀恶化乡镇只有 30 个，仅占总乡镇数的 18.18%，在空间上多属云阳县。云阳县土壤侵蚀变差的乡镇个数达 19 个，占到云阳县乡镇数的 1/2。这说明在该时段，云阳县土壤侵蚀状况变好幅度差于其余四区县。

2010～2017 年，乡镇尺度土壤侵蚀状况好转程度明显好于上一时段，变好的乡镇占比扩大至 84.85%。在该时段，土壤侵蚀恶化乡镇多位于云阳县，且数量减少，并呈现出向巫溪县北部及长江沿岸地区转移的特点。

整体而言，土壤侵蚀状况变好的乡镇个数为 129 个，土壤侵蚀状况恶化乡镇为 36 个，土壤侵蚀状况明显好转。土壤侵蚀恶化乡镇多分布在云阳县和长江沿岸地区。作为三峡库区第一移民大县，云阳县近40年间的土壤侵蚀状况在恶化，云阳县的部分乡镇应加强土壤侵蚀的治理力度。

4.4.3 乡镇尺度土壤侵蚀演变类型

从图4.7得出，乡镇尺度土壤侵蚀演变主要存在持续性变好、持续性恶化、波动性变好和波动性恶化四种类型。波动性变好的乡镇数目较多，占比为76.36%。持续性变好乡镇数目占比为23.64%，且多位于研究区北部地区，包括满月乡、天元乡和天星乡。这与该地区山高坡陡的自然条件密不可分，目前重庆市大力发展生态建设，生态恢复较快。波动性恶化乡镇数目为36个，主要分布在长江沿岸和研究区西南部的云阳县长江以北地区，该区域大多属三峡库区移民的重点乡镇，其土壤侵蚀状况不属于土壤侵蚀最差区域，但土壤侵蚀状况一直变差，应属于治理的重点区域。

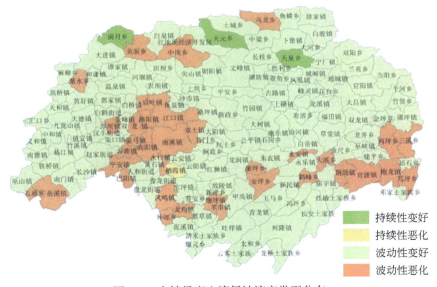

图4.7 乡镇尺度土壤侵蚀演变类型分布

4.5 研究区网格单元尺度土壤侵蚀演变

4.5.1 网格单元尺度土壤侵蚀时空变化

借助ArcGIS在网格矢量数据与土壤侵蚀数据叠加的基础上，计算每个网格单元的土壤侵蚀综合指数，利用自然断点法将其值分为<1.25、1.25~2.5、2.5~3.75 和>3.75 四类，统计出每一期中各类网格单元所占个数，如图 4.8 所示。

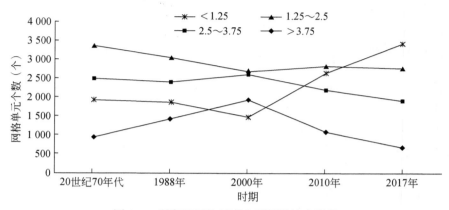

图 4.8　研究区网格尺度土壤侵蚀综合指数

由图 4.8 可得：①20 世纪 70 年代至 1988 年，土壤侵蚀综合指数为 1.25~2.5 的网格单元数最多，其次为 2.5~3.75、<1.25 和>3.75，且 1.25~2.5 这个区间网格单元数达 3000 个左右，占比达 30% 以上；②1988~2000 年，土壤侵蚀综合指数仍以 1.25~2.5 的网格单元数最多，不同的是该指数>3.75 的网格单元数增加明显，且数目超过该指数<1.25 的网格单元数，这说明土壤侵蚀较前一时段有所加剧；③2000~2010 年，土壤侵蚀综合指数为 1.25~2.5 的网格单元数最多，其次为土壤侵蚀综合指数<1.25 的网格单元数，土壤侵蚀综合指数>2.5 的网格单元数下降明显，这说明土壤侵蚀较为严重的网格单元占比在下降，土壤侵蚀强度较低的网格单元数在增加，土壤侵蚀状况明显好转；④2017 年土壤侵蚀综合指数<1.25 的网格单元数最多，其次为土壤侵蚀综合指数为 1.25~2.5 的网格单元数占比较大，土壤侵蚀综合指数网格单元数从大到小依次为 1.25~2.5、2.5~3.75、>3.75，而<1.25 这一类的变化幅度最大，说明土壤侵蚀较轻地区更易发生土壤侵蚀强度变化。总体而言，土壤侵蚀综合指数的变化趋势可分为两类：该指数<2.5 网格单元数量为先减少后增加，该指数>2.5 网格单元数量则相反，为先增加后减小的趋势。变化点都在 2000 年左右，说明网格单元尺度的变化经历了土壤侵蚀程度加深后有所缓解。

为了反映网格单元尺度土壤侵蚀的空间分布状况，本书计算各网格单元中土壤侵蚀面积占各网格单元面积的比重，如图 4.9 所示。由图 4.9 可知：土壤侵蚀分布呈现半环状包围，在研究区的北部、东部、南部外围呈包围的状态，土壤侵蚀面积占比较小，而研究区的西部、西南部及环状包围的中间则明显土壤侵蚀面积占比较大，土壤侵蚀面积>75% 的网格单元基本集中于此，特别是研究区的西部地区更为密集。20 世纪 70 年代中土壤侵蚀面积占比在 50% 以上的网格单元多分布在研究区西部、中部偏北、偏东以及南部地区；到1988 年，土壤侵蚀面积在 50% 以上网格单元开始向研究区东部地区扩散，而研究区东部土壤侵蚀面积在 50% 的网格单元个数减少，长江北岸地区侵蚀面积增加；到 2000 年，长江沿岸土壤侵蚀面积继续增加，研究区北部和东部网格单元侵蚀面积占比在增大，土壤侵蚀面积占比<25%的网格单元个数在2000年达到五期中的最低值；2000年后，土壤侵蚀面积在50%以上的网格单元数开始减少，研究区西部、南部及北部地区表现最为明显，同时长江沿岸地区侵蚀占比向更小方向转移，但研究区中部偏西的云阳县和开州区的交界处网格单元的土壤侵蚀面积占比明显增强，土壤侵蚀面积占比较大的网格单元有向此转移的趋势，说明在2000年以后，整体土壤侵蚀面积占比在减小时，该地土壤侵蚀程度在加深。

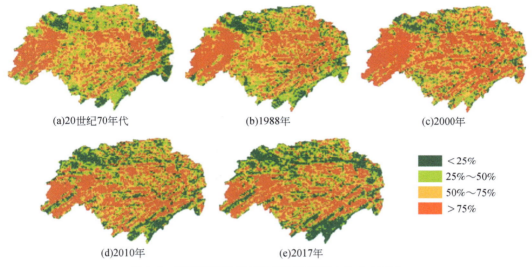

(a)20世纪70年代　　　　　(b)1988年　　　　　(c)2000年

(d)2010年　　　　　(e)2017年

■ <25%
■ 25%~50%
■ 50%~75%
■ >75%

图4.9　研究区网格单元尺度侵蚀面积占比分布变化

4.5.2　网格单元尺度土壤侵蚀空间相关性分析

计算得到每个单元的土壤侵蚀综合指数，运用ArcGIS中的空间统计模块进行全局空间自相关运算，五期网格单元尺度中土壤侵蚀的Morans'I分别为0.71、0.67、0.63、061、0.64，且均通过Z-score>1.96的检验，说明五期网格单元尺度土壤侵蚀数据具有空间集聚性。故可用局部空间自相关对数据进行运算，得到不同时期网格单元尺度土壤侵蚀空间集聚分布图（图4.10）。存在无显著性集聚、高高集聚、高低集聚、低高集聚和低低集聚五种集聚状态，由于高低集聚和低高集聚存在面积很少，且本书研究侧重于对侵蚀状况较好地区及严重地区分析，因此将主要分析高高集聚和低低集聚演变。高高集聚为土壤侵蚀综合指数较大值的集聚，为土壤侵蚀严重地区，而低低集聚为土壤侵蚀综合指数较低值的集聚，基本为土壤侵蚀状况较好地区，具体演变如下。

高高集聚区和低低集聚区在空间分布上五期都具有一致性，基本上高高集聚主要分布在研究区长江沿岸、岭谷之间的槽谷低山区、中东部及西部地区。而低低集聚则多分布在研究区的西南角、东部、南部边缘区。但随着时间的推移，分布仍具有一定的变化。

1）1988 年高高集聚相较于 20 世纪 70 年代在研究区中东部地区变为更为分散，向研究区中部及北部有一定量的扩散，而低低集聚在研究区南部及东部边缘地区减少，在研究区北部地区有一定增加。

2）2000 年相较于 1988 年，与上一阶段变化类似，高高集聚持续分散，并扩散到研究区南部槽谷地区，而低低集聚范围变化不大，但研究区东、南部面积减少，向研究区西南部转移。

3）2010 年对比 2000 年，高高集聚在研究区西部地区大幅度减少，向研究区中东部转移，但研究区中东部分布范围开始减少，多集中于槽谷地区、长江沿岸，而低低集聚在研究区南部边缘增多。

4）2017 年与 2010 年相比较，与 2010 年对比 2000 年类似，高高集聚由研究区西部持续向槽谷地区、长江沿岸等地区转移，在研究区西部范围大幅度减少，而低低集聚则相对在 2010 年的基础上都有轻微增加，多增加在研究区南部边缘地区。

5）2017 年与 20 世纪 70 年代对比，40 多年间，高高集聚的范围有明显的收缩趋势，多分布槽谷、长江沿岸等的河谷地区，说明需要治理地区面积在减少，治理时多注意人类活动剧烈的地区。低低集聚的面积大致没变，但低低集聚从研究区东部向南部边缘区和北部地区转移，且低低集聚区的土壤侵蚀综合指数从 20 世纪 70 年代的 0.51 降至 2017 年的 0.15，说明土壤侵蚀较低地区侵蚀状况同样有所好转。

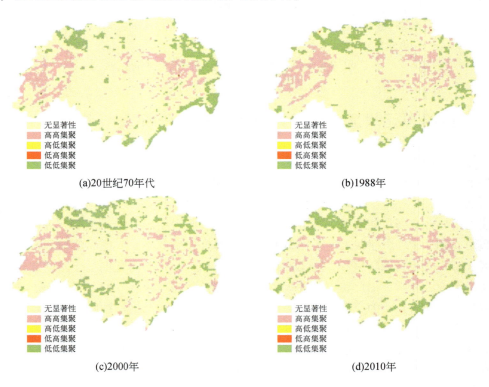

(a)20世纪70年代　　　　　　　　　　　　　　(b)1988年

(c)2000年　　　　　　　　　　　　　　(d)2010年

无显著性
高高集聚
高低集聚
低高集聚
低低集聚

(e)2017年

图4.10　不同时期土壤侵蚀空间集聚特征

4.5.3　网格单元尺度土壤侵蚀演变类型

通过对每个网格单元中五期土壤侵蚀综合指数的大小分析得到网格单元尺度土壤侵蚀演变类型分布图（图4.11），网格单元尺度中演变类型同样存在四种情况：持续性变好、持续性恶化、波动性变好、波动性恶化。波动性变好仍为最主要的土壤侵蚀演变类型，占据格网单元总数的62.68%，多分布在研究区的西部、西北部及东南部地区，其次分布较多的为波动性恶化类型，占据网格单元总数的31.59%，说明超过1/3的地区在2017年生态仍没有恢复到研究初期，这些区域主要分布在云阳县北部和研究区中部以东地区。持续性变好演变类型发生位置与乡镇尺度不太一致，多集中在研究区中部偏北及西南部地区，持续性变差类型占比最少，仅为1.02%，多集中云阳县的北部地区，且该类型多被波动性恶化类型所包围，土壤侵蚀状况恶化区域为网格单元尺度中需重点治理部分。

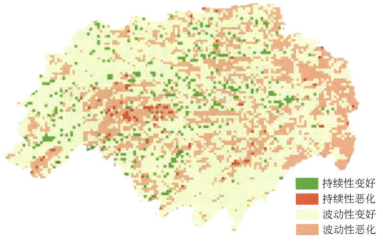

持续性变好
持续性恶化
波动性变好
波动性恶化

图4.11　网格单元尺度土壤侵蚀演变类型分布

4.6 不同尺度土壤侵蚀演变差异

研究发现，研究区尺度选择不同，土壤侵蚀的整体特征就会出现差异性[5]。在小尺度斑块格局重新组合为较大尺度的空间格局过程中，通常会由不规则趋向于规则，空间类型会大幅度减少[25]。本节在考虑三峡库区腹地特殊的自然和社会经济背景条件下，从区域、流域、乡镇及网格单元四方面对三峡库区腹地土壤侵蚀的动态变化进行详细分析。研究发现，随着尺度范围的逐渐缩小，土壤侵蚀演变空间分异性加大。这一差异的出现与同一尺度不同单元内自然和社会经济条件的不同有密切关系。一般而言，同一尺度中，不同网格单元因社会经济及诸如地貌形态、水文特征、土壤等自然条件的特殊性，造就了同一尺度上的网格单元之间出现土壤侵蚀演变的差异。尺度越小，内部条件更为细化，发生土壤侵蚀的主导因素产生变化，演变过程更为多样，反之亦然，从而导致不同尺度中，演变类型种类数量和面积分布上存在分异。具体如下。

研究区整体尺度上，土壤侵蚀综合指数可反映三峡库区腹地 40 年间整体侵蚀状况呈现先变差后变好的变化趋势，其以 2000 年左右为变化点，在 2010 年已大幅度降低，且土壤侵蚀状况好于 20 世纪 70 年代，为波动性变好类型。土壤侵蚀强度面积变化出现在较低土壤侵蚀强度（微度侵蚀和轻度侵蚀）并随时间变化先减后增，较高土壤侵蚀强度（中度侵蚀及以上）面积随时间变化先增后减的变化规律。

流域尺度上，流域尺度土壤侵蚀演变类型分为两种：波动性恶化、波动性变好。13个流域中仅边域溪流域为波动性恶化，其余 12 个流域均为波动性变好，在演变类型上与研究区整体较为一致，但各流域中存在着一定差异。波动性变好的流域类型中土壤侵蚀综合指数变化多呈现倒 "V" 字形，基本为分为 20 世纪 70 年代至 2000 年和 2000 ~ 2017 年两个阶段，但存在 "N" 字形变化，分别为小溪流域、长江主干道流域、长滩河流域和朱衣河流域。

乡镇尺度，以土壤侵蚀综合指数来描述研究区乡镇土壤侵蚀状况的动态演变。在四期中该指数位于 1.25 ~ 3.75 这一中间值出现的乡镇个数最多，与整体的土壤侵蚀综合区间相符合。同时，该指数<2.5 的乡镇个数在 40 年左右呈现先减后增，而相对应土壤侵蚀面积也出现先减后增的趋势，处于该指数>2.5 较高土壤侵蚀程度的乡镇个数和对应面积与该指数<2.5 的刚好相反，表现出先增后减的规律，这与整体土壤侵蚀强度面积变化规律相近。此外在 165 个乡镇的土壤侵蚀状况中土壤侵蚀变化类型由流域尺度的两种增加到四种，主体仍然为波动性变好的演变类型，但转折点已经不完全位于 2000 年这一点，同时出现了波动性恶化及持续变差与研究区整体变化方向相反的情况。

网格单元尺度与乡镇尺度一致都已出现四种土壤侵蚀演变类型，但是占有主体地位的波动性变好的类型所占个数在减少，与整体相反波动性恶化和持续性恶化的类型个数已超过总个数的 1/3。其中，持续性变好演变类型发生位置与乡镇尺度不太一致，在乡镇尺度多集中在研究区北部乡镇，而网格单元尺度则转移至研究区中部偏北及西南部地区。

区域尺度从宏观上反映出三峡库区腹地的演变方向：在 2000 年左右土壤侵蚀状况恶化后，随即呈现大幅度变好的趋势。其他空间尺度的土壤侵蚀的演变趋势及分布与整体区域的变化在主体上趋于一致，但作为次一级不同空间尺度较整体来说具有其不规则性，特别是在演变趋势中与整体演变相反的土壤侵蚀状况恶化部分，但这些更小的空间尺度的主要演变类型依然反映了区域的演变趋势，且随着尺度的进一步扩大，区域整体的演变趋势主导着这些次一级尺度演变类型的发生方向。

4.7　本章小结

本章综合考虑三峡库区腹地复杂自然社会经济背景条件的情况下，基于多尺度空间评价原则，立足于地理学的区域和整体的研究思路，从区域、流域、乡镇和网格单元四尺度探究不同评价单元下土壤侵蚀演变的差异性，为后续土壤侵蚀演变原因研究奠定基础。

参 考 文 献

[1] 吕一河，傅伯杰. 生态学中的尺度及尺度转换方法 [J]. 生态学报，2001，21（12）：2096-2105.

[2] 刘学军，卢华兴，仁政，等. 论 DEM 地形分析中的尺度问题 [J]. 地理研究，2007，26（3）：433-442.

[3] 李红艳，薛安，韩鹏. 基于尺度分析的流域土壤侵蚀评估进展与探讨 [J]. 人民黄河，2007，（5）：50-51，63.

[4] McVicar T R, Li R, Walker J, et al. Regional water and soil assessment for managing sustainable agriculture in China and Australia [J]. Canberra：ACIAR，2002，84：205-223.

[5] 倪九派，魏朝富，谢德林. 土壤侵蚀定量评价的空间尺度效应 [J]. 生态学报，2005，25（8）：2061-2067.

[6] Aiello A, Adamo M, Canora F. Remote sensing and GIS to assess soil erosion with RUSLE3Dwith RUSLE3D and USPED at river basin scale in southern Italy [J]. Catena，2015，4（3）：174-185.

[7] Sonneveld M P W, Everson T M, Veldkamp A. Multi-scale analysis of soil erosion dynamics in Kwazulu-Natal, South Africa [J]. Land Degradation & Development，2005，16（3）：287-301.

[8] Church M, Ham D, Hassan M, et al. Fluvial sediment yield in Canada [J]. Canadian Journal of Earth Sciences，1999，36：1267-1280.

[9] Rondeau B, Cossa D, Gagnon P, et al. Budget and sources of suspended sediment transported in the St. Lawrence River, Canada [J]. Hydrological Processes，2000，14（1）：21-36.

[10] Renschler C S, John H. Soil erosion assessment tools from point to regional scales the role of geomorphologists in land management research and implementation [J]. Geomorphology，2002，47：189-209.

[11] 王春梅. 坡度尺度效应与转换及其对土壤侵蚀评价影响研究 [D]. 北京：中国科学院，2012.

[12] 仲晓雷，郭成久，范昊明，等. 辽宁省土壤侵蚀空间尺度效应初探 [J]. 中国水土保持科学，2008，6（3）：33-37.

[13] 杨琴，孙金水，李天广. 不同比例尺流域土壤侵蚀评估及其尺度效应研究 [J]. 应用基础与工程

科学学报, 2011, 19 (S): 201-209.

[14] 傅伯杰, 赵文武, 陈利顶, 等. 多尺度土壤侵蚀评价指数 [J]. 科学通报, 2006, 51 (16): 1935-1943.

[15] 赵文武, 傅伯杰, 吕一河, 等. 多尺度土地利用与土壤侵蚀 [J]. 地理科学进展, 2006, (1): 24-33.

[16] 李秀霞, 李天宏, 倪晋仁. 黄河流域水蚀区土壤侵蚀空间尺度效应分析 [J]. 地理科学进展, 2008, (6): 49-56.

[17] 杨存建, 刘纪远, 张增祥. 重庆市土壤侵蚀与其背景的空间分析 [J]. 水土保持学报, 2000, 14 (3): 84-87.

[18] 史明德, 史学正, 梁音, 等. 我国不同空间尺度土壤侵蚀动态变化 [J]. 中国水土保持科学, 2005, 25 (5): 85-89.

[19] 张树文, 王文娟, 李颖, 等. 近50年来三江平原土壤侵蚀动态分析 [J]. 资源科学, 2008, (6): 843-849.

[20] 汤国安, 杨昕. ArcGIS 地理信息系统空间分析实验教程 [M]. 北京: 科学出版社, 2013.

[21] 梁音, 杨轩, 苏春丽, 等. 基于 EI 的南方红壤区土壤侵蚀县域差异与趋势分析 [J]. 土壤学报, 2009, 49 (1): 24-29.

[22] 刘世梁, 刘琦, 张兆苓, 等. 云南省红河流域景观生态风险及驱动力分析 [J]. 生态学报, 2014, 34 (13): 3728-3734.

[23] 吕韬, 曹有挥. "时空接近"空间自相关模型构建及其应用——以长三角区域经济差异分析为例 [J]. 地理研究, 2010, (2): 351-360.

[24] 李武艳, 朱从谋, 王华, 等. 浙江省耕地质量多尺度空间自相关分析 [J]. 农业工程学报, 2016, 23: 239-245.

[25] 李霖, 吴帆. 空间数据多尺度表达模型及其可视化 [M]. 北京: 科学出版社, 2005.

| 5 | 土壤侵蚀演变原因

土壤侵蚀作为土地退化的一种方式,不仅会破坏基本农田设施,降低土地生产力,还会导致土壤养分的流失[1]。而土地环境的恶化势必会加剧土壤侵蚀,最终不利于流域乃至区域社会经济的可持续发展[2],对国家脱贫攻坚战略的实施带来困扰。在分析土壤侵蚀演变规律的基础上,研究并揭示区域土壤侵蚀演变机制成为众多学者的选择[3~5]。例如,张志和王少军[6]在对湖北省土壤侵蚀景观空间格局规律分析的基础上,从土壤生态景观及系统论角度探究其驱动机制;王少军和张志[7]从土壤侵蚀与人类活动的关系角度分析武当山区的水土流失因子;李月臣和刘春霞[8]从人口、经济发展、土地利用和农业发展四个方面分析了三峡库区(重庆段)水土流失的社会经济驱动机制,并认为人口和农业发展是库区水土流失的主要驱动力。可见,土壤侵蚀的发生不仅与区域自身的自然条件有关,社会经济发展状况和国家政策等因素对土壤侵蚀演变规律也具有导向作用[9]。

无论是以奉节县、巫山县、巫溪县、云阳县和开州区等区县尺度,抑或是以梅溪河流域、大宁河流域等流域尺度作为研究尺度,都因其地处三峡库区腹地,复杂的自然地理环境及国家社会经济政策的驱动迫使三峡库区腹地地表覆盖物发生了剧烈的变化,土壤侵蚀演变因时因地而异。现有的相关研究成果表明,开州区至巫山县段是三峡库区水土流失最为严重的地区[10,11],其中大宁河流域和梅溪河流域土壤侵蚀主要发生于800~1200 m高程带和25°~35°坡度带上[12]。前面的章节分别从土壤侵蚀时空分布与演变、流域类型与土壤侵蚀的关系、土壤侵蚀演变的地学背景及土壤侵蚀尺度效应四方面对三峡库区典型区土壤侵蚀状况进行阐述。尽管前面内容存在着"研究思路和研究尺度各有侧重、研究区域选择大小不一"的特点,但所选研究对象在自然区划上均处于三峡库区腹地,具有区域内部自然条件本身的差异性及国家和地区政策的相对一致性。故有必要从整体尺度探究三峡库区土壤侵蚀演变的基础上,从波动性变好、波动性恶化、持续性变好和持续性恶化四种土壤侵蚀类型角度分析案例区土壤侵蚀演变原因,最终为流域乃至区域的水土流失治理提供指导与借鉴意义。

5.1 区域整体土壤侵蚀演变原因分析

从自然条件来看,三峡库区腹地奉节县、巫山县、巫溪县、云阳县和开州区等区县本身自然条件复杂,地形以山地为主,且喀斯特地貌广泛分布,大于15°坡度带的面积占到研究区总面积的82.38%,坡耕地开垦严重(表5.1)。就三峡库区岩性特征而言,石灰岩分布广泛,约占研究区总面积的42.68%(图5.1)。石灰岩具有成土慢、土层薄、土体分散、多砾石的特点，一遇暴雨极易发生土壤侵蚀[13]，砂岩和泥页岩区易被开垦为耕地，土壤侵蚀严重[14]。人类活动在此基础上进一步影响了研究区的土壤侵蚀演变。

表 5.1   研究区坡度和高程面积分布表

高程（m）	<300	300~500	500~800	800~1200	1200~1500	1500~2000	>2000
面积（km²）	1488.35	2420.93	4501.28	5224.37	2349.98	2016.39	728
占比（%）	7.94	12.93	24.03	27.89	12.55	10.77	3.89
坡度（°）	<5	5~15	15~25	25~35	35~45	45~55	>55
面积（km²）	583.47	2716.81	5611.78	5513.88	3002.92	1012.01	288.25
占比（%）	3.12	14.51	29.96	29.44	16.03	5.40	1.54

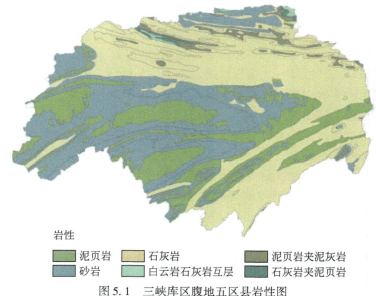

岩性

🟩 泥页岩   ⬜ 石灰岩   🟫 泥页岩夹泥灰岩

🟦 砂岩   🟩 白云岩石灰岩互层   🟦 石灰岩夹泥页岩

图 5.1   三峡库区腹地五区县岩性图

1978 年，十一届三中全会后，农村改革、家庭联产承包责任制开始施行，大大地促进了当地农民农业生产的积极性，同时人口数量的持续增加，刺激了耕地的需求量，导致坡耕地面积增加。此时对于生态的保护意识不够，于是在 20 世纪 70 年代至 1988 年，三峡库区腹地的侵蚀面积增加，侵蚀状况恶化。

1993 年三峡工程开始施工和移民，1997 年重庆升为中国第四个直辖市，研究区内进行工程建设、快速推进城镇化等过程，加剧了三峡库区腹地的土壤侵蚀，加之该阶段国家严格保护耕地的政策实施，研究区人口数量的上升，导致耕地面积大幅度增加，尤其是坡耕地的开垦，进一步加深了土壤侵蚀，因而 1988~2000 年研究区土壤侵蚀强度明显增强。

2000~2010 年，三峡工程在 2003 年和 2006 年实现了 135 m 和 156 m 蓄水，在 2002年全面开展退耕还林（草）工程，加之天然林保护工程、长江景观防护林工程、低效林改造工程、高山生态扶贫搬迁工程建设，大量坡耕地转换为水域和林草地。此外农业人口大量进城务工等原因导致研究区人口急剧减少，耕作优势较差的坡耕地被撂荒，种种因素致使土壤侵蚀大幅度减少。在 2010 以年，三峡库区进入后三峡时代，随着三峡工程建成落实，主要任务转变为对消落区生态环境的保护、土地生态功能的建设等降低人类活动对生态环境压力的措施，使其成为长江流域重要生态屏障。"十二五"期间，重庆深入实施"绿化长江，重庆行动"等政策，研究区的土壤侵蚀状况在此阶段进一步好转。

5.2 不同演变类型土壤侵蚀演变原因分析

5.2.1 自然条件影响因素

在网格单元尺度的基础上，结合自然背景条件分析不同土壤侵蚀演变类型的形成原因。本书研究中选择岩性、高程和坡度三者与不同演变类型的网格单元叠加，统计不同演变类型在岩性、高程、坡度上的分布比重（图 5.2）。高程分为 <300 m、30~500 m、500~800 m、800~1200 m、1200~1500 m、1500~2000 m、>2000 m 七个带，坡度分为 <5°、5°~15°、15°~25°、25°~35°、35°~45°、45°~55°、>55° 七个带。

在不同岩性分布上，研究区主要介于泥页岩、砂岩、石灰岩三者之中，所以各演变类型在这三者中集中分布。不同演变类型在岩性上的分布大小却有着一定的区别，持续性恶化在泥页岩上分布比重远高于其他三者，相反在石灰岩上的分布比例低于其他三种类型。

高程带上四种演变类型的分布集中在 500~800 m、800~1200 m。但波动性恶化和持续性恶化演变类型则在 <800 m 的较低高程带上的分布要多于土壤侵蚀变好的类型。而波动性变好和持续性变好类型则在 800~1500 m 的占比多于恶化类型。这表明人类活动较低海拔地区土壤侵蚀更易趋于恶化。

坡度带上四种演变类型面积多集中于 15°~35°，这也是研究区坡度所占面积最大的区间。通过图 5.2（c）发现波动性恶化和持续性恶化在 <5°、5°~25° 的面积占比高于其他

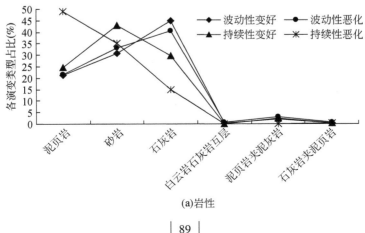

(a)岩性

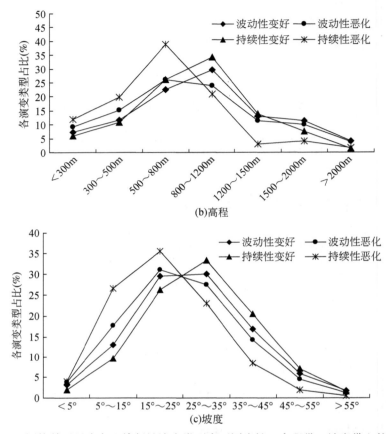

(b)高程

(c)坡度

图 5.2　网格单元尺度各土壤侵蚀演变类型在不同岩性、高程带、坡度带上的分布

两种演变类型。>25°的区间内变好类型占比则大于恶化类型。土壤侵蚀不同演变类型在坡度带上的分布与高程带分布比例规律类似，人类活动较多的坡度较缓地区更易出现土壤侵蚀恶化的情况。

综合以上网格单元尺度土壤侵蚀演变类型与岩性、高程带、坡度带的叠加分析中发现，在自然条件复杂的恶劣区域，人类活动相对较少，且多为生态保护的重点地区，生态状况逐渐好转，水土流失得以遏制。在自然条件较好的泥页岩、低海拔、坡度较缓地区人类活动剧烈，对土壤侵蚀影响较大，持续性恶化和波动性恶化的土壤侵蚀演变多发生于此地，当前治理需多注意自然条件相对较好地区。

5.2.2　社会经济影响因素

以距行政中心的距离作为人类活动对土壤侵蚀影响的指标。通过 ArcGIS 的 Multiple Ring Buffer 工具对研究区各乡镇的行政中心做以 1 km 为距离间隔的缓冲区，将网格单元尺度的演

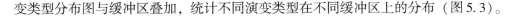

变类型分布图与缓冲区叠加，统计不同演变类型在不同缓冲区上的分布（图5.3）。

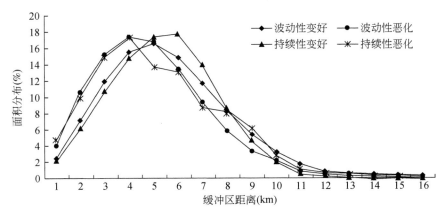

图5.3　网格单元尺度不同土壤侵蚀演变类型距乡镇行政中心距离分布

　　根据图5.3可知：四种演变类型的变化规律一致。距乡镇行政中心越远，演变类型面积占比先增大后减小。4~6 km为面积分布最多的区域，这与缓冲区的面积大小有关：缓冲区面积越大，不同演变类型的面积分布越多。

　　在同一缓冲区，各演变类型存在差异。在1~4 km，波动性恶化和持续性恶化的面积分布要大于变好类型；在5 km后出现转折，大体上变好类型的面积分布要多于恶化类型。距乡镇行政中心越近，人类活动更为剧烈，更易发生侵蚀恶化。

　　上文中已对区域的政策因素整体作了详细的分析，整体侵蚀处于波动性变好。故该部分主要针对处于持续性变好、波动性恶化、持续性恶化这三种情况进行分析（图5.4）。波动性恶化和持续性波动恶化和持续性恶化演变地区多位于研究区中西部、长江沿岸地区，这些地区一半分布在云阳县长江以北地区。这主要由于人口、经济多集中在长江沿岸平坝地区，同时是云阳县、奉节县、巫山县政府所在地，加之三峡工程蓄水移民安置多发生在长江沿岸，故长江沿岸地区是人类活动最为剧烈地区。云阳县属于库区中百万移民最多的县之一，共移民16万人，且绝大部分属于就地后靠，在移民过程中大量进行城镇建设、开垦坡耕地等，并建造云阳新县城，致使云阳县在相对于其他地区更易发生大量的土壤侵蚀。而云阳县北岸乡镇作为人口和经济密度最大的核心地区，移民安置任务重，如南溪镇基本上全镇搬迁，导致城镇化和工业化快速发展，是生态胁迫严重的地区。

　　持续性变好演变类型多发生在研究区西部、北部等地区，多属于开州区和巫溪县。开州区在该阶段大力实行退耕还林还草政策，已经完成近800 km²的造林工程，实施了环汉丰湖、鲤鱼塘等库周生态屏障工程，蒲里等小流域生态经济林建设，为生态保护进行高山生态扶贫移民达3.57万人，大大降低了开州区的水土流失，于是在研究区西部地区土壤侵蚀好转幅度最大。巫溪县石灰岩面积占据72.98%，基本集中在中高海拔区域，海拔>1500 m的面积有35.18%，坡度>35°的面积达到31.27%。巫溪县农业生产潜力较小，生态保存较好，且居住人口人均耕地面积较少。截至2016年，人口密度降至97人／km²，属

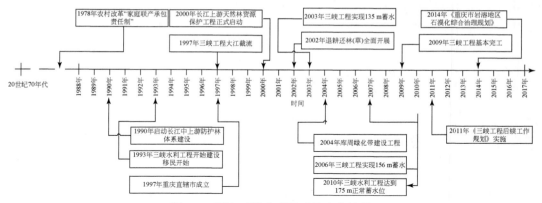

图 5.4　研究时段内库区政策变化情况

于研究区中人口密度最小的区县，但森林覆盖面积已经提升到 63.6%，居于研究区最高水平，受人类活动影响较小，所以一直以来巫溪的土壤侵蚀状况较好。

5.3　土壤侵蚀分布演变对土壤侵蚀防控的启示意义

根据流域土壤侵蚀分布与演变特点，土壤侵蚀治理过程中应重点考虑以下几方面。

1）从坡度带分析。研究区土壤侵蚀主要发生在 15°~35°坡度带，以微度侵蚀和轻度侵蚀为主，且中度侵蚀以上的侵蚀正向微度侵蚀和轻度侵蚀转变，是渝东北水土流失防治和治理的重点坡度带。该坡度范围主要分布的是坡耕地，考虑到投入成本和时间效率问题，25°~35°坡度带的坡耕地则更适合截留、挡土蓄水和植被覆盖率高的生物篱措施；>35°坡度带应退耕还林还草，为了带来经济效益，可考虑种植经济果林、药草等[15]，必要的时候要采取封山措施。

2）从高程带分析。该区域 500~800 m 和 800~1200 m 高程带为土壤侵蚀最严重的地带，以中度侵蚀以下侵蚀为主，是土壤侵蚀治理的重点区域。考虑到该区域土地压力增加，人地矛盾突出，在满足基本粮食需求的基础上，建议进行土地利用转型，如将坡耕地转变为果园和林地，或在开垦耕作的基础上采取一些诸如坡改梯的工程措施和生物措施[16]。

3）从土壤侵蚀强度分析。该区域中度侵蚀以上的土壤侵蚀开始向微度、轻度转变，土壤侵蚀以轻度侵蚀和微度侵蚀为主。对于轻微度土壤侵蚀，适宜封山育林，禁止砍伐森林、放牧和饲养牲畜等，促进植被的保护；中度侵蚀适宜在原有植被的基础上均匀种植乔灌木；强烈侵蚀以上的侵蚀应将生物措施和工程措施结合起来。

5.4　本章小结

本章节在前面几章土壤侵蚀演变规律的基础上，探究研究区土壤侵蚀演变的原因，并基于此，提出研究区土壤侵蚀防控的重点举措。

参 考 文 献

[1] 陈玉东，陈梅，孙旭，等．基于 GIS 和 USLE 的龙墩水库小流域土壤侵蚀评估研究［J］．土壤，2016，48（5）：1007-1014.

[2] 花利忠，贺秀斌，颜昌宙，等．三峡库区大宁河流域径流泥沙的 AnnAGNPS 定量评价［J］．水土保持通报，2009，29（6）：148-152.

[3] 孟兆鑫，邓玉林，刘武林．基于 RS 的闽江流域土壤侵蚀变化及其驱动力分析［J］．地理与地理信息科学，2008，24（4）：57-61.

[4] 张超．重庆土壤侵蚀时空动态变化与驱动因素分析［D］．重庆：重庆师范大学，2017.

[5] 张国平，张增祥，刘纪远．中国土壤风力侵蚀空间格局及驱动因子分析［J］．地理学报，2001，56（2）：146-158.

[6] 张志，王少军．湖北省土壤侵蚀景观空间异质性及驱动因子分析［J］．中国地质灾害与防治学报，2004，15（4）：52-56.

[7] 王少军，张志．湖北武当山区土壤侵蚀景观成因机理研究［J］．水土保持研究，2003，10（4）：113-116.

[8] 李月臣，刘春霞．三峡库区（重庆段）水土流失的社会经济驱动机制研究［J］．水土保持研究，2010，17（5）：222-225.

[9] 文雯，李阳兵，李睿康，等．三峡库区腹地土壤侵蚀动态演变研究［J］．长江流域资源与环境，2018，27（3）：544-555.

[10] 李月臣，刘春霞，赵纯勇，等．重庆市三峡库区水土流失特征及类型区划分［J］．水土保持研究，2009，16（1）：13-17.

[11] 罗翀，周志翔，王鹏程，等．三峡库区生态功能区划研究［J］．人民长江，2010，41（7）：27-67.

[12] 李睿康，李阳兵，文雯，等．典型流域土壤侵蚀演变的高程、坡度空间差异比较［J］．水土保持学报，2017，31（5）：99-107.

[13] 梁音，杨轩，苏春丽，等．基于 EI 的南方红壤区土壤侵蚀县域差异与趋势分析［J］．土壤学报，2009，49（1）：24-29.

[14] 李睿康，李阳兵，文雯，等．1988—2015 年三峡库区典型流域土壤侵蚀强度时空变化——以大宁河流域和梅溪河流域为例［J］．生态学报，2018，38（17）：6243-6257.

[15] 李秋艳，蔡强国，方海燕，等．长江上游紫色土地区不同坡度坡耕地水保措施的适宜性分析［J］．资源科学，2009，31（12）：2157-2163.

[16] 赵岩洁．三峡库区腹地土壤侵蚀演变及土地利用优化调控［D］．重庆：重庆师范大学，2013.

第二篇

土地利用变化

6 | 流域土地利用变化

土地利用类型是自然和人类活动作用于地表空间的产物，具有不规则、不稳定和复杂性等特点[1~3]。现有的土地利用变化研究包括土地利用变化特征及空间格局、模拟与预测、驱动力分析、土地利用变化对生态系统服务价值的影响、土地利用动态度[4~8]等方面，进而以人类-环境耦合为目标的土地利用变化成为研究的焦点[9]。20世纪后期以来，随着中国经济化、工业化和城市化进程的推进，全国土地利用空间格局发生了较大的改变[9]。近年来，随着农村经济结构及生产方式的变化，导致土地利用转型，同时土地利用主导功能发生变化[10]。

三峡库区腹地（渝东北段），作为重庆市乃至全国的生境脆弱带和生态敏感区[11,12]。其复杂的地质条件，多样的地貌类型和脆弱的生态环境，吸引了众多学者的研究。当前有关三峡库区腹地土地利用变化的研究内容涉及生态风险评价、生态系统服务价值演变及驱动、土地利用变化模拟及其遥感分析[13~16]等方面，研究范围小至某个小流域[17]，大到某个区县乃至整个三峡库区[18]。研究成果多从整体上探究区域土地利用变化状况，而对区域内部多个流域间土地利用变化的差异性及其相似性规律分析较少。

三峡水库自提出建设即受到国际上广泛关注，对其对生态环境的影响，争议很大。自2009年全面完工已过去近10年，揭示三峡库区土地利用时空演变格局与过程及其对生态环境的影响，值得深入研究，以在一定程度上回答国际上关注的三峡库区在不同建设阶段的生态环境变化。为此，本书以汤溪河流域、梅溪河流域和大宁河流域为例，试图从演变数量、速度和演变程度的阶段性及空间分布等方面对比分析三峡库区腹地典型流域土地利用变化共性和差异性，在高程、坡度两方面反映流域土地利用变化地形效应的同时，揭示流域土地利用变化的驱动机制，为三峡库区腹地土地利用优化调控等提供重要的理论依据。

6.1 研究区概况

本研究选取三峡库区汤溪河流域、梅溪河流域和大宁河流域作为研究区，如图6.1所示。研究区总面积达7938 km²，囊括了三峡库区腹地的云阳县、奉节县、巫山县和巫溪县，为重庆市渝东北生态涵养发展区的核心地带，亦是三峡库区生境脆弱带和生态敏感区。三个流域虽属长江北岸一级支流流经区域，位置毗邻，但自然社会经济背景不一。其中，大宁河流域为喀斯特流域，梅溪河流域为喀斯特-非喀斯特组合流域，汤溪河流域则以工厂、煤矿、工地较多，深受煤炭等工业废弃物的影响。研究具有不同自然和社会经济背景的典型流域土地利用演变的同一性与异质性，对探析其生态环境效应具有重要意义。

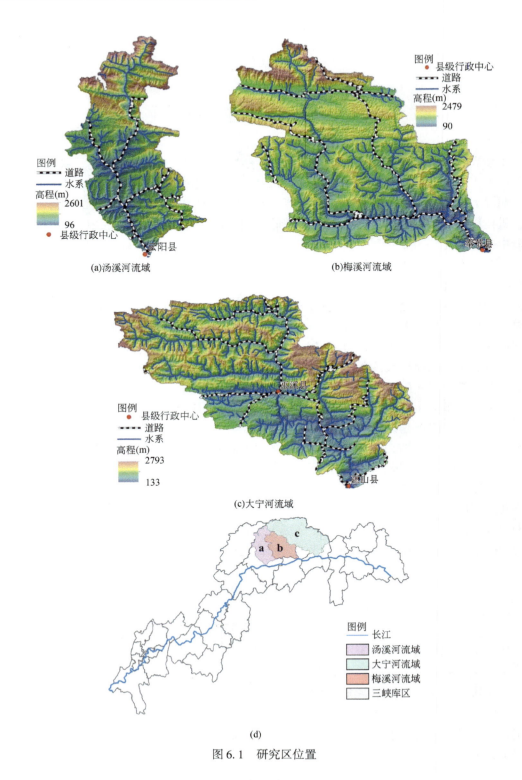

(a)汤溪河流域

(b)梅溪河流域

(c)大宁河流域

(d)

图 6.1 研究区位置

6.2 研究方法

6.2.1 数据来源与预处理

本书研究以 1986 年、1995 年、2000 年、2010 年和 2017 年 5 期 Landsat TM（空间分辨率为 30 m）遥感影像资料为数据源，借助 ENVI 5.0 首先对影像进行拼接、配准及裁剪，并设定投影为 Krasovsky1940Albers，对 5、4、3 波段进行假彩色合成，并根据遥感影像的色调、形状、纹理机构等特征，结合监督分类和目视解译相结合的方法对研究区土地利用类型数据进行解译（表 6.1）。根据《全国土地利用现状调查技术规程》相关分类标准，并结合研究区的实际情况，最终将土地利用类型分为旱地、水田、灌木、林地、草地、水域、城镇及农村居民点、道路、工矿用地及未利用地十种类型。为了保证流域土地利用数据本身的准确性，避免遥感影像的季相差异对土地利用数据解译结果的影响，将本研究所解译的 1986 年、1995 年、2000 年和 2010 年的土地利用数据与国家自然科学基金委员会"中国西部环境与生态科学数据中心"提供的土地利用数据进行了严格的对比，2017 年土地利用数据在解译的过程中严格对照 2017 年空间分辨率为 2.5 m 的资源卫星高分影像。与此同时，分别于 2016 年 7 月、2017 年 8 月和 2017 年 10 月三次深入研究区对土地利用数据进行野外抽样调查验证，使数据精度达到 92% 以上。研究区的 1∶50 000 DEM 数据则来源于重庆师范大学三峡库区地表过程和环境遥感实验室，并对高程、坡度数据进行提取。而各流域的矢量边界则是在 DEM 数据基础上通过 ArcGIS 10.2 的 Hydrology 工具提取而得。

表 6.1 流域土地利用类型 TM 影像解译的判读标准

土地利用类型	解译标志	影像截图
水田	呈浅红色（夏）；几何特征明显，规则块状、条带状或零星分布；影像纹理均一；多位于平原、坝地、河沟谷地	
旱地	呈浅红色或浅灰色；不规则状、块状或零星分布；影像结构粗糙；多位于坝地、丘陵、台地缓坡区	
林地	呈深红色；受地形控制明显，呈条带状分布；影像有绒状纹理；主要多位于中低山区	

土地利用类型	解译标志	影像截图
草地	呈鲜红色；面状或块状，边界清晰；影像结构较均一；多位于山地丘陵阳坡或顶部	
水体	呈蓝灰色；几何特征明显，边界清晰，条带状；影像结构均一；位于山地沟谷	
建设用地	呈天蓝色，杂有白色或杂色栅格状斑点；几何形状明显，边界清晰；影像结构粗糙；位于坝地、台地或山间谷地	

6.2.2　土地利用变化速度及趋势

该模型可直观地反映某一土地利用类型变化剧烈程度与速度，也可反映不同类型间变化的差异。其计算公式为

$$K = \frac{U_b - U_a}{U_a} \times \frac{1}{t_2 - t_1} \times 100\%$$

式中，U_a、U_b 分别为流域研究初期和末期某一类型土地利用面积；t_1、t_2 分别为研究时段的初、末时间；若 t 设定为年时，K 的值就是该研究区土地利用年综合变化率。

为反映某一土地利用类型的变化趋势，本书引用了单一土地利用空间变化趋势模型，其计算公式为

$$P = \frac{U_b - U_a}{\Delta U_{out} + \Delta U_{in}}$$

式中，P 为流域不同土地利用类型的变化趋势指数；ΔU_{out} 为研究时段内某一土地利用类型转变为其他土地利用类型的面积之和；ΔU_{in} 为研究时段内其他土地利用类型转变为该类型的面积之和。其中，当 $-1 < P \leq 0$ 时，说明该土地利用类型规模缩小，处于"弱势"状态；当 $0 < P \leq 1$ 时，表明该土地利用类型规模有所扩大，处于"涨势"状态。

6.2.3　土地利用程度

为反映土地总体利用程度及其变化，本书采用土地利用程度综合指数。为准确反映土地利用强度等级的合理性，本书依据实际情况对土地利用类型进行了分级划分，具体设置为四个等级：Ⅰ为未利用地，Ⅱ为水域、林、灌、草地，Ⅲ为水田、旱地，Ⅳ为建设用

地。其计算公式为

$$LA = 100 \times \sum_{i=1}^{n} A_i \times C_i$$

式中，LA 为土地利用程度综合指数，100<LA<400；A_i 为第 i 级的土地利用类型的级别指数；C_i 为第 i 级地类的面积占全区面积比重；n 为分级数；$i = 1$，2，3，4。

6.2.4 高程、坡度地貌分级

在 30 m 空间分辨率 DEM 数据基础上，根据地貌分级标准，将各流域分为<500 m，500 m~1000 m 和>1000 m 三个高程带；其次，借助 ArcGIS 的 Slope 空间分析工具，得到研究区栅格坡度图，并对坡度值进行重分类，划分为<8°，8°~15°，和>15°三个坡度带[19]。三个流域高程、坡度地貌分级见表 6.2。

表 6.2 流域高程、坡度地貌分级

分级	高程带（m）	地貌分级	面积占比（%）	坡度带（°）	坡度分级	面积占比（%）
1	<500	谷地（丘陵）	11.33	0~8	微坡	3.71
2	500~1000	低山	37.20	8~15	缓坡	8.75
3	>1000	中山	51.47	>15	陡坡	87.54

6.2.5 缓冲区分析

为反映距长江干流远近不同下的土地利用变化状况，本书研究以三个流域下游县政府所在地为中心，以 10km 为半径做缓冲区分析，建立缓冲带，如图 6.2 所示。用生成的缓冲带分别切割各时段土地利用现状图，得到各时段不同缓冲区土地利用图，通过叠加分析，计算土地利用变化速度指数、土地利用变化趋势和土地利用程度综合指数。在对土地利用变化总体分析的基础上，探究三个流域不同时段不同缓冲区的土地利用演变规律。

(a)汤溪河流域

(b)梅溪河流域

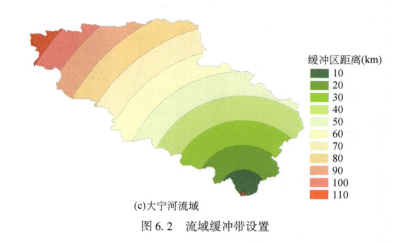

(c)大宁河流域

图 6.2　流域缓冲带设置

6.3　流域土地利用变化总体情况

6.3.1　流域土地利用时空分布及转移状况

如图 6.3 所示，1986 ~ 2017 年三个流域土地利用变化总体表现为"林地和灌木面积增加明显，草地面积有所减少，耕地重心发生转移"的特点，各流域土地利用变化具有明显的分年代类型变化特征和区域差异。①1986 年，三个流域土地利用类型均以耕地为主，林、灌、草地次之，其他类型零星分布，分布特点具有一定的差异性，其中汤溪河流域呈现"南北部林地、灌木、草地相间，耕地横贯其中"的分布特点，各地类界线分明；梅溪河流域在空间上具有"林地、耕地相间分布，灌木、草地零星散落其中"的特点；大宁河流域则方向性明显，西南部以耕地为主，东北部以林地为主，西北部林地、灌木相间分布。②1986 ~ 1995 年，梅溪河流域土地利用大体保持不变，汤溪河流域和大宁河流域变化明显：汤溪河流域耕地明显减少，且多转变为林地、灌木和草地，大宁河流域耕地、林地、灌木有所增加，草地有所减少，且中部地区以耕地增加为主，东北部以草地向林地、灌木转化。③1995 ~ 2000 年，三个流域土地利用变化与上一时期变化趋势基本保持一致。④2000 ~ 2010 年，三个流域土地利用变化表现为：草地、灌木面积减少，林地、耕地和建设用地面积的增加。其中汤溪河流域和梅溪河流域以草地、灌木向耕地变化为主，大宁河流域以草地、灌木向林地转变为主。⑤2010 年之后，三个流域的林地、建设用地和水域面积增加明显，而耕地、灌木和草地面积减少，且多被林地所替代，这与流域生态涵养区的发展政策密切相关。与此同时，在政府政策驱动下，农民纷纷通过种植柑橘、脐橙、花椒等经济果林代替原来的耕地，土地利用变化明显。

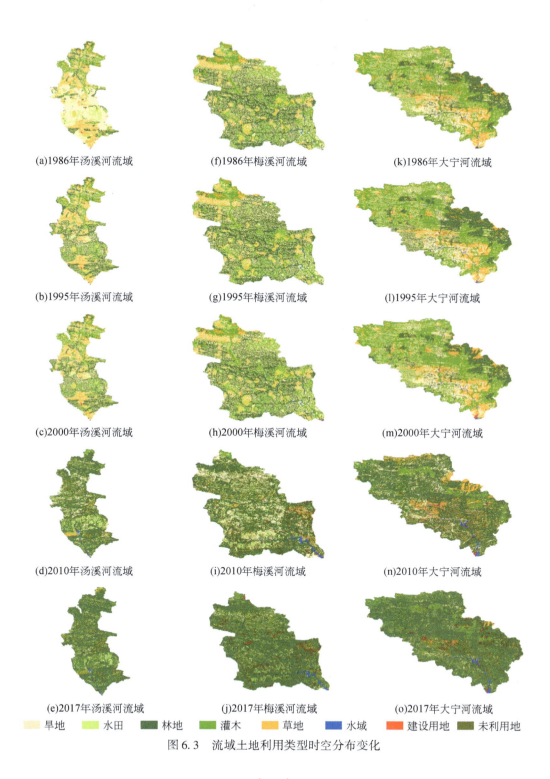

(a)1986年汤溪河流域　　　(f)1986年梅溪河流域　　　(k)1986年大宁河流域

(b)1995年汤溪河流域　　　(g)1995年梅溪河流域　　　(l)1995年大宁河流域

(c)2000年汤溪河流域　　　(h)2000年梅溪河流域　　　(m)2000年大宁河流域

(d)2010年汤溪河流域　　　(i)2010年梅溪河流域　　　(n)2010年大宁河流域

(e)2017年汤溪河流域　　　(j)2017年梅溪河流域　　　(o)2017年大宁河流域

　旱地　　水田　　林地　　灌木　　草地　　水域　　建设用地　　未利用地

图 6.3　流域土地利用类型时空分布变化

为定量化反映三个流域土地利用具体变化状况，本书借助 ArcGIS 10.2 中的 Intersect 工具将三个流域 1986 年、1995 年、2000 年、2010 年和 2017 年土地利用矢量图进行叠加，并对各时段各类土地利用变化面积进行统计。在此基础上，计算出三个流域各变化类型的土地利用变化重要性指数（C_i）后，将 C_i 值由大到小降序排列，取 C_i 累计之和大于 80% 的土地类型作为流域主要土地利用变化类型。三个流域主要土地利用变化类型如图 6.4 所示。结果表明：①1986～1995 年，汤溪河流域和梅溪河流域具有林地向耕地及耕地向林地变化两种类型，以林地向耕地变化为主；大宁河流域以灌木向耕地变化为主；②1995～2000 年，汤溪河流域以草地向耕地和灌木向耕地变化为主，梅溪河流域以草地向耕地、灌木向耕地和林地向耕地变化为主，大宁河流域以草地向耕地和灌木向耕地变化较大；③2000～2010 年，汤溪河流域、梅溪河流域土地利用变化与第一时段变化保持一致，大宁河流域则以耕地向林地、草地向林地和灌木向耕地变化为主；④2010～2017 年，三个流域均呈现耕地、灌木和草地向林地转变的特点，变化趋势具有一致性。

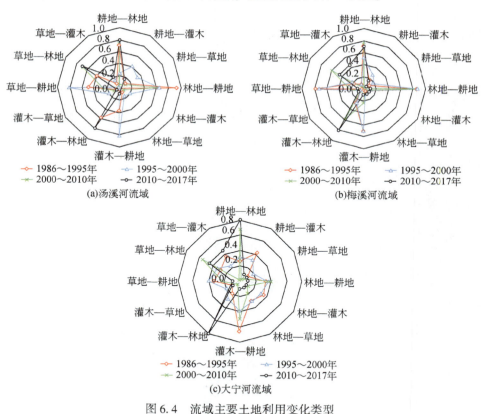

图 6.4　流域主要土地利用变化类型

6.3.2　流域土地利用变化速度、程度比较

本书首先通过土地利用变化速度指数（K）和土地利用变化趋势指数（P）来反映三

个流域不同土地利用类型变化速度和变化趋势状况（图6.5）；其次通过土地利用综合程度指数来反映三个流域土地利用强度变化状况（图6.6）。

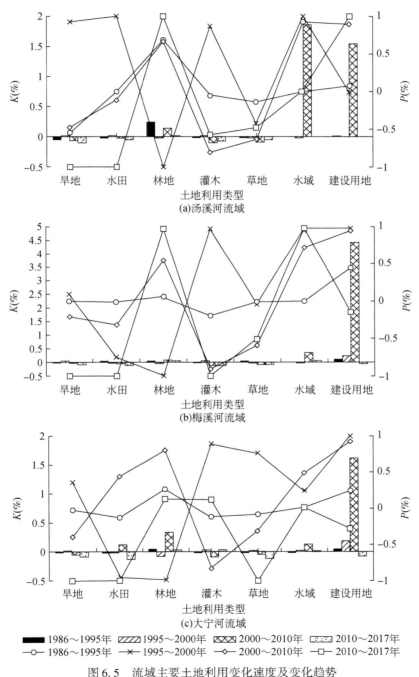

(a)汤溪河流域

(b)梅溪河流域

(c)大宁河流域

■ 1986～1995年　▨ 1995～2000年　▧ 2000～2010年　▢ 2010～2017年
─○─ 1986～1995年　─×─ 1995～2000年　─◇─ 2000～2010年　─□─ 2010～2017年

图6.5　流域主要土地利用变化速度及变化趋势
柱状图表示土地利用变化速度指数（K），折线图表示土地利用变化趋势指数（P）

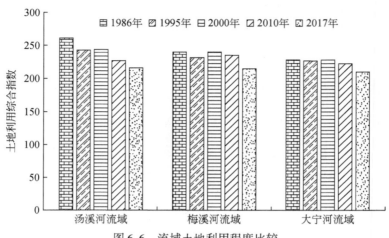

图 6.6　流域土地利用程度比较

由图 6.5 可知，三个流域土地利用变化速度与土地利用变化趋势具有较好的对应关系，土地利用类型整体由旱地、水田为主的耕地景观向林地和水域为主的生态景观转变。

1）就土地利用变化速度而言，三个流域除林地、水域和建设用地变化速度为正值外，其余均为负增长，这说明耕地、灌木、草地变化相对较缓，林地、水域和建设用地变化速度较快，水域和建设用地变化尤为明显。汤溪河流域以水域变化速度最为明显，梅溪河流域和大宁河流域以建设用地变化速度最快。总体上，三个流域耕地、灌木和草地向林地、水域和建设用地转变，以耕地为主的生产功能向林地和水域为主的生态功能、建设用地为主的生活功能转变。这在一定程度上与三峡库区腹地生态涵养区建设不谋而合。其中，水域面积的增加与三峡大坝的水位抬升有密切的关系；建设用地速度的增加也在一定程度上印证了水库水位的抬升迫使低海拔地区的居民通过移民后靠的方式向高海拔地区转移。

2）就土地利用变化趋势而言，1986～1995 年，三个流域除林地、水域和建设用地为"涨势"外，其余均处于"弱势"状态，这说明耕地功能减弱，林地和建设用地的功能增强；1995～2000 年，除林地和草地为"弱势"外，其余土地利用类型均呈现"涨势"，这与三峡大坝水位抬升，大量居民以后靠方式完成移民搬迁有关；2000～2017 年，除林地、水域和建设用地为"涨势"外，其余均为"弱势"状况，这与三峡移民后的生态建设、重庆市渝东北生态涵养区的政策条件密不可分。

本书通过土地利用程度综合指数来反映三个流域土地利用程度的总体变化状况（图6.6）。由图 6.6 可知，三个流域土地利用程度综合指数总体呈现波动下降趋势，且以汤溪河流域下降最为明显，梅溪河流域次之，大宁河流域最不明显。具体看来，1986～2000 年三个流域土地利用程度综合指数由大到小依次为汤溪河流域、梅溪河流域和大宁河流域；2000～2017 年，梅溪河流域土地利用程度综合指数达最大，超过了汤溪河流域和大宁河流域。这说明，2000 年以前，汤溪河流域人类活动强度高于梅溪河流域和大宁河流域，土地利用集约化程度较高，2000 年之后，随着三峡移民和植树造林工程的实施，海拔相对较低的梅溪河流域人类活动强度增加，土地集约化程度加强，而汤溪河流域和大宁河流域因其山高坡陡的自然环境，土地利用综合程度指数总体上低于梅溪河流域。

6.4 流域土地利用变化的地貌差异特征比较

本研究在流域高程、坡度地貌分级的基础上，将各时段土地利用现状图与地貌分级矢量图叠加，通过土地利用变化速度指数、土地利用变化趋势指数和土地利用程度综合指数来反映各流域土地利用变化的地貌差异特征。

6.4.1 高程、坡度耦合条件下土地利用变化差异比较

图 6.7 反映了三个流域不同高程、坡度地貌分级条件下土地利用程度综合变化状况。1986～2000 年，三个流域各地貌条件土地利用程度综合指数由大到小表现为汤溪河流域>梅溪河流域>大宁河流域，这与三个流域土地利用程度变化趋势相一致，说明该阶段汤溪河流域受工农业发展的影响，人类活动强度最大。2000～2010 年，三个流域不同地貌条件土地利用程度综合指数由大到小表现为梅溪河流域>汤溪河流域>大宁河流域。在该阶段，受三峡移民工程的影响，三个流域中地势较低的梅溪河流域受人类活动强度增大。受地势高低的影响，三个流域土地利用程度综合指数呈现谷地>低山>中山的分布特点，这说明海拔相对较低的地方，人类活动强度相对较大。就坡度条件而言，缓坡地区土地利用程度综合指数高于微、缓坡地区，这与该地区的土地利用变化类型有关。微坡地区以建设用地为主，缓坡地区多被开垦为耕地，而陡坡地区则多以灌木林地为主，故其土地利用程度综合指数低于缓坡和微坡。2010～2017 年，三个流域各地貌土地利用程度特征具有差异性，除谷地区呈现汤溪河流域>大宁河流域>梅溪河流域外，其余 5 种类型均呈现为梅溪河流域>汤溪河流域>大宁河流域的变化特点。各地貌区的土地利用程度综合指数由大到小依次为

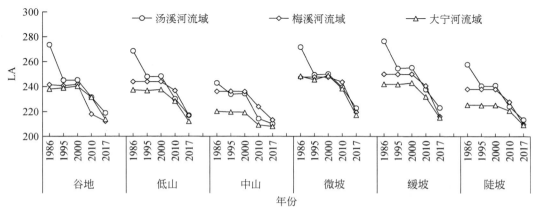

图 6.7　流域不同地貌区土地利用程度综合指数比较

微坡区>缓坡区>陡坡区>低山区>谷地区>中山区，这说明坡度条件对土地利用开发程度的影响要大于海拔条件，且低缓坡区开发强度强于陡坡区，而低山谷地区开发强度却要高于中山区。可见，低缓平坦区多被人类开发利用为耕地，人类活动强度较高，故土地利用程度综合指数高于其他地区。受土地利用转型和乡村经济转型的影响，很多坡耕地被经济果林地所替代，道路及住房条件的改善也使土地利用强度总体呈现下降的趋势。

6.4.2 流域土地利用变化的海拔差异

本书借助 GIS 在对各地貌条件下土地利用数据进行提取的基础上，计算其土地利用变化速度指数（K）和土地利用变化趋势指数（P），计算结果如图 6.8 和图 6.9 所示。

就土地利用变化速度而言，各时段不同高程土地利用变化具有明显差异性。1986～1995 年，除汤溪河流域谷地（平坝）区域内的林地、梅溪河流域谷地（平坝）区域的建设用地和中山区的林地、大宁河流域中山区的建设用地为正值外，其余均为负值，这说明该阶段三个流域主要由其他土地利用类型向林地和建设用地转变。1995～2000 年，以梅溪河流域谷地（平坝）区和大宁河流域中山区的建设用地增加为主。2000～2010 年，汤溪河流域谷地、低山区水域和建设用地变化明显；梅溪河流域各高程地貌区水域增加最为明显，其次为建设用地；大宁河流域谷地区以林地增加为主，低山区建设用地快速扩张，中山区水域面积增加明显。2010～2017 年，汤溪河流域中山区建设用地、旱地和水田变化明显；梅溪河流域各高程地貌区建设用地增加最为明显，其次为谷地区林地；大宁河流域各高程地貌区以灌木增加为主，且平坝区变化最为明显。

就土地利用变化趋势而言，1986～1995 年，三个流域各地貌区除林地为"涨势"外，其余均处于"弱势"状态。1995～2000 年，三个流域旱地、水域、建设用地处于涨势，不同的是中低山区灌木也呈现"涨势"，大宁河流域中低山区的灌木和草地也处于"涨势"。2000～2010 年，三个流域各高程地貌区，除耕地、灌木、草地为"弱势"外，林地、水域和建设用地为"涨势"状态。2010～2017 年，除大宁河流域平坝及中山区的林地、灌木和建设用地、梅溪河流域各区的林地、建设用地及汤溪河流域平坝、中山区的林地和建设用地为"涨势"外，其余用地类型均处于"弱势"。

6.4.3 流域土地利用变化的坡度差异

为反映三个流域不同坡度条件下土地利用变化速度及其趋势状况，本书借助 GIS 在将三个流域土地利用现状矢量数据和坡度数据相叠加的基础上，对各地貌条件不同土地利用数据进行提取，计算其土地利用变化速度指数（K）和土地利用变化趋势指数（P），计算结果如图 6.10 和图 6.11 所示。

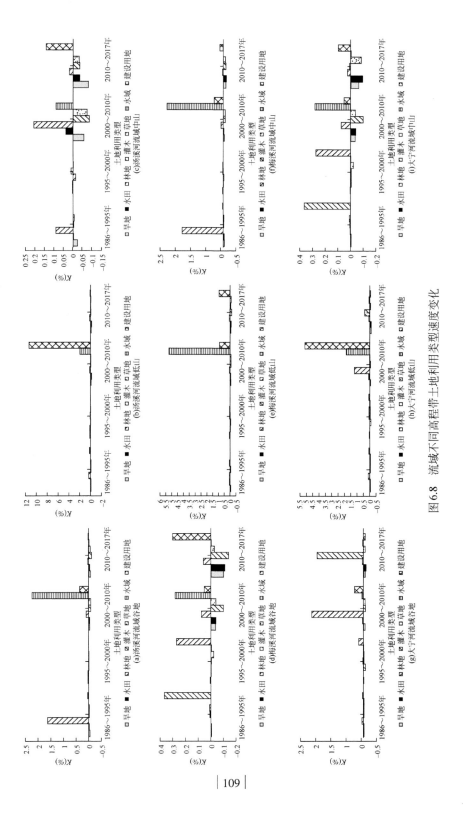

图6.8 流域不同高程带土地利用类型速度变化

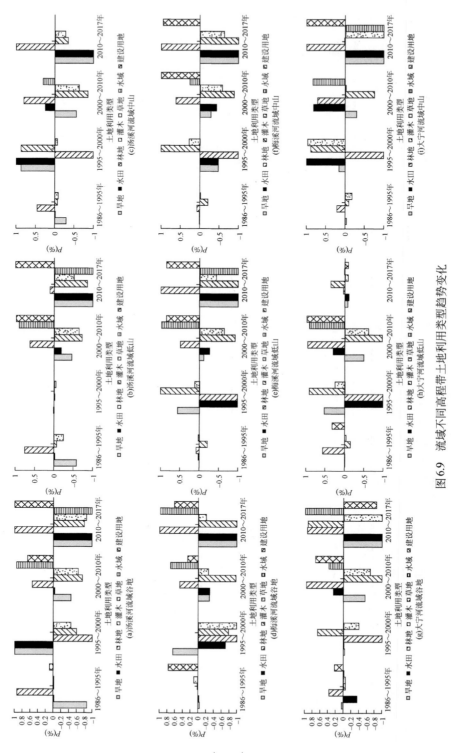

图6.9　流域不同高程带土地利用类型趋势变化

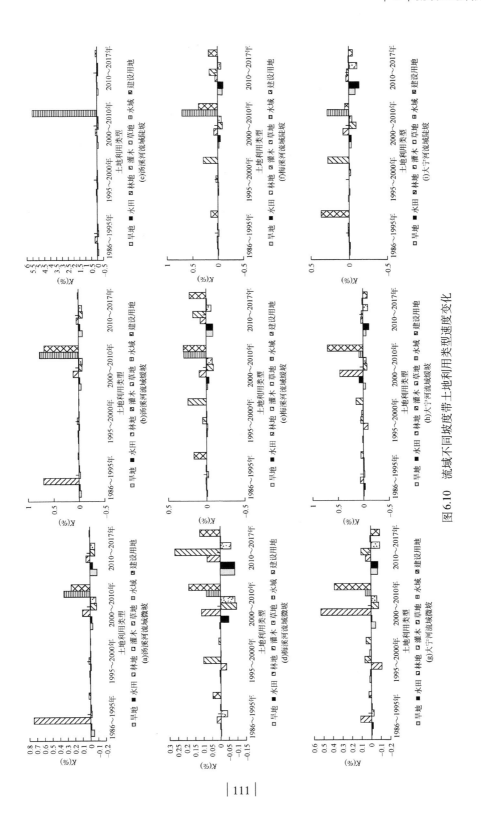

图6.10 流域不同坡度带土地利用类型速度变化

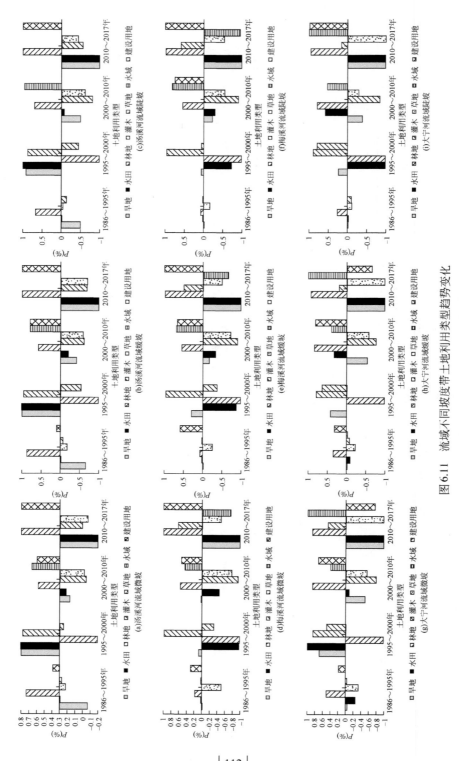

图6.11 流域不同坡度坡带土地利用类型趋势变化

就土地利用变化速度而言，各流域不同时段不同坡度区土地利用变化速度快慢差异性显著。1986～1995年，汤溪河流域各坡度带除林地为正值外，其他土地利用类型均为负值，以微坡区最为明显；梅溪河流域各坡度区以建设用地为正值且增加明显，其中微坡区主要由灌木向林地和建设用地转变；大宁河流域微缓坡区以林地增加为主，陡坡区建设用地增加明显，这与研究时段内三峡库区一期移民开展及地方政府城镇建设有关。1995～2000年，汤溪河流域变化不明显，梅溪河流域和大宁河流域变化较为明显。其中，梅溪河流域微坡区以灌木增加为主，缓坡和陡坡区以灌木和建设用地增加为主；大宁河流域微坡、缓坡区以林地向灌木和建设用地转变为主，陡坡区各土地利用类型均为正值，且以建设用地最为明显，这与三峡库区运行建设有关。2000～2010年，汤溪河流域微坡、缓坡区水域、建设用地增加明显，陡坡区水域面积增长较快；梅溪河流域各坡度区呈现由耕地、灌木、草地向林地、水域和建设用地转变的特点；大宁河流域微坡、缓坡区以林地和建设用地增加为主，陡坡区水域面积增加明显，灌木向林地转变明显。2010～2017年，汤溪河流域各坡度区林地增加为主；梅溪河流域各坡度区以林地、灌木增加为主，建设用地扩张明显；大宁河流域以林地和灌木扩张明显。

就土地利用变化趋势而言，三个流域不同坡度区各时段土地利用变化趋势差异性明显。1986～1995年，三个流域各坡度区林地和建设用地"涨势"明显，其余土地利用类型以"弱势"为主。1995～2000年，汤溪河流域各坡度区、大宁河流域的微缓坡区以林地为"弱势"，其余土地利用类型呈"涨势"的特点，梅溪河流域各坡度区及大宁河流域陡坡区水田和林地处于"弱势"，其余土地利用类型为"涨势"。2000～2010年，三流域各坡度区均表现为林地、水域和建设用地以"涨势"为主，旱地、水田、灌木和草地以"弱势"为主。2010～2017年，汤溪河流域各坡度区的林地、建设用地，梅溪河流域各坡度区的林地、灌木和建设用地，大宁河流域各坡度区的林地、灌木和水域为"涨势"外，其余地类为"弱势"。

总体而言，三个流域土地利用变化速度与其变化趋势具有较好的对应关系，即为当土地利用变化速度指数（K）为正值时，其变化趋势指数亦为"涨势"。研究发现，1986～2010年，三个流域均以林地增加为主，且呈现"涨势"。2010～2017年，三个流域林地均处于涨势状态，不同的是汤溪河和梅溪河流域建设用地增加明显，其次为林地；大宁河流域则以灌木和林地增加为主。

6.5 讨　　论

6.5.1 流域不同地貌区土地利用变化阶段性特征

自1984年三峡大坝坝址确定以来，三峡库区生态环境发生了较大的变化。通过对三峡库区相关研究成果[20～22]，发现三峡大坝运行以来主要包括建设时期（1983～2002年）、蓄水时期（2003~2009年）和后三峡时代（2010~2020年）三个阶段，如图6.12所示。考虑到三峡库区腹地流域实际情况及数据获取难易程度，本研究将其分为1986~2000年、2000~2010年和2010~2017年三个阶段。在与他人研究成果比较基础上，探究流域土地利用在高程、坡度上的垂直演变效应，揭示流域土地利用变化的相似性特征。

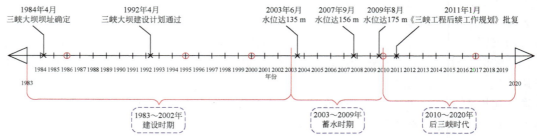

图6.12　三峡库区建设阶段

为了反映流域土地利用变化的相似性特征，本书首先将三个流域各地貌区不同土地利用类型的面积进行统计，其次借助土地利用程度综合指数LA及土地利用面积占比变化分析总结三个流域土地利用变化在高程和坡度上的地形效应，计算结果如图6.13和图6.14所示。从空间分布来看，三个流域土地利用程度综合指数LA以中山区最低，其次为陡坡区，该区域内以林地、灌木为主，分布少量旱地，水田、草地、水域和建设用地面积占比较低，人类开发程度较低，故其土地利用综合程度较低、而谷地和微、缓坡区内因土地自身条件的优越性，受人类活动影响较大，土地利用开发程度较高，各土地利用类型面积占比均有一定数量的变化。从时间方面来看，三个流域土地利用变化阶段性特征明显，且以2000年左右为分界点。2000年以前，三个流域土地利用程度综合指数较高，且微、缓坡区最高，该时段为三峡大坝的建设期和蓄水期，受流域水位抬升和三峡移民后靠工程的影响，人类活动较为强烈，旱地、水田等生产生活用地面积占比增加明显；2000年之后，尤其是2010年以来，随着后三峡时代的到来，加之受国家生态文明建设[19]及农户自身生计

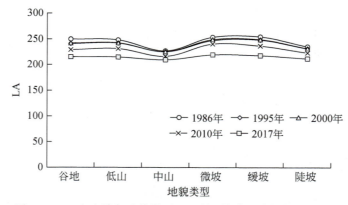

图6.13　三个流域各地貌类型土地利用综合程度指数LA变化

行为的影响，许多旱地、水田逐步被林、草地等所替代，土地利用程度降低，人类利用土地的方式由生产型逐渐向生态型转变[23]。

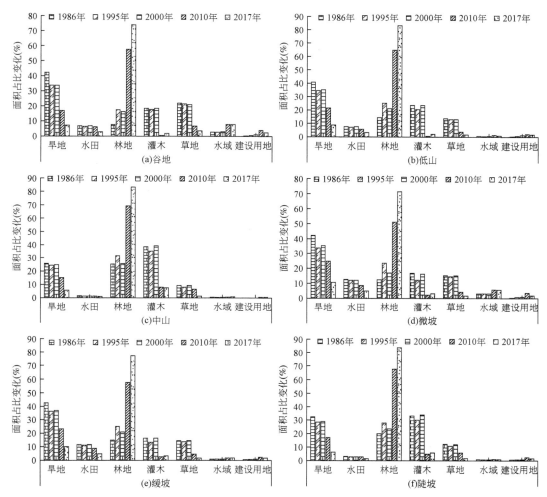

图 6.14 研究流域各地貌类型区不同土地利用类型面积占比变化

6.5.2 流域上下游土地利用变化相似性特征

本书以三个流域干支流交汇处作为中心点，以 10 km 作为缓冲半径进行缓冲距离分析。缓冲距离的变化在一定程度上反映了流域上下游距离的变化。本书首先将三个流域各缓冲区不同土地利用类型的面积进行统计，其次借助土地利用程度综合指数 LA 及土地利用面积占比变化分析总结三个流域不同缓冲区土地利用变化特征，计算结果如图 6.15 和图 6.16 所示。由图 6.15 可知，三个流域各缓冲区土地利用程度综合指数总体呈现下降趋势，且以 30km 缓冲带达最大值，以 110km 缓冲带达最小值。在 30km 缓冲范围内地势相对平坦，以微、缓坡为主，人类活动较多，故其开发程度较高。由图 6.16 可知，各缓冲区内土地利用类型面积占比变化具有明显的阶段性特征：①1986～2000 年，10～50km 的缓冲范围内以耕地为主，灌木、草地次之；>50km 的缓冲范围内，以灌木为主，耕地次之。在该阶段内，旱地和水田比重下降明显，林地面积迅速增加；②2000 年尤其是 2010 年之后，林地面积占比增加明显，除 110km 缓冲带外，其余缓冲范围均以林地为主，灌木和草地面积有所增加，耕地面积有所减少。相关研究表明，三峡库区是中国坡耕地分布最为集中的地区，且大多位于 7°～25°坡度带上[24,25]，其中耕作成本较高的劣质耕地撂荒现象严重[26]。与此同时，乡村振兴与精准扶贫政策的实施使流域耕地功能发生转型。

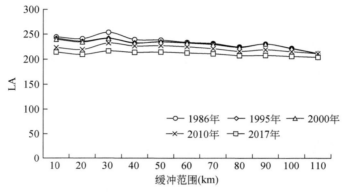

图 6.15 研究流域各地貌类型土地利用综合程度指数 LA 变化

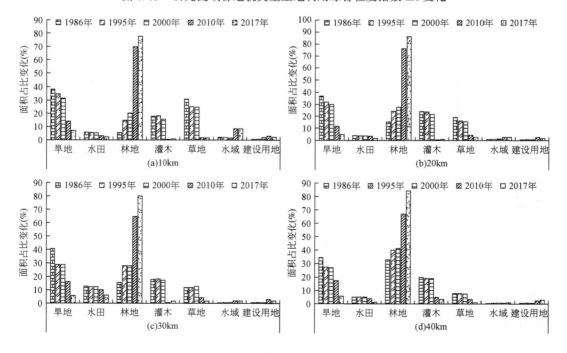

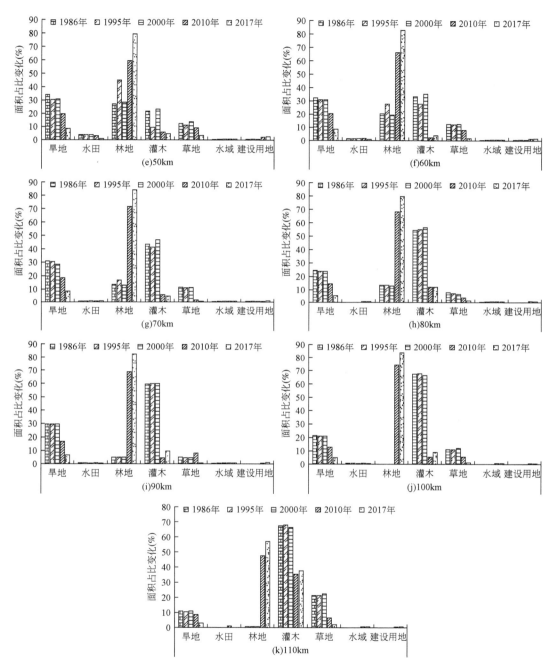

图 6.16　研究流域各缓冲区不同土地利用类型面积占比变化

6.6 本章小结

在生态文明政策的响应下，探究三峡库区生境脆弱区土地利用变化的地形效应对流域本身乃至整个三峡库区生态环境具有一定的指导意义。本章在对流域土地利用分类和地貌分级的基础上，通过土地利用相关测度指标探析三峡库区腹地典型流域土地利用变化的地形梯度效应。

参考文献

［1］宋戈，王盼盼，王越，等.黑龙江省巴彦县土地利用类型变化特征及其空间格局分异［J］.经济地理，2015，35（3）：163-170.

［2］杨洋，毕如田.黄土高原典型地貌类型的土地利用分形特征［J］.地理与地理信息科学，2011，27（1）：101-104.

［3］侯西勇，徐新良.21世纪初中国海岸带土地利用空间格局特征［J］.地理研究，2011，30（8）：1370-1379.

［4］Thies B，Meyer H，Nauss T，et al. Projecting land-use and land-cover changes in a tropical mountain forest of Southern Ecuador［J］. Journal of Land Use Science，2014，9（1）：1-33.

［5］杨俊，解鹏，席建超，等.基于元胞自动机模型的土地利用变化模拟——以大连经济技术开发区为例［J］.地理学报，2015，70（3）：461-475.

［6］Lambin F F，Geist H J，Lepers E. Dynamics of land-use and land-cover change in tropical regions［J］. Annual Review of Environment and Resources，2003，28（1）：205-241.

［7］胡馨月，宋豫秦，鲁蕾.红寺堡灌区土地利用变化对生态系统服务价值的影响研究［J］.北京大学学报（自然科学版），2017，（5）：2-9.

［8］刘晓娜，封志明，姜鲁光，等.西双版纳土地利用/土地覆被变化时空格局分析［J］.资源科学，2014，36（2）：233-244.

［9］刘纪远，匡文慧，张增祥，等.20世纪80年代末以来中国土地利用变化的基本特征与空间格局［J］.地理学报，2014，69（1）：3-14.

［10］杨清可，段学军，王磊，等.基于"三生空间"的土地利用转型与生态环境效应——以长江三角洲核心区为例［J］.地理科学，2017，36（8）：1-9.

［11］李潇然，李阳兵，韩芳芳.基于土地利用的三峡库区生态屏障带生态风险评价［J］.水土保持通报，2015，35（4）：188-194.

［12］应弘，李阳兵.三峡库区腹地草堂溪小流域土地功能格局变化［J］.长江流域资源与环境，2017，26（2）：227-237.

［13］Feng J，Hu Y，Li Z，et al. Defining the range of ecological shelter zones in the shore zone of three gorges reservoir，china［J］. Stochastic Environmental Research & Risk Assessment，2014，28（8）：1973-1984.

［14］严恩萍，林辉，王广兴，等.1990—2011年三峡库区生态系统服务价值演变及驱动力［J］.生态学报，2014，34（20）：5962-5973.

［15］曹银贵，王静，陶嘉，等.基于CA与AO的区域土地利用变化模拟研究——以三峡库区为例［J］.

地理科学进展，2007，（3）：88-95，129.

[16] 邵景安，张仕超，魏朝富. 基于大型水利工程建设阶段的三峡库区土地利用变化遥感分析 [J]. 地理研究，2013，32（12）：2189-2203.

[17] Lin Y, Cai Q H, Liu R Q, et al. The influence of topography and land use on water quality of Xiangxi River in three gorges reservoir region [J]. Environmental Geology, 2009, 58（5）: 937-942.

[18] Cao Y G, Zhou W, Wang J, et al. Spatial-temporal pattern and difference of land use changes in the Three Gorges Reservoir Area of China during 1975–2005 [J]. Journal of Mountain Science, 2011, 8（4）: 551-563.

[19] 李睿康，李阳兵，文雯，等. 典型流域土壤侵蚀演变的高程、坡度空间差异比较 [J]. 水土保持学报，2017，31（5）：99-107.

[20] 李三虎. 三峡大坝的社会建构 [J]. 工程研究：跨学科视野中的工程，2017，9（3）：221-235.

[21] 李博，唐世浩. 基于 TRMM 卫星资料分析三峡蓄水前后的局地降水变化 [J]. 长江流域资源与环境，2014，23（5）：617-625.

[22] Wang L J, Wu L, Hou X Y, et al. Role of reservoir construction in regional land use change in Pengxi River basin upstream of the Three Gorges Reservoir in China [J]. Environmental Earth Sciences, 2016, 75（13）: 1-15.

[23] 李睿康，黄勇，李阳兵，等. 三峡库区腹地土地功能演变及其驱动机制分析 [J]. 长江流域资源与环境，2018，27（3）：594-604.

[24] 韦杰，贺秀斌. 三峡库区坡耕地水土保持措施研究进展 [J]. 世界科技研究与发展，2011，33（1）：158-160.

[25] 姜达炳，樊单，甘小泽. 三峡库区坡耕地运用生物垾治理水土流失技术的研究 [J]. 中国生态农业学报，2005，13（2）：158-160.

[26] 李秀彬，赵宇鸾. 森林转型、农地边际化与生态恢复 [J]. 中国人口·资源与环境，2011，21（10）：91-95.

7 土地利用变化驱动机制

自 1983 年修建三峡大坝的想法提出至今，已历经 35 载。受三峡工程及生态移民的影响，三峡库区腹地土地利用发生了剧烈的变化，土地利用空间格局向着复杂性和多样性方向发展[1,2]。基于前人的研究成果[3~5]，并结合第 6 章的研究成果，不难发现三峡库区土地利用变化阶段性特征明显：①2000 年前，耕地面积增加，林地、草地面积减少，建设用地扩张明显；②2000~2010 年，草地、灌木面积减少，林地、耕地和建设用地面积增加明显；③2010 年之后，林地、水域面积增加明显，耕地、草地和灌木面积减少。而造成土地利用变化是自然和社会经济共同作用的结果[6]，这与人-地相关作用关系的强度和方向有关。而有关三峡库区内部土地利用景观演变的比较研究较小。三峡库区典型流域土地利用及其景观格局演变的普遍性和差异性规律如何？驱动机制存在何种差异？

通过第 6 章对三峡库区典型流域土地利用数量空间分布及其景观格局演变分析，发现流域尽管在自然和社会经济方面存在差异性，但其土地利用景观格局状况随着三峡水利工程的推进表现出一些共同性特征。本章在揭示土地利用景观格局共性的同时，阐述受地域本身自然和人类活动影响而表现出的差异性特征；并在此基础上，系统分析三峡库区流域土地利用景观生态安全演变的驱动机制。

7.1 流域土地利用类型变化的相似性规律

尽管三个流域土地利用变化受自然和人类活动强弱的影响具有地域特色与差异性。考虑到三峡库区腹地本身地理背景的相似性，并结合三峡库区建设和国家政策等方面内容，梳理并归纳流域土地利用格局演变规律的相似性。

图 7.1 从整体尺度反映了 1986~2017 年流域土地利用数量、速度、趋势和程度的变化状况。①1986~2000 年，流域土地利用变化表现为：耕地先减后增、林地先增后减、灌木先减后增，草地先减后增，水域和建设用地变化不大，土地利用程度综合指数 LA 先减后增，且随着缓冲距离呈现先增后减的变化趋势，在 30 km 处达最大值。该阶段为三峡大坝建设期，耕地仍为主要土地利用类型，对土地利用开发利用程度有所下降，且距离河流交汇处越远，土地利用程度越低。②2000~2010 年，三峡大坝多次抬升水位，许多低地被淹没。在土地利用方面表现为林地、水域面积增加，建设用地扩张明显，耕地、灌木和草地面积减少，且林地面积数量超过耕地，成为主要土地利用类型，土地利用程度综合指数和各缓冲区土地利用程度综合指数均有所下降，但仍在 30 km 处达最大值。③2010~2017 年，主要表现为耕地、草地向林地、灌木、水域和建设用地转变，土地利用程度综合指数下降明显。

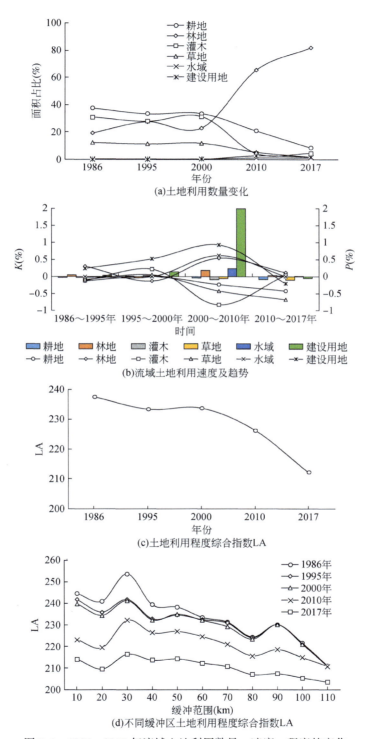

(a)土地利用数量变化

(b)流域土地利用速度及趋势

(c)土地利用程度综合指数LA

(d)不同缓冲区土地利用程度综合指数LA

图 7.1　1986～2017 年流域土地利用数量、速度、程度的变化

7.2 流域土地利用景观格局演变的差异性特征

通过前面章节的分析发现，无论是土地利用变化幅度、速度，抑或是土地利用变化程度，三个流域在土地利用变化方面具有一致性。而土地利用景观格局的演变差异性主要体现在三个流域谷地和陡坡区。故在此将该区域单独提取出来，试图从中揭示流域景观格局演变的差异性特征。

7.2.1 各流域谷地区景观格局演变差异性

从图 7.2 中可以看出 1986~2017 年，三个流域 PD 随着缓冲距离的增加呈现单调递增的变化规律，受流域自身条件的影响，汤溪河流域、梅溪河流域和大宁河流域分别于 70 km、50 km 和 80 km 处达最大值；SHDI、AI 随着缓冲距离变化呈现波动下降趋势，三个流域分别于 70 km、50 km 和 80 km 处达最小值；LSI 随着缓冲距离的增加而呈现先增后减的变化趋势，并分别于 40 km、20 km 和 30 km 处达最大值。考虑到该区域为海拔低于 500 m 的平坝区，人类活动主要发生在这里，加之地势较为低平、临近水源地、土地利用类型以耕地为主，故斑块破碎度较高；且该地貌区本身面积较小，故集聚性和多样性较弱，前期以耕地为主，1995~2010 年受水库水位抬升影响，林地和建设用地增加，景观多样性增强，斑块异质性特征明显，形状不规则；后随着生态移民及后三峡时代的到来，景观多样性和集聚性下降，斑块同质化程度加强，斑块形状由不规则向规则化转变。

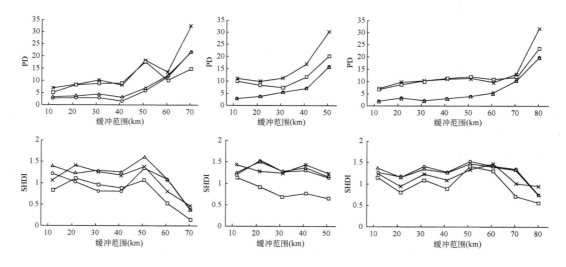

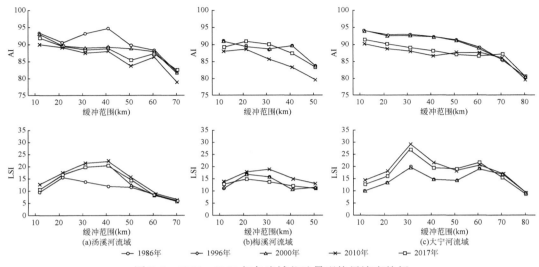

(a)汤溪河流域   (b)梅溪河流域   (c)大宁河流域

—○— 1986年   —□— 1996年   —□— 2000年   —×— 2010年   —△— 2017年

图 7.2   1986～2017 年各流域谷地景观格局演变特征

7.2.2   各流域陡坡区景观格局演变差异性特征

图 7.3 反映了 1986～2017 年三个流域陡坡区各缓冲带景观格局变化状况。①斑块密度 PD 在汤溪河和大宁河流域随着缓冲距离的增加先增后减，在 30km 处达最大值，而在梅溪河流域呈现持续下降的趋势，在 10km 处达最大值。研究发现，该区域岩性以石灰岩和砂岩为主，主要分布黄壤、黄棕壤和紫色土，易被开垦为耕地，故景观破碎度较高。②景观多样性指数 SHDI 除梅溪河流域呈现波动下降趋势外，其余两流域较为稳定，这说明梅溪河流域土地景观受人类活动影响的程度在缩小，这与许多耕地被弃耕撂荒及发展经果林有关。③聚集度指数 AI 除汤溪河流域表现为先减后增外，其余两流域均呈现波动性增加的变化趋势，景观类型的集聚性均有所增强，这说明景观异质性有所减弱，同质性增强，这也进一步印证了耕地为主的农业景观向着林地、灌木为主的生态景观转变的过程。④斑块形状指数 LSI 整体呈现先增后减的变化趋势，其中汤溪河流域和大宁河流域在 30km 处达最大值，梅溪河流域在 50km 处达最大值。研究发现，该区域为石灰岩陡坡区，因土石间缺乏过渡层，较难开垦为耕地，土地利用以林地和灌木为主，故其景观形状指数较为规则。

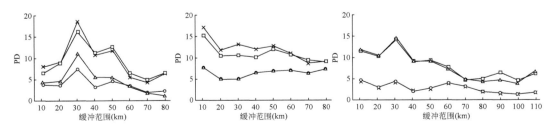

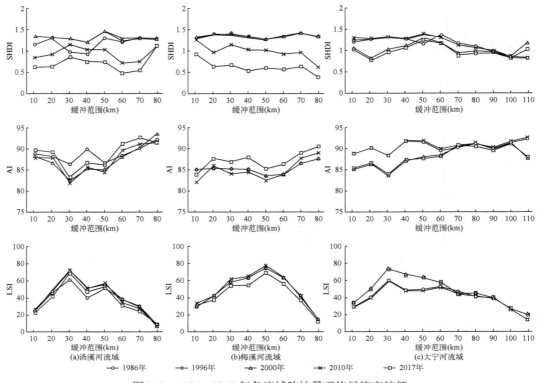

图 7.3　1986～2017 年各流域陡坡景观格局演变特征

7.3　流域土地利用景观格局演变的驱动机理研究

　　土地利用驱动力可以引起土地利用方式和目发生改变[7]。三峡大坝自修建以来，因其地理环境的独特性和地理位置的特殊性，引起相关学者对其土地利用驱动力的研究[8~13]。一般而言，地形地貌、河流等影响土地利用的空间分布状况，道路、移民工程、农业生产和经济发展状况影响流域土地利用方式的变化。为更好地反映流域土地利用景观格局驱动机制状况，本研究结合前人研究成果及本研究的相关结论，绘制流域土地利用驱动耦合机制图，如图 7.4 所示。与此同时，将流域分为 1986～2000 年、2000～2010 年和 2010～2017 年三个阶段阐述流域土地利用变化驱动力。

　　1）1986～2000 年，三峡工程处于建设期，受大江截流、水库淹没、移民安置、城镇迁建及配套设施建设的推进，土地利用表现为水域、耕地和建设用地的增加。

　　2）2000～2010 年，该阶段主要处于三峡工程蓄水期，随着三峡移民工程的结束，进入后移民时期。与此同时，受退耕还林政策的影响，流域出现耕地、灌木和草地向林地、水域和建设用地转变的趋势，且以林地转化为主。与此同时，受土地流转和农村改革的影响，许多耕地弃耕撂荒或改变种植方式，发展经济果林经济。

3）2010~2017年，全面进入后三峡时代，在生态文明建设的响应下，国家制定和实施基本农田保护和精准扶贫政策，在一定程度上实现了对现有耕地资源的保护，有利于耕地弃耕撂荒现象的缓解。随着国家乡村振兴计划和新型城镇化建设的进程加快，农村经济结构调整，呈现出以生产功能为主的耕地向以生态和经济功能的经济果林经济转变。

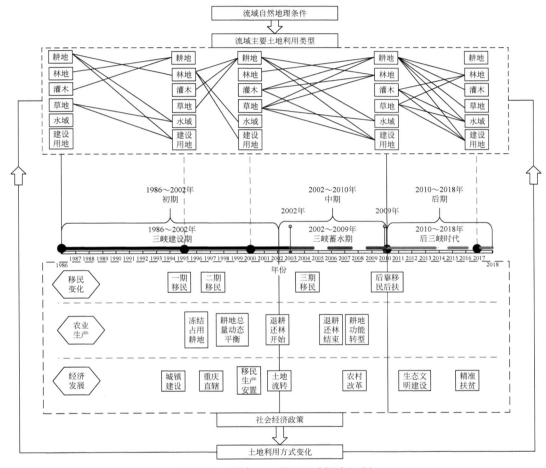

图 7.4　流域土地利用驱动耦合机制

7.4　本　章　小　结

在第6章对各流域土地利用变化特征比较的基础上，总结三峡库区流域土地利用类型变化的相似性规律及其景观格局演变的差异性特征。最终分析总结流域土地利用驱动耦合机制。

参 考 文 献

［1］ Jabbar M T, Shi Z H, Wang T W, et al. Vegetation change prediction with geo-information techniques in the Three Gorges Area of China ［J］. Pedosphere, 2006, 16（4）: 457-467.

［2］ Ni J P, Shao J A. The drivers of land use change in the migration area, Three Gorges Project, China: Advances and prospects ［J］. Journal of Earth Science, 2013, 24（1）: 136-144.

［3］ 江晓波, 马忠泽, 曾文蓉, 等. 三峡库区土地利用/土地覆被变化及其驱动力分析 ［J］. 水土保持学报, 2004, 18（4）: 108-112.

［4］ 崔晓伟. 开县蓄水前后土地利用景观格局变化及生态系统健康评价 ［D］. 哈尔滨: 东北农业大学, 2012.

［5］ 李辉, 马泽忠, 向宇峰. 三峡库区万州区土地利用时空变化特征研究 ［J］. 水土保持研究, 2015, 22（2）: 84-89.

［6］ 陈忠升, 陈亚宁, 李卫红. 新疆和田河流域土地利用/覆被变化及其驱动力分析 ［J］. 中国沙漠, 2010, 30（2）: 326-333.

［7］ 杨梅, 张广录, 侯永平. 区域土地利用变化驱动力研究进展与展望 ［J］. 地理与地理信息科学, 2011, 27（1）: 95-100.

［8］ Wu J G, Huang J H, Han X G, et al. Three Gorges Dam: Experiment in habitat fragmentation ［J］. Science, 2003, 300（5623）: 1239-1240.

［9］ Morgan T K K B, Sardelic D N, Waretini A F. The Three Gorges Project: How sustainable ［J］. Journal of Hydrology, 2012, 460/461（16）: 1-12.

［10］ 刘彦随, 冯德显. 三峡库区土地持续利用潜力与途径模式 ［J］. 地理研究, 2001, 20（2）: 139-145.

［11］ 邵怀勇, 仙巍, 杨武年, 等. 三峡库区近50年间土地利用/覆被变化 ［J］. 应用生态学报, 2008, 19（2）: 453-458.

［12］ 邵景安, 张仕超, 魏朝富. 基于大型水利工程建设阶段的三峡库区土地利用变化遥感分析 ［J］. 地理研究, 2013, 23（12）: 2189-2203.

［13］ Zhang J X, Liu Z J, Sun X X. Changing landscape in the Three Gorges Reservoir area of Yangtze River from 1977 to 2005: Land use/land cover, vegetation cover changes estimated using multi-source satellite data ［J］. International Journal of Applied Earth Observation and Geoinformation, 2009, 11（6）: 403-412.

8 土地利用对土壤侵蚀的影响

人类不合理的土地利用往往是发生土壤侵蚀的主要原因之一[1]，土地利用可以通过改变地表植被覆盖、土壤性质和径流速率等影响土壤侵蚀的发生和发展[2]。土地利用对土壤侵蚀的影响作为当前研究热点之一，吸引了众多学者的广泛关注[3~7]。例如，刘婷和邵景安[8]借助通用土壤流失方程对三峡库区1990～2010年土壤侵蚀状况进行计算的同时，分析不同土地利用情境下土壤侵蚀强度时空变化规律；穆天龙等[9]在运用 RUSLE 模型对深圳市土壤侵蚀计算的基础上，应用土壤侵蚀强度指数分析深圳市及其下辖区土壤侵蚀与土地利用的关系；符素华等[10]通过对北京山区各地类的土壤侵蚀状况进行分析，得到不同土地利用下的水土保持效益值。随着三峡大坝的修建及后期移民工程的实施，加之经济发展和国家政策的影响，三峡库区内部土地利用发生了巨大的变化。土地利用的变化势必会影响土壤侵蚀的发生和发展。基于此，本章以三峡库区草堂溪小流域为例，探究1990～2010年土地利用对土壤侵蚀状况的影响。

8.1　研究区概况

草堂溪小流域位于奉节县东部草堂镇，是长江的一级支流，地理坐标为108°24′32″E～109°14′51″E，30°35′6″N～31°26′36″N，位于研究区长江北岸第一道分水岭到第二道分水岭之间。该流域地层全部为沉积层，以三叠系中统巴东组地层出露较多，岩性以紫色泥页岩、泥岩、石灰岩为主，15°～35°坡度带面积占整个流域的69%，高程为500～1500 m 的面积占流域总面积的77.38%（图8.1）。气候属于中亚热带大陆性季风气候，年平均气温为15℃，年均降水量达1200 mm。流域内森林植被稀疏，大部分陡坡开垦为耕地或是灌丛草坡，紫色土广布，一些地段土壤侵蚀强烈，已经形成红色裸岩。滑坡和沟谷泥石流活动频繁，水土流失严重。

8.2　草堂溪小流域土地利用变化

结合草堂溪土地资源的属性和利用属性等实际情况，参照中国科学院资源环境信息数据库土地利用分类方法，将研究区土地利用类型划分为耕地、有林地、灌木林地、疏林地、高覆盖草地、中覆盖草地、水域和建设用地等九个地类。获得四期小流域土地利用图（图8.2）。

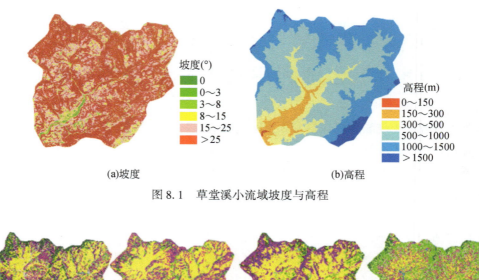

坡度(°)
■ 0
■ 0~3
■ 3~8
■ 8~15
■ 15~25
■ >25

高程(m)
■ 0~150
■ 150~300
■ 300~500
■ 500~1000
■ 1000~1500
■ >1500

(a)坡度 (b)高程

图 8.1 草堂溪小流域坡度与高程

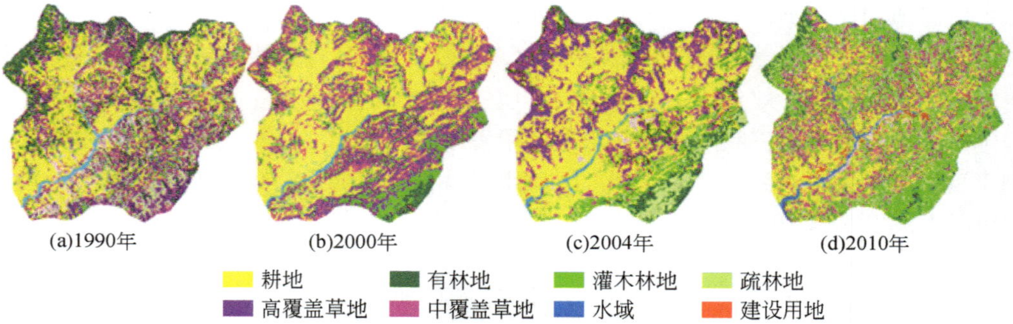

(a)1990年 (b)2000年 (c)2004年 (d)2010年

■ 耕地 ■ 有林地 ■ 灌木林地 ■ 疏林地
■ 高覆盖草地 ■ 中覆盖草地 ■ 水域 ■ 建设用地

图 8.2 草堂溪小流域各期土地利用图

8.2.1 草堂溪小流域土地利用数量变化

草堂溪小流域 1990~2004 年土地利用类型主要为耕地，建设用地面积最小。1990 年耕地占草堂溪小流域面积的 35.96%，其次是灌木林地、有林地和高覆盖草地，分别占小流域面积的 15.18%、14.35% 和 14.16%。建设用地面积仅 0.02km²；2000 年除耕地外，面积最大的依次是中覆盖草地和灌木林地，其面积分别占流域总面积的 18.62% 和 16.01%；2004 年耕地面积占流域总面积的 52.78%，其次是高覆盖草地和有林地，分别占流域面积的 13.09%、12.28%；2010 年草堂溪小流域土地利用类型组成发生了很大变化，其中灌木林地面积最大，占流域总面积的 36.67%，其次是耕地和中覆盖草地，分别占 24.96% 和 17.02%，而高覆盖草地面积最小。

8.2.2 草堂溪小流域土地利用动态变化

如图 8.3 所示，草堂溪小流域 1990~2010 年耕地、有林地、高覆盖草地和水域呈下降趋势，灌木林地、疏林地、中覆盖草地和建设用地呈现增长趋势。其中，1990～2000年有林地、疏林地、高覆盖草地和水域面积都出现不同程度减少，其余土地利用类型都出现不同程度的增加；2000～2004年，只有灌木林地和中覆盖草地面积减少；2004～2010年耕地、有林地和高覆盖草地面积减少，灌木林地、疏林地、中覆盖草地、水域和建设用地面积增加。

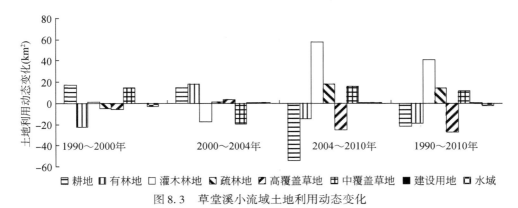

图8.3 草堂溪小流域土地利用动态变化

从不同土地利用类型来看：耕地面积在1990～2004年增长，2004～2010年急剧下降了54.26 km²，整个研究期内共减少了22.03 km²。所有类型的林地在1990～2010年共增加了36.36 km²。其中有林地呈减少趋势，1990～2010年减少最多，达19.00 km²，2000～2004年增加了17.96 km²，到2010年减少了14.84 km²；灌木林地和疏林地在1990～2010年呈增加趋势，灌木林地在所有土地利用类型中增加最多，达40.98 km²，但是在2000～2004年灌木林面积减少了17.74 km²；疏林地1990～2000年减少了5.26 km²，2000～2010年共增加19.26 km²；草地类高覆盖草地自1990～2010年减少了27.38 km²，中覆盖草地增加了11.73 km²；建设用地在1990～2010年持续增长了0.94 km²。

土地利用变化特点可以归结为：耕地由于退耕还林还草，转化为灌木林地和中覆盖草地，呈逐年减少趋势，但从面积上看，耕地仍然是影响草堂溪小流域生态环境的主要土地利用类型。灌木林地增加最多，主要因为耕地退还为林地及高覆盖草地退草还林；高覆盖草地面积减少最多，主要变为灌木林地和中覆盖草地；而建设用地虽然持续增加，但增加面积较小。

8.3 草堂溪小流域土地利用变化对土壤侵蚀的影响

土壤侵蚀产生和发展受众多因素的影响，其中自然因素中的母岩岩性、高程和坡度等是导致土壤侵蚀产生的基础，而人为因素则是加速土壤侵蚀强度变化的主要原因。其中，人为因素主要反映在人为活动所导致的土地利用方式的改变上。土壤侵蚀和土地利用关系密切，土地利用方式的改变使土壤物质及水分在地表进行了重新分配，改变了原有的土壤养分和水分状况,土壤养分同水分的改变进一步引起生物活性的变化和土壤性质的改变,从而影响土壤侵蚀的产生[11]。

8.3.1 草堂溪小流域土壤侵蚀变化

草堂溪小流域土壤侵蚀以水力侵蚀为主,1990 年和 2010 年以轻度侵蚀为主,其面积分别占土壤侵蚀总面积的 36.79% 和 50.98%;2000 年和 2004 年中度侵蚀面积最大,分别占土壤侵蚀总面积的 53.32% 和 53.17%;极强烈侵蚀面积在 1990～2010 年始终最小。

通过统计计算不同时段草堂溪小流域土壤侵蚀面积动态变化可以看出,1990～2010 年草堂溪小流域轻度侵蚀、强烈侵蚀和极强烈侵蚀面积总体上呈增加趋势,其中轻度侵蚀面积增加最多,占土壤侵蚀增加面积的 75.19%;微度侵蚀和中度侵蚀面积总体上呈减少趋势,其中中度侵蚀面积减少最多。在 1990～2010 年四个年度三个时间段中除极强烈侵蚀稳定增长外,微度侵蚀、轻度侵蚀、中度侵蚀和强烈侵蚀都有不同程度波动。

8.3.2 草堂溪小流域不同土地利用类型对土壤侵蚀的影响

根据草堂溪小流域 1990～2010 年各土地利用类型对应的各土壤侵蚀面积比重(表 8.1),统计计算得出草堂溪小流域各土地利用类型土壤侵蚀综合指数(表 8.2)。

表 8.1 1990～2010 年各土壤侵蚀类型在不同土地利用类型的分布   (单位:%)

侵蚀程度	1990 年							
	耕地	有林地	灌木林地	疏林地	高覆盖草地	中覆盖草地	水域	建设用地
微度侵蚀	1.34	89.47	1.51	—	0.04	0.08	7.55	—
轻度侵蚀	0.32	—	40.94	19.78	38.96	—	—	—
中度侵蚀	99.66	0.34	—	—	—	—	—	—
强烈侵蚀	0.51	—	—	—	—	99.49	—	—
极强烈侵蚀	79.7	—	—	—	—	—	—	20.30

侵蚀程度	2000 年							
	耕地	有林地	灌木林地	疏林地	高覆盖草地	中覆盖草地	水域	建设用地
微度侵蚀	11.54	66.73	—	0.37	1.00	2.07	18.29	—
轻度侵蚀	4.11	—	65.38	18.34	4.02	8.16	—	—
中度侵蚀	81.33	—	—	—	18.67	—	—	—
强烈侵蚀	3.06	—	0.77	0.43	2.42	93.33	—	—
极强烈侵蚀	24.45	—	16.9	—	41.35	—	—	17.29

侵蚀程度	2004 年							
	耕地	有林地	灌木林地	疏林地	高覆盖草地	中覆盖草地	水域	建设用地
微度侵蚀	5.09	68.5	—	17.56	0.42	0.59	6.77	1.06
轻度侵蚀	1.54	6.60	31.74	14.53	34.61	10.97		
中度侵蚀	93.94	1.09	0.06	0.04	4.08	0.78	—	—
强烈侵蚀	9.27	0.11	9.55	0.92	36.72	43.29		0.15
极强烈侵蚀	27.58	0.58	43.03	28.81	—	—		

侵蚀程度	2010 年							
	耕地	有林地	灌木林地	疏林地	高覆盖草地	中覆盖草地	水域	建设用地
微度侵蚀	2.21	65.06	0.86	1.46	0.67	3.96	18.78	6.99
轻度侵蚀	0.35	—	69.32	28.06	—	2.27		
中度侵蚀	93.55	0.05	2.68	1.00	—	2.73		
强烈侵蚀	—	—	0.05	—	—	99.95		
极强烈侵蚀	14.56	—	56.00	7.40	5.73	16.30		

表 8.2　草堂溪小流域各土地利用类型土壤侵蚀综合指数

年份	耕地	有林地	灌木林地	疏林地	高覆盖草地	中覆盖草地	建设用地
1990	10.37	0.02	0.05	0.40	0.78	6.27	1.62
2000	5.47	0.00	2.71	0.40	4.15	5.76	1.38
2004	7.35	0.23	4.58	2.65	3.06	2.85	0.01
2010	4.91	0.00	5.98	1.20	0.46	7.46	0.00

　　草堂溪小流域 1990~2010 年微度侵蚀、中度侵蚀和强烈侵蚀都分别集中分布在有林地、耕地和中覆盖草地。其他侵蚀类型在不同时期有所波动。轻度侵蚀除了 2004 年主要分布于高覆盖草地外,其余时期都集中分布在灌木林地。极强烈侵蚀 1990 年主要分布在耕地,2000 年则变为高覆盖草地,2004 年和 2010 年集中分布在灌木林地。

　　从表 8.2 可以看出土壤侵蚀综合指数最大值位于耕地,达 10.37,说明耕地所产生的土壤侵蚀最为严重。最小值为 0,位于有林地和建设用地。各土地利用类型在 1990~2010 年土壤侵蚀综合指数出现不同程度的增减变化。

8.4　讨　　论

　　从不同土地利用类型来看,根据变化的不同,可以将草堂溪小流域土地利用类型归纳为两种:一种是在 1990~2010 年土壤侵蚀综合指数稳步增加或减少的稳定型;另一种是在 1990~2010 年土壤侵蚀综合指数或增加或减少不断变化的反复型。

稳定型包括灌木林地和建设用地。其中，建设用地 1990~2010 年土壤侵蚀综合指数呈现持续减少的变化规律，而灌木林地则相反，呈现持续增加的变化规律。建设用地在 1990~2010 年土壤侵蚀综合指数减少最多，达 1.62，说明 20 年间草堂溪小流域土壤受侵蚀程度降低，主要是因为三峡库区蓄水位不断升高及移民后靠或是搬迁导致城镇迁移，建设用地迅速减少；灌木林地在 1990~2010 年土壤侵蚀综合指数持续增加，其中 1990~2000 年增加了 2.66，在 2000~2004 年增加了 1.87，2004~2010 年增加了 1.4，最终超过 1990 年，说明草堂溪小流域灌木林地在 20 年间虽然侵蚀呈现加剧状态，但是从潜在的侵蚀加剧速度看，土壤侵蚀的严重程度也在逐渐改善。

反复型包括耕地、有林地、疏林地、高覆盖草地和中覆盖草地。耕地和有林地土壤侵蚀综合指数呈现"减—增—减"的变化过程，同时 2010 年的土壤侵蚀综合指数都低于 1990 年。其中，耕地在 1990~2010 年土壤侵蚀综合指数减少了 5.46。从总体上看，由耕地所产生的土壤侵蚀在所有土地利用类型中一直偏高，是草堂溪小流域土壤侵蚀产生的主要来源，但从其土壤侵蚀综合指数增减值的变化可以看出，耕地所产生的土壤侵蚀已经在逐步改善，土壤侵蚀严重程度降低。对于土壤侵蚀而言，有林地一直是"汇"景观，由其产生的土壤侵蚀甚少，从草堂溪小流域有林地 1990~2010 年的土壤侵蚀综合指数可以直观的反映出来，在 2000 年和 2010 年达到 0，说明草堂溪小流域在这两个时期有林地区域没有任何强度级别的土壤侵蚀产生。

疏林地和中覆盖草地土壤侵蚀综合指数虽在研究期内呈现不同程度的波动，但 2010 年土壤侵蚀综合指数都高于 1990 年，说明这两种土地利用类型所产生的土壤侵蚀总体呈现增加趋势，高强度侵蚀类型在这两类土地利用类型中所占的比重在不断提高。其中，疏林地在 1990~2000 年土壤侵蚀综合指数没有发生变化，到 2004 年突然增加了 2.25，说明这四年之内，疏林地高强度侵蚀面积增加较多，土壤侵蚀综合指数在 2004~2010 年又下降了 1.45，从土壤侵蚀综合指数的总体变化可以看出疏林地所产生的土壤侵蚀前十年较为稳定，而后十年出现的较大的增减波动；中覆盖草地土壤侵蚀综合指数自 1990~2004 年持续下降，到 2010 年又上升了 4.61。说明中覆盖度草地所产生的土壤侵蚀在前 14 年呈现减少趋势，但是自 2004 年后开始迅速增加，导致其侵蚀强度增加。

高覆盖草地土壤侵蚀综合指数在 1990~2000 年增加了 3.37，从 2000 年开始，到 2010 年持续下降并小于 1990 年，共减少了 3.69。说明在研究期前十年高覆盖草地所产生的土壤侵蚀迅速增加，土壤侵蚀严重性不断提高，2000 年后由于各种生态工程，如退耕还林还草、天然林保护等的实施，草地增加迅速，土壤侵蚀强度降低，土壤侵蚀综合指数下降到 1 以下。

从不同时期来看：1990 年草堂溪小流域的土壤侵蚀主要来源于耕地、中覆盖草地和建设用地，这些土地利用类型所产生的土壤侵蚀较为严重；2000 年草堂溪小流域土壤侵蚀综合指数最大值位于中覆盖草地，其次是耕地和高覆盖草地，土壤侵蚀综合指数都超过了 4，土壤侵蚀较为严重。有林地土壤侵蚀综合指数最低，为 0，说明没有任何土壤侵蚀的存在；2004 年耕地和灌木林地是土壤侵蚀的主要来源，产生的土壤侵蚀最多；2010 年草堂溪小流域土壤侵蚀主要来源于中覆盖草地和灌木林地，耕地所产生的土壤侵蚀急剧下降，较 1990 年少了两倍。

总的来说，草堂溪小流域各土地利用类型在 1990~2010 年土壤侵蚀综合指数呈现两种变化特征，一种是持续增加或减少；另一种是或增加或减少的反复变化。在 1990~2004 年，耕地和中覆盖草地土壤侵蚀综合指数较高。2004~2010 年，灌木林地土壤侵蚀综合指数迅速增大，成为土壤侵蚀产生的又一来源。耕地虽然仍是主要的土壤侵蚀来源，但由其所产生的土壤侵蚀开始逐渐减少，土壤侵蚀强度不断下降。因此在治理土壤侵蚀时应了解不同时期土壤侵蚀强度在各土地利用类型当中的转换，分析其转变原因，针对高强度侵蚀积聚的土地利用类型进行调整，将其转变为低强度侵蚀的土地利用类型，缓解小流域土壤侵蚀加剧情况。

相较于其他土壤侵蚀影响因子而言，土地利用类型的土壤侵蚀综合指数较高，岩性、坡度和高程等影响因子的土壤侵蚀综合指数最高值为 3.16，而土地利用土壤侵蚀综合指数最高值达到 10.37，其中耕地土壤侵蚀综合指数 1990~2010 年都超过 4，灌木林地、高覆盖草地和中覆盖草地在不同时间都有超过 4 的时候，这说明土地利用是影响土壤侵蚀产生的最为重要的影响因子，较其他因素影响更大更直接。

8.5 本章小结

本章选取草塘溪小流域为案例区，在对流域土地利用数量及动态度变化的基础上，探析流域土地利用变化对土壤侵蚀的影响。在此基础上，总结土壤侵蚀影响下土地利用变化类型，为土地利用对土壤侵蚀的耦合响应关系提供一定的理论与借鉴意义。

参 考 文 献

[1] 赵文武，傅伯杰，吕一河，等. 多尺度土地利用与土壤侵蚀 [J]. 地理科学进展，2006，25（1）：24-33.

[2] Fu B J, Zhao W W, Chen L D, et al. Multiscale soil loss evaluation index [J]. Chinese Science Bulletin, 2006, 51 (4): 448-456.

[3] 钟莉娜，王军，赵文武. 多流域降雨和土地利用格局对土壤侵蚀影响的比较分析——以陕北黄土丘陵沟壑区为例 [J]. 地理学报，2017，72（3）：432-443.

[4] Ochoa P A, Fries A, Mejía D, et al. Effects of climate, land cover and topography on soil erosion risk in a semiarid basin of the Andes [J]. Catena, 2016, 140: 31-42.

[5] Paroissien J B, Darboux F, Couturier A, et al. A method for modeling the effects of climate and land use changes on erosion and sustainability of soil in a Mediterranean watershed (Languedoc, France) [J]. Journal of environmental management, 2015, 150 (1): 57-68.

[6] 卫伟，陈利顶，傅伯杰，等. 黄土丘陵区不同降雨格局下土地利用的水土流失效应 [J]. 水土保持通报，2006，26（6）：19-23.

[7] 庄建琦，葛永刚. 土壤侵蚀对土地利用和降雨变化响应和空间分布特征：以金沙江一级支流小江流域为例 [J]. 长江流域资源与环境，2012，21（3）：288-295.

［8］ 刘婷，邵景安．三峡库区不同土地利用背景下的土壤侵蚀时空变化及其分布规律［J］．中国水土保持科学，2016，14（3）：1-9.

［9］ 穆天龙，谢婧，吴健生，等．深圳市土地利用对土壤侵蚀的影响研究［J］．水土保持研究，2010，17（3）：53-58.

［10］ 符素华，段淑怀，李永贵，等．北京山区土地利用对土壤侵蚀的影响［J］．自然科学进展，2002，（1）：110-114.

［11］ 史志华，王天巍，蔡崇法，等．三峡库区乐天溪流域生态修复效果的遥感监测研究［J］．自然资源学报，2006，21（3）：473-480.

9 土地利用变化与生态风险评价

土地利用作为人与自然交互作用的核心环节，与生态环境密切相关[1]。土地利用的分布和变化反映了人类定居和资源利用的空间格局，直接影响土地生态系统的健康[2,3]；而土地利用方式和强度的变化直接影响区域生态系统的变化[4]，且具有区域性和积累性特征[5]。生态风险是某区域自然环境灾害或人为活动事件对生态系统所产生的负面或不利影响迫使生态系统承受风险[6]。土地利用生态风险评价便是用于描述和评价人类利用土地的过程中因人为活动、自然灾害和环境污染对生态系统的结构和组分所产生的影响[7]。鉴于土地利用数据较易保存信息，在难以进行全面生态监测的区域，从土地利用动态变化视角进行研究是揭示区域综合型生态状况和空间分异的有效手段。例如，巩杰等[8]在土地利用数据基础上借助景观格局指数探究甘肃省白龙江流域 2010 年生态风险空间变化规律；徐兰等[9]以北方农牧交错带洋河流域为研究对象，从土地利用变化和景观结构两方面探究生态风险时空变化。流域作为区域水循环、土地覆盖、生态系统的自然综合体[10,11]，成为学者竞相研究的热点区域。

三峡库区是长江中下游的生态屏障区和重要水源地[12]，地形复杂，人为干扰剧烈，是我国的敏感生态区和水土保持重要功能区[13]。随着三峡工程的建设、蓄水运行及库区相应的移民与生态建设等活动，其土地利用方式发生较大变化。因此，探讨三峡库区土地利用变化对生态风险的影响十分必要。三峡库区东段属综合治理带中强度水土流失区[14]、渝东中山峡谷生物多样性保护与水土保持生态功能区[15]、水环境保护红区[16]，生态环境较为脆弱，易受土地利用变化影响。已有学者利用生态水文模型模拟湘西流域过去和未来的土地利用变化[17]、通过界定生态保护区范围等对三峡库区生态风险进行评估[18]，基于土地利用变化的流域尺度生态风险评价研究较为缺乏[19~21]。鉴于此，本章选择三峡库区腹地紫色泥页岩、石灰岩分布广泛的草堂溪流域为研究对象，试图从土地利用的合理性、土地利用生态风险评价及其变化趋势三方面进行探析，在揭示流域生态建设的同时，为其消落带的管理与水环境保护提供数量化的决策依据和理论支持。

9.1 流域概况及生态风险评价单元的构建

草堂溪流域位于重庆市奉节县的东部草堂镇，地理坐标为 108°24′32″E ~ 109°14′51″E，30°35′6″N ~ 31°26′36″N，属长江北岸一级支流，河长为 33.3 km，流域面积为 210 km²。流域地层均为沉积层，以三叠系中统巴东组地层出露较多。坡度在 15°以上的面积占流域总面积的 86.60%，海拔为 500~1500 m 的面积占流域总面积的 77.38%（图 9.1）。气候以中亚热带大陆性季风气候为主，年均温达 15℃，年均降水量为 1200 mm。坡地垦殖范围广，且在耕地中占据主导地位，林地多分布于山脊线两侧。

在流域矢量面状边界的基础上借助 Fishnet 工具将研究区划分为 500 m×500 m 的网格单元共计 844 个。在此基础上，利用生态风险指数计算各网格单元中心点的生态风险水平[22]。同时，通过计算土地利用相对合理性指数来反映各网格单元中心点的土地利用合理程度。在空间采样的基础上，获得各地类的网格单元分布数据。针对边缘不足500 m×500 m 的网格单元，按照网格单元实际面积计算该网格单元的各土地利用面积比重。

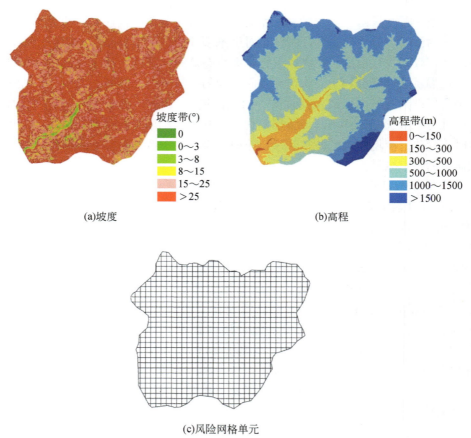

坡度带(°)
0
0~3
3~8
8~15
15~25
>25

(a)坡度

高程带(m)
0~150
150~300
300~500
500~1000
1000~1500
>1500

(b)高程

(c)风险网格单元

图 9.1　研究区坡度、高程、风险网格单位

9.2 数据来源及生态风险评价体系的构建

9.2.1 数据处理

流域以遥感影像数据为主要信息源，其中 1990 年、2000 年和 2004 年的遥感数据是 Landsat TM，2010 年和 2016 年的遥感数据为 CBERS（中巴地球资源卫星）。运用 ERDAS IMAGINE 9.3 对五期遥感影像进行处理（格式转换、几何校正、除噪、监督分类），其中几何校正误差在一个像元之内。依据人机交互判读分析系统，结合研究区土地资源的属性和利用属性等实际情况，参照中国科学院资源环境信息数据库土地利用分类方法，将研究区土地利用类型划分为耕地、果园、有林地、灌木林地、疏林地、高覆盖草地、中覆盖草地、水域和建设用地九个地类，获得五期土地利用现状数据，如图 9.2 所示。结合研究区 10 m 分辨率 SPOT 卫星影像，于 2011 年 2 月和 2015 年 4 月两次在野外对土地利用解译结果选点进行了验证，经统计各土地利用类型的解译精度均在 91% 以上。

同时利用 1 : 50 000 DEM 数据，将研究区划分为 0 ~ 150 m、150 ~ 300 m、300 ~ 500 m、500 ~ 1 000 m、1 000 ~ 1 500 m 和 >1 500 m 六个高程带。与此同时，利用 ArcGIS 的 Slope 空间分析工具，并根据流域实际情况将坡度数据重分类为 0°、0° ~ 3°、3° ~ 8°、8° ~ 15°、15° ~ 25° 和 >25° 六类。高程、坡度分类数据如图 9.1 所示。

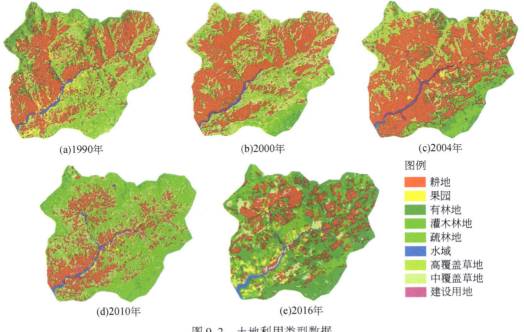

(a)1990年   (b)2000年   (c)2004年

图例
- 耕地
- 果园
- 有林地
- 灌木林地
- 疏林地
- 水域
- 高覆盖草地
- 中覆盖草地
- 建设用地

(d)2010年   (e)2016年

图 9.2 土地利用类型数据

9.2.2 流域生态风险评价体系的构建

9.2.2.1 流域土地利用生态风险评价框架体系

技术流程图如图 9.3 所示。

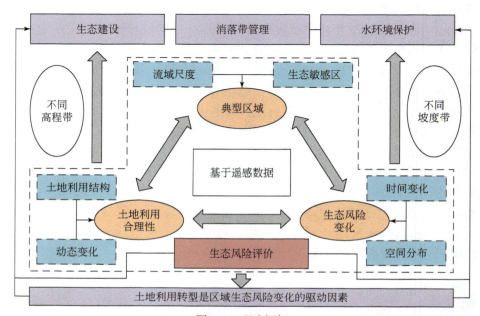

图 9.3 理论框架

9.2.2.2 土地利用相对合理指数

在陈利顶等[23]研究成果的基础上，设定流域土地利用相对合理指数（R），旨在反映流域内不同土地利用方式的相对合理程度。该指数主要参照水利部《土壤侵蚀分类分级标准》（SL190—1996）划分。因三峡库区属陡坡地，坡度特征与陈利顶等研究的延安大南沟流域非常相似，所以通过适当调整后可以借鉴于本地区。其计算方法为

$$R = \left(\sum_{j=1}^{n} \sum_{i=1}^{m} L_i \times S_i \right) / n$$

式中，R 为土地利用相对合理指数；L_i 为在某一坡度段第 i 种土地利用类型所占比重；S_i 为该坡度段对第 i 种土地利用的适宜程度，其值为 $0 \sim 1$，1 表示最适宜，0 表示不适宜（表 9.1）；m 为土地利用类型的总数目；n 为坡度的分级数。R 值大表示土地利用比较合理，有利于减少土壤侵蚀；当 R 值为 1 时，表示土地利用结构处于最佳状态。

表9.1　不同利用方式对坡度的适应性评价

坡度分级（°）	耕地	果园	有林地	灌木林	疏林地	高覆盖草地	中覆盖草地	水域	建设用地
0	1.00	1.00	1.00	1.00	1.00	1.00	1.00	1.00	1.00
0 ~ 3	1.00	1.00	1.00	1.00	0.75	1.00	1.00	1.00	1.00
3 ~ 8	0.75	1.00	1.00	1.00	0.60	1.00	1.00	0.50	1.00
8 ~ 15	0.50	0.75	1.00	1.00	0.50	1.00	1.00	0.00	0.50
15 ~ 25	0.25	0.50	1.00	1.00	0.40	1.00	0.90	0.00	0.25
>25	0.00	0.25	1.00	1.00	0.30	1.00	0.70	0.00	0.00

各坡度段土地利用方式权重利用专家打分方法和现有研究成果[23,24]，根据草堂溪流域的具体情况，最终将土地利用的适宜程度 S_i 确定，见表9.1。

9.2.2.3　生态风险指数

为建立土地利用与区域生态风险之间的经验联系，本研究利用土地利用类型的面积比重，构建出一个生态风险指数 ERI[25]，用于描述一个样地内综合生态风险的相对大小以便通过采样方法将土地利用的空间结构转化为生态风险变量，计算公式如下：

$$ERI = \sum_{i=1}^{n} \frac{A_i W_i}{A}$$

式中，i 为各土地利用类型；A_i 为样地内第 i 种土地利用类型的总面积；A 为样地总面积；W_i 为第 i 种土地利用类型所反映的生态风险指数参数。该参数通过文献调研分析[26]，咨询从事土地管理、生态评估等专家确定。依据草堂溪小流域实际情况，按照不同土地利用类型对土壤侵蚀和水环境的生态风险影响程度，最终将各土地利用类型的风险指数参数值依次设定为：耕地为0.95、果园为0.82、有林地为0.12、灌木林为0.25、疏林地为0.32、高覆盖草地为0.15、中覆盖草地为0.53、水域为0.16、建设用地为0.72。

9.2.2.4　流域土地生态风险分级

依据上述公式，分别计算各网格单元的土地利用相对合理指数和生态风险指数，并结合草堂溪流域的实际情况利用自然断点法对两种指数进行分级统计。土地利用相对合理指数值则结合研究区实际情况分为五个等级，分别为低合理区（<0.6）、较低合理区（0.6 ~ 0.7）、中等合理区（0.7 ~ 0.75）、较高合理区（0.75 ~ 0.8）、高合理区（>0.8）。研究区生态风险指数值同样划分为五个级别，分别是低风险区（<0.3）、较低风险区（0.3 ~ 0.5）、中等风险区（0.5 ~ 0.6）、较高风险区（0.6 ~ 0.7）和高风险区（>0.7）。为将研究区土地利用合理性与生态风险的空间分布情况更为直观地反映，将每个样地土地利用相对合理指数值与生态风险指数值作为中心点属性值，在 ArcGIS 的地统计模块中，采用普通 Kriging 方法进行插值，得到土地利用相对合理指数空间插值图与生态风险指数空间插值图。

9.3 结 果 分 析

9.3.1 不同坡度带上土地利用合理性与生态风险变化

9.3.1.1 不同坡度带上的土地利用合理性变化

土地利用相对合理指数是基于坡度的差异，确定流域内不同土地利用方式的相对合理程度。图 9.4 表明，1990～2016 年，研究区土地利用合理指数分别为 0.78、0.75、0.72、0.81 和 0.87，上升了 0.09。其中，1990～2004 年，研究区土地利用合理指数不断下降，2004～2016 年则急速上升。表明 1990～2016 的 26 年间草堂溪小流域土地利用结构呈现先恶化后好转进而逐步合理的变化过程。

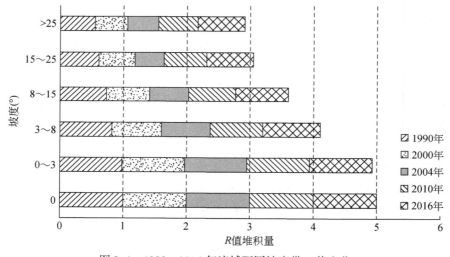

图 9.4　1990～2016 年流域不同坡度带 R 值变化

不同坡度等级的土地利用合理性变化差异明显（图 9.4），但基本一致地反映出 2004 年是变化的拐点。其中 0°及 0°～3°坡度带在 1990～2016 年土地利用合理指数基本保持稳定。3°～8°、8°～15°、15°～25°和>25°四个坡度带上的土地利用合理指数在 2004 年之前不断下降，2010 年后则明显上升，且坡度越大，下降和上升的幅度也相对越大，说明研究流域较大坡度范围内土地利用方式转换明显。15°～25°和>25°两个坡度带土地利用合理指数低于其他坡度带，其中>25°坡度带的土地利用合理指数除 2004 年外，在所有坡度带中土地利用合理指数最小，这与研究区土地利用方式分布及实际野外调查中发现的坡耕地在>25°坡度带广泛分布一致。

9.3.1.2 不同坡度带上的生态风险变化

研究区五种生态风险等级主要分布在8°～15°，15°～25°和>25°三个坡度带上，尤其是15°～25°和>25°坡度带上（图9.5）。低风险、较低风险和中等风险地区1990～2016年主要集中在>25°坡度带上；较高风险地区1990～2004年主要集中在>25°坡度带，2010～2016年主要集中在15°～25°坡度带上；高风险地区除2000年主要集中在>25°坡度带上外，其余时间主要集中在15°～25°坡度带上。从数量上看，1990～2016年高风险地区面积在15°～25°和>25°坡度带上以2004年为节点先增后减，且急剧下降。

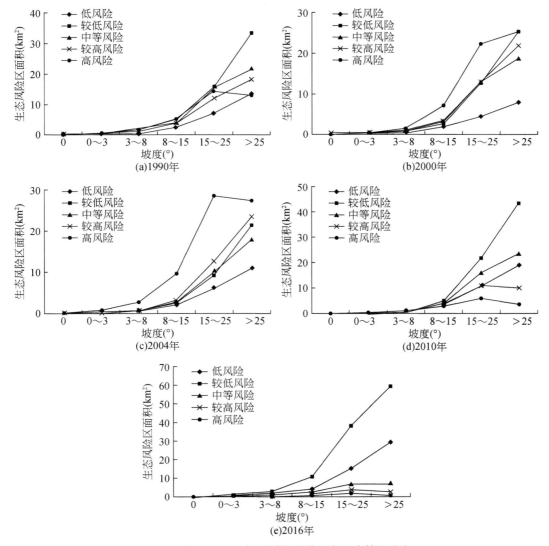

图9.5 1990～2016年不同坡度带生态风险等级分布

9.3.2 不同高程带上土地利用合理性与生态风险变化

9.3.2.1 不同高程带上的土地利用合理性变化

除>1500 m 高程带之外，其余四个高程带上的土地利用合理指数在 2004 年之前不断下降，2010 年后则明显上升（图 9.6）。300~500 m 高程带的土地利用合理指数增幅最为剧烈，上升了 0.18。<150 m 高程带的土地利用合理指数最小，且增减幅度最低。这与研究区本身的土地利用方式有关，高海拔区域坡地林地面积大，土地利用合理性相对较高。总的来说，所有高程带在 1990~2016 年，土地利用合理指数以 2004 年为拐点呈现先减后增的整体趋势，且高程越大，坡度越小，土地利用合理性变化越小。

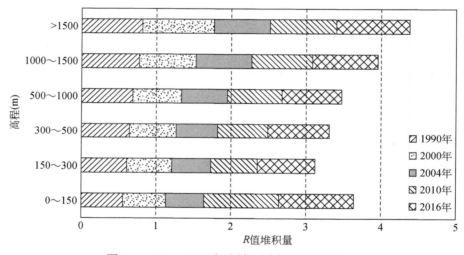

图 9.6　1990~2016 年流域不同高程带 R 值变化

9.3.2.2 不同高程带上的生态风险变化

研究区五种生态风险等级主要分布在 500~1000 m 和 1000~1500 m 两个高程带上，其面积之和占每个风险等级总面积的 70% 以上（图 9.7）。低风险在 1990~2016 年主要集中在 1000~1500 m 高程带上；较低风险在 1990~2004 年主要集中在 1000~1500 m 高程带上，2010~2016 年则向 500~1 000 m 高程带偏移；中等风险和较高风险在 1990~2016 年主要集中在 500~1000 m 高程带上；高风险 1990~2004 年及 2016 年主要集中在 500~1000 m 高程带上，2010 年主要集中在 300~500 m 高程带上。总的来说，1990~2016 年高风险地区面积在 300~500 m 和 500~1000 m 高程带上以 2004 年为节点先增后减，且急剧下降。

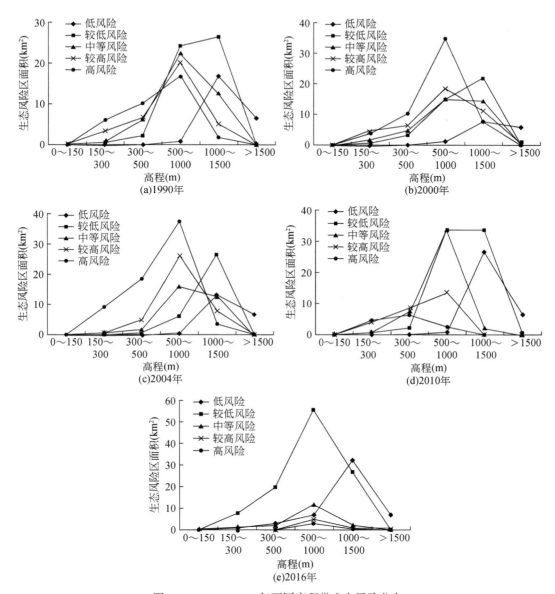

图 9.7　1990~2016 年不同高程带生态风险分布

9.3.3　研究区土地利用合理性与生态风险的空间分布变化特征

由图 9.8 可知，1990~2004 年低合理区与较低合理区的面积之和达到研究区总面积的 50% 左右，2010~2016 年较高合理区与高合理区的总面积明显增多，且低合理区的分布中心由研究区西部地区逐渐分化为南北走向并最终集中在北部农村居民点集聚区域。这与研究区坡耕地面积大量减少关系密切，同时退耕还林等相关政策的实施导致土地利用发生变化，研究区的土地利用合理程度由逐渐恶化到迅速好转。

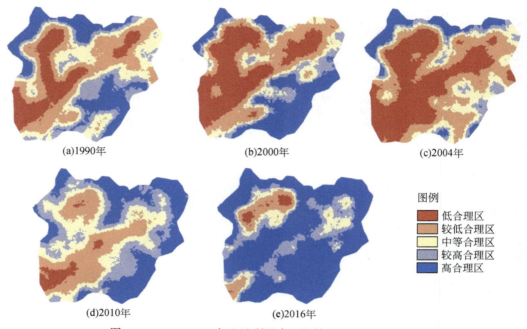

(a)1990年　　　　　　　　(b)2000年　　　　　　　　(c)2004年

(d)2010年　　　　　　　　(e)2016年

图例
- 低合理区
- 较低合理区
- 中等合理区
- 较高合理区
- 高合理区

图9.8　1990~2016年土地利用合理指数 Kriging 插值表面

图9.9表明，1990年高风险地区主要集中在研究区西南、西北和东北部地区。2000年和2004年高风险地区主要是沿水域边缘面积不断扩大，集中分布在研究区西南、西北、东北和中部地区。2010年后高风险地区面积急剧减少，主要集中在研究区西南部和草堂溪小流域干流位置，2016年则基本集中在研究区西北部的居住区。这种分布格局与耕地、果园和水域分布集中的区域具有显著地空间相关性，距离水域、耕地、果园越近，生态风险指数越高，反之越低，而2010年后农村居民点的快速发展，削弱了河谷地区建设用地增长带来的高生态风险指数，导致高风险区域中心出现偏移。一般低风险在研究区边缘位置，越靠近研究区水域地带与建设用地集聚区风险等级越高。

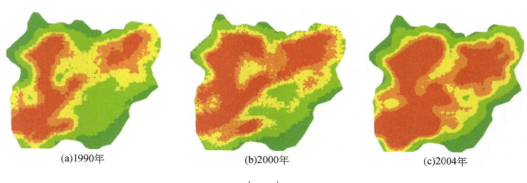

(a)1990年　　　　　　　　(b)2000年　　　　　　　　(c)2004年

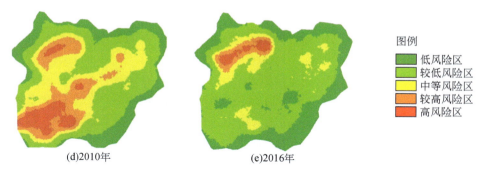

图例
- 低风险区
- 较低风险区
- 中等风险区
- 较高风险区
- 高风险区

(d)2010年　　　　　　(e)2016年

图 9.9　1990～2016 年生态风险指数 Kriging 插值表面

将各级别生态风险区面积进行对比发现，流域 1990～2016 年生态风险呈现先恶化后好转的趋势（图 9.10）。总体上，研究区中等风险、较高风险和高风险等级面积比重呈现下降趋势。研究流域 1990～2016 年的生态风险指数平均值分别为 0.3745、0.4174、0.4236、0.3309 和 0.3564。草堂溪小流域在研究期内的生态风险指数呈先增加后减少变化。这表明随着土地利用变化，研究区生态安全总体呈现先恶化后好转的趋势，该趋势与坡耕地变化一致，说明坡耕地对于草堂溪小流域生态安全起主导作用。同时随着灌木林、有林地和中覆盖草地不断增加，研究区生态风险逐渐下降，说明林地、草地对生态安全起到辅助调节作用。

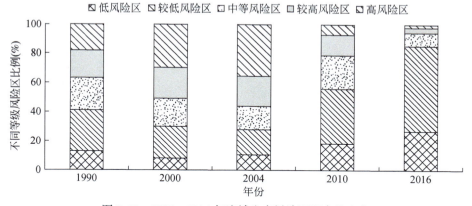

图 9.10　1990～2016 年流域生态风险面积占比变化

9.4　流域土地利用生态风险变化驱动力及其调控对策

9.4.1　研究区土地利用转型是生态风险时空变化的驱动力

草堂溪小流域紫色砂页岩出露区，抗蚀力弱，易受到侵蚀，是主要的产沙源；石灰岩出露区人口压力大，生态脆弱。研究区坡度主要集中在>15°坡度带，高程主要集中500～1500 m。高海拔、高坡度加上生态脆弱的岩性特点，在高强度的土地利用下，研究区生态风险相应较高。

　　草堂溪小流域在1990～2016年土地利用合理性总体上呈现好转趋势，但中间有反复过程。这种反复变动与移民安置、蓄水运行和生态工程实施有关。研究区1990～2004年土地利用合理性逐渐减小，高生态风险主要集中在500～1000 m高程带和15°～25°坡度带上，这是研究区内土地压力加剧，人地矛盾突出，新垦坡耕地不断出现，25°以上坡耕地退耕还林还草不断反弹，耕地复种指数不断上升[27]的结果。为应对生态恶化，研究区草堂镇结合自身实际情况，坚持生态优先原则，2010年以后在草堂溪小流域两岸低海拔地段发展脐橙，中山地段种植板栗、花椒和芝麻等经济作物。传统农业不再是当地农民的首选生计[28]，土地利用类型发生改变，原有的坡耕地生态系统转型为果园、林地和草地，改善了原有生态环境，生态风险指数急剧下降，主要生态风险等级降为较低风险等级（图9.11）。换句话说，寻求实现经济和环境效益的"双赢"可持续发展战略，并将其付诸实践，才能保护三峡库区的景观安全与生态健康[29]。

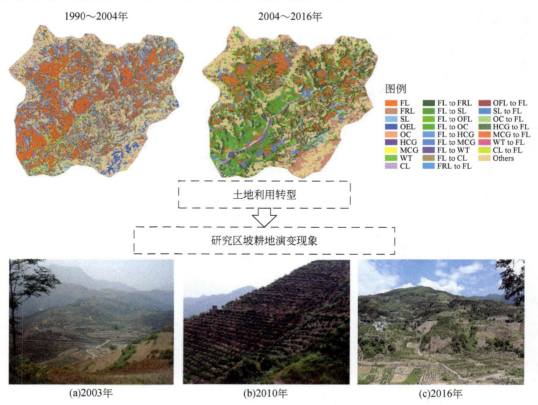

FL-耕地；OC-果园；FRL-有林地；SL-灌木林地；OEL-疏林地；WT-水域；HCG-高覆盖率草地；
MCG-中覆盖率草地；CL-建设用地

图9.11　流域坡耕地演变过程

9.4.2 研究区生态风险变化调控对策

基于本章研究成果发现，到 2010 年后，由于土地利用方式的调整，研究区>15°坡度带和高海拔范围内的土地利用已得到优化，主要生态风险等级从较高风险等级转变为低风险等级，土壤侵蚀状况得到好转；但 2016 年流域仍有土地利用合理性较低区域，且在研究区西北的石灰岩区域，因人口压力大，仍为高生态风险区。与此同时，研究区耕地由以粮食供给为主向以经济效益为主的经济果林方向转型，但经济果林种植过程中施用化肥多、喷洒农药多，侧重经济效益但不能兼顾生态效益。对流域消落带的保护利用和水环境管理带来一定影响，因此要进一步优化研究流域近消落带部位的土地利用，防范作物种植风险源[30]，拦截土壤养分流失，使进入消落带的土壤养分等不断减少，以保护水环境[31]。

研究区土地利用类型空间变化是影响生态风险的最重要因子，所以应对现有的土地利用类型组合进行思考，在结合研究区自然地形条件中的坡度、高程、土壤及岩性等合理布局土地利用类型同时，依据土地利用合理指数变化，找出较优的土地利用类型搭配，继续完善；改善不合理的土地利用类型，减少侵蚀，降低生态风险。

9.5 结 论

通过本章的研究内容发现：①从土地利用合理指数上看，1990～2016 年研究区土地利用合理指数从 0.78 到 0.87，上升了 0.09。26 年间土地利用结构呈现先恶化后好转的变化过程；②以 2004 年为拐点，流域 1990～2016 年生态风险呈现先恶化后好转的趋势。尤其是高生态风险区在 500～1000 m 高程带和>25°坡度带上面积自 1990～2016 年急剧下降；③1990～2016 年研究区土地利用合理指数与生态风险指数的空间分布变化趋势基本一致，研究区土地利用转型是生态风险时空变化的驱动力。

9.6 本 章 小 结

本章进行生态风险评价时只考虑了土地利用的面积比重和空间位置，未考虑土地利用类型的破碎度、分离度、顺坡连通度等斑块特征情况，但本章的结果，仍然较客观地反映了研究区生态风险变化及其可能的影响等，且讨论流域土地利用变化所引起的对消落带可能的风险时，也并没局限于 145～175 m 带的土地利用，而是从整个小流域的土地利用变化来考虑的，这也是本章所做的改进。

参 考 文 献

[1] 徐羽，钟业喜，冯兴华，等. 鄱阳湖流域土地利用生态风险格局 [J]. 生态学报，2016，36（23）：7850-7857.

［2］李秀彬．土地利用变化的解释［J］．地理科学进展，2011，21（3）：195-203.

［3］彭文君，舒英格．基于 GIS 的石漠化山区县域土地利用空间变化的生态风险测度［J］．水土保持研究，2018，25（1）：342-348，355.

［4］赵岩洁，李阳兵，邵景安．基于土地利用变化的三峡库区小流域生态风险评价——以草堂溪为例［J］．自然资源学报，2013，28（6）：944-956.

［5］Turner B L Ⅱ，Janetos A C，Erburg P H，et al．Land system architecture：Using land systems to adapt and mitigate global environmental change［J］．Global Environmental Change，2013，23（2）：395-397.

［6］许学工，林辉平，付在毅．黄河三角洲湿地区域生态风险评价［J］．北京大学学报：自然科学版，2001，37（1）：111-120.

［7］谢花林．基于景观结构和空间统计学的区域生态风险分析［J］．生态学报，2008，28（10）：5020-5026.

［8］巩杰，赵彩霞，谢余初，等．基于景观格局的甘肃白龙江流域生态风险评价与管理［J］．应用生态学报，2014，25（7）：2041-2048.

［9］徐兰，罗维，周宝同．基于土地利用变化的农牧交错带典型流域生态风险评价——以洋河为例［J］．自然资源学报，2015，30（4）：580-590.

［10］Schmidt P，Morrison T H．Watershed management in an urban setting：Process，scale and administration［J］．Land Use Policy，2012，29：45-52.

［11］许妍，高俊峰，赵家虎，等．流域生态风险评价研究进展［J］．生态学报，2012，32（1）：284-292.

［12］虞孝感．长江流域生态环境的意义及生态功能区段的划分［J］．长江流域资源与环境，2002，11（4）：323-326.

［13］傅伯杰，刘国华，陈顶利，等．中国生态区划方案［J］．生态学报，2001，21（1）：1-6.

［14］赵健，郭宏忠，陈健桥，等．三峡库区水土流失类型划分及防治对策［J］．中国水土保持，2010，（1）：16-18.

［15］罗翀，周志翔，王鹏程，等．三峡库区生态功能区划研究［J］．人民长江，2010，41（7）：28-31，67.

［16］王丽靖，席春燕，郑丙辉．三峡库区流域水环境保护分区［J］．应用生态学报，2011，22（4）：1039-1044.

［17］Wijitkosum S．The impact of land use and spatial changes on desertification risk in degraded areas in Thailand［J］．Sustainable Environment Research，2016，26（2）：84-92.

［18］Feng J，Hu Y，Li Z，et al．Defining the range of ecological shelter zones in the shore zone of three gorges reservoir，China［J］．Stochastic Environmental Research & Risk Assessment，2014，28（8）：1973-1984.

［19］张军以，苏维词，张凤太．基于 PSR 模型的三峡库区生态经济区土地生态安全评价［J］．中国环境科学，2011，31（6）：1039-1044.

［20］李建国，刘金萍，刘丽丽，等．基于灰色极大熵原理的三峡库区（重庆段）生态系统健康评价［J］．环境科学学报，2010，30（11）：2344-2352.

［21］魏兴萍．基于 PSR 模型的三峡库区重庆段生态安全动态评价［J］．地理科学进展，2010，29（9）：1095-1099.

［22］范一大，史培军，辜智慧，等．行政单元数据向网格单元转化的技术方法［J］．地理科学，2004，

24（1）：105-108.

［23］陈利顶，傅伯杰，王军．黄土丘陵区典型小流域土地利用变化研究——以陕西延安地区大南沟流域为例［J］．地理科学，2001，21（1）：46-51.

［24］万龙，张晓萍，陈凤娟，等．黄土区退耕背景下的土地利用适宜性评价——以安塞县马家沟流域为例［J］．中国水土保持科学，2010，8（5）：30-35.

［25］韦仕川，吴次芳，杨扬，等．基于 RS 和 GIS 的黄河三角洲土地利用变化及生态安全研究——以东营市为例［J］．水土保持学报，2008，22（1）：185-189.

［26］杨永峰，孙希华，王百田．基于土地利用景观结构的山东省生态风险分析［J］．水土保持通报，2010，30（1）：232-235.

［27］徐昔保，杨桂山，李恒鹏，等．三峡库区蓄水运行前后水土流失时空变化模拟与分析［J］．湖泊科学，2011，23（3）：429-434.

［28］Lin Feng, Jianying Xu. Farmers' willingness to participate in the next-stage grain-for-green project in the Three Gorges Reservoir Area, China. Environmental Management, 2015, 56：505-518.

［29］Gao Q, Mao H Y. Ecological restoration, social-economic changes and sustainable development in the Three Gorges Reservoir area：A case study in Yunyang, Chongqing municipality. International Journal of Sustainable Development and World Ecology, 2007, 14（2）：174-181.

［30］刘晓，苏维词，王铮，等．基于 RRM 模型的三峡库区重庆开县消落区土地利用生态风险评价［J］．环境科学学报，2012，32（1）：248-256.

［31］Haregeweyn N, Tsunekawa A, Poesen J, et al. Comprehensive assessment of soil erosion risk for better land use planning in river basins：Case study of the upper blue nile river［J］．Science of the Total Environment, 2017, 574：95-108.

10 | 土地利用景观生态安全格局

近年来，景观元素属性和相互关系的定性、定量分析是土地利用优化配置的研究核心[1]，这种优化方法往往会忽视土地利用空间格局变化对相关生态过程的作用。如何针对景观格局、功能和过程的耦合关系，在空间上构建一些能够制约生态过程的、不可替代的生态景观组分，划定不同类型的生态功能区，是当前景观生态规划和建设所面临的共同难题[2]。俞孔坚[3]利用最小累积阻力面模型研究景观生态学与保护生物学中的景观结构之间的关系，重新定义了生态安全格局，该模型主要是把景观迁移过程作为空间耗费阻力来实现景观制约和覆盖的过程，根据景观动态和趋势来判别和设计生态安全格局。此后诸多学者应用该模型进行了大量的相关研究[4~6]。

三峡库区（重庆段）位于长江上游末端，是该流域生态屏障的咽喉，具有重要的生态战略意义。张梦婕等[7]利用系统动力学方法对其进行模拟并确定指标阈值；王永艳等[8]提出了三峡库区腹地坡耕地优化调控的理论与方法；马浩等[9]通过选取海拔、坡度和土层厚度三个主导因子，对三峡库区防护林类型空间优化配置进行了研究。但以上研究或者缺乏空间上的深入分析，或者只是针对单一土地利用类型进行优化。因此，对于三峡库区生态安全组分识别与情景模拟，以及生态、生产与生活等综合功能分区仍值得深入研究。奉节县是三峡库区腹地重要区县之一，其自然条件和社会经济条件在三峡库区腹地具有典型性。近年来由于经济发展和城镇化进程加速，奉节县城镇用地不断扩张，林地、草地等日益减少，造成景观破碎化、景观结构不合理及功能退化等问题[10]。本章基于最小累积阻力面模型，通过对奉节县生态阻力因子、景观生态格局组分和生态功能分区的综合划定，探讨土地利用优化和生态安全格局识别的方法，明确各种人为活动的强度、方向及其有效性，旨在为本区域生态建设和土地利用规划提供科学依据和案例参考。

10.1 研究区概况

奉节县位于长江三峡库区的腹部核心地带，位于 $109°1'17''E \sim 109°45'58''E$，$30°29'19''N \sim 31°22'33''N$。自然景观复杂多样，人文景观历史悠久，行政面积达 4087 km^2，共包括 30 个乡、镇。县境受东南季风及北部高山屏障影响，属中亚热带湿润季风气候，降水量主要集中在夏季，雨量充沛，年平均降水量为 1132 mm；全年气候温和，日照时间长，常年日照时数为 1639h；奉节县森林覆盖率达 42.6%，受地形影响，水平地带性和垂直地带性较明显。奉节县位于整个重庆市的东部，从三峡库区的地理位置来看，其位于三峡库区的中心地带，是长江流域中西部的结合地带，在三峡库区屏障带中发挥着极其重要的作用，其生态环境的保护不仅有利于三峡水利工程的安全运行和优良的水质，百万移民工程的合理安置，甚至还可能对整个长江流域的生态与经济社会的可持续产生影响。而且对国家的生态安全亦有深远影响。土地资源以坡地为主，粮食产量没有平原高，人口持续增长，导致人地矛盾尖锐，坡耕地开垦严重，造成生态环境恶化，是库区生态环境脆弱区。

10.2 数据处理与研究方法

10.2.1 数据来源

以国家基础地理信息中心提供的遥感数据为主要信息源，选用 2012 年 Landsat TM 影像，其空间分辨率为 30 m，接收日期是 2012 年 6 月，接收影像行列号是 126/38。1∶50 000 DEM 则由中国科学院国际科学数据西南地区服务平台获取的，用于提取研究区坡度数据。借助 ERDAS IMAGINE8.5 软件，对奉节县 2012 年遥感影像进行图像增强、多项式几何校正等预处理。运用该软件 Classifier 模块非监督分类解译方法，确定分类参数，参照《土地利用现状分类》（GB/T21010—2007）分类标准，将研究区土地利用类型分为耕地、有林地、灌木林地、园地、草地、水体、建设用地和道路，得到初步解译数据，运用 ArcView 3.3 进行人机交互式解译，得到土地利用数据，并于 2014 年 7 月到奉节县进行实地调查，解译精度接近 90%，如图 10.1 所示。土壤侵蚀强度分布图由 2012 年 TM 影像和 CBERS 影像解译获得，分为微度侵蚀、轻度侵蚀、中度侵蚀、强烈侵蚀和极强烈侵蚀五类。

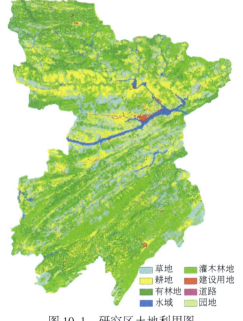

草地　　　　　灌木林地
耕地　　　　　建设用地
有林地　　　　道路
水域　　　　　园地

图 10.1 研究区土地利用图

10.2.2　研究方法

10.2.2.1　源的确定

按照景观生态学的观点，景观中存在的"源"对景观过程发展起促进作用，如较大面积的林地、核心水域等景观组分，这些景观组分被称之为"源地"。本研究的景观格局的功能划分是以保护生态用地为目的，尤其是对大片连块的林地和水源的保护。因此，一方面借鉴相关的研究结果[11,12]，另一方面，结合奉节县森林资源分布特征及长江横向跨越整个奉节县的特殊性，利用 ArcGIS10.2 空间分析筛选工具，挑选出面积大于 100 hm² 的林地斑块和空间上具有连续性、斑块面积较大的水域作为生态源地。"源"构成高安全水平的生态用地，是保障自然生态系统的最小土地底线，原则上任何城市扩张行为不得侵占这类生态用地。

10.2.2.2　模型阻力因子的选取

地形通过直接或间接地影响光、热、水、土等的分布状况来影响土地利用的空间格局，成为决定土地利用的重要环境因子[13]。地形因子主要包括高程、坡度等，地形对景观分布的影响一般是各单因子综合作用的结果。利用 ArcGIS 进行模型构建，把高程和坡度结合在一起组合成地形位指数模型，该模型可以反映这种综合作用的结果产生的空间分异，能更详细准确地反映不同景观类型地形分布特征[14]，其计算公式如下：

$$T = \log(E/\bar{E} + 1) \times (S/\bar{S} + 1)$$

式中，T 为空间中某个单元的地形位指数；E、$\bar{E}$ 分别为某个单元的高程值和整个研究区的平均高程值；S、$\bar{S}$ 分别代表某个单元的坡度值和整个研究区的平均坡度值。地形位指数小表示高程低、坡度小的区域，地形位指数大表示高程高、坡度大的区域，其他组合情况的地形位指数则居于中间值[15]，如图 10.2 所示。

地形和景观覆盖类型是生态保护"源"向外扩散中所遇到的阻力主要来源。因此，选择地形和土地覆盖景观类型及土壤侵蚀强度作为构建景观生态安全格局的阻力因子。不同的阻力因子干扰能力不同，影响景观安全格局源地扩散的阻力也不同，所以需要对阻力因子赋予不同的重要性系数和阻力值[16,17]。变异系数法可以客观准确的确定权重，本研究采用此方法来确定奉节县各景观要素的权重指标，按每个评价指标对所有评价单元来说变异程度大小，进行赋值（表 10.1）。

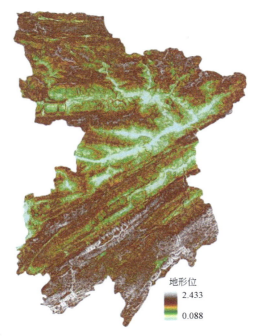

图 10.2　研究区地形位指数图

表 10.1　模型阻力因子权重及分类结果

阻力因子	权重	阻力等级	相对阻力值
土地利用类型	0.3	林地、水体	5
		灌木	10
		园地	20
		耕地	30
		建设用地	60
地形位等级	0.3	(1.700～2.433)	5
		(1.471～1.700)	10
		(1.013～1.471)	20
		(0.665～1.013)	30
		(0～0.665)	60
土壤侵蚀等级	0.4	微度侵蚀	5
		轻度侵蚀	10
		中度	20
		强烈	30
		极强烈	50
		剧烈	60

10.2.2.3 建立最小累积阻力模型

借助 GIS 技术，基于阻力表面，建立了基于景观表面介质、距离和源三方面的因素最小累积阻力模型[18]，基本公式如下：

$$C_i = f_{\min} \sum (D_i \times F_j) \quad (i = 1, 2, 3, \cdots, n; j = 1, 2, 3, \cdots, m)$$

式中，D_i 为从空间中某景观单元 i 到源的实地距离；F_j 为某一景观单元 j 的阻力值；C_i 为第 i 个景观单元到源的累积耗费值。耗费距离并不是空间中两个景观单元之间的实际距离，而是强调源地在景观阻力作用下在一定空间距离上产生的累积效应。耗费距离的分析必须有"源"和一个景观阻力表面，实质是计算每一个景观单元通过阻力表面到最近源的最小累积耗费距离，该模型可以运用 ArcGIS 10.2 的 Cost-distance 模块来实现。

10.2.2.4 生态安全格局组分识别及生态功能划分

1）缓冲区的识别。它的功能是保护核心区的生态过程和自然演替，然而，目前还没有统一的标准来界定缓冲区的宽度[19]，以核心区为中心作同心圆划分缓冲区的做法显然是不科学的。一种新的划分缓冲区的有效途径是利用阻力面的等阻值线来确定其形状和边界[20]。

2）"源"间廊道的识别。在最小累积阻力面图上，廊道是相邻两个"源"间的阻力低谷，是使相邻两"源"最容易联系的低阻力通道，它们都是生态流之间的联系途径和高效通道。

3）辐射道的识别。辐射道是以"源"为中心，向外辐射的低阻力谷线，是"源"向外围景观辐射的低阻力通道。其形状如树枝状河流，成为物种向外扩散的有效途径。

4）战略点的识别。战略点在景观中对于物种的扩散或迁移具有关键作用，从最小累积阻力面上看，战略点就是以相邻"源"为中心的等值阻力线的切点，根据阻力面类型的不同，战略点的位置不同。

最后根据所得最小耗费阻力面，综合考虑生态保护、人类生产、生活等因素，根据阻力值突变点对研究区进行功能分区，将全区分为水源涵养区、生态缓冲区、生态敏感区和生产生活区[6]。通过对生态过程潜在表面的空间分析，以判别和设计景观生态安全格局，从而实现对生态安全的有效控制。

10.3 结果与分析

10.3.1 生态阻力因子的计算及空间分布

根据所选取的生态阻力因子土地利用类型、地形位指数及土壤侵蚀等级等，构建生态阻力面，如图 10.3（a）～（c）所示。从景观类型阻力［图 10.3（a）］来看，对比图 10.1 土地利用图可以看出，高阻力值主要分布在奉节县中部沿江建筑用地区及长江两岸耕地、园地聚集区，而景观类型阻力低值区则多分布在以长江为轴线的南北山地林区。

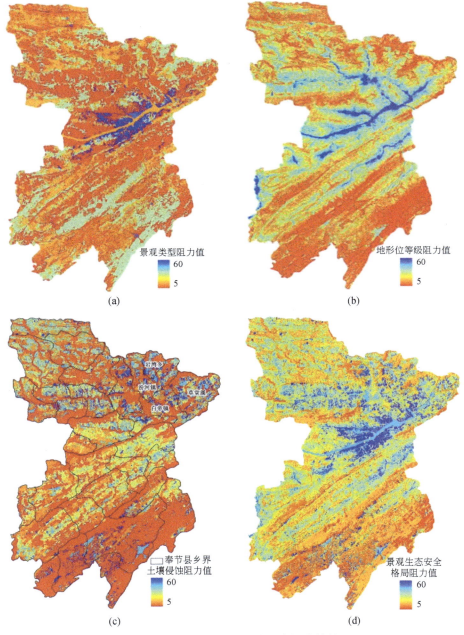

图 10.3　研究区生态阻力要素评价结果

　　地形位等级阻力值的确定结合了高程及坡度数据，结合地形位取值公式和结果图［图 10.3（b）］可以发现，地形位等级阻力高值区主要分布在高程、坡度均较低的长江沿岸平坝地区，而低值区则分布在南、北部高海拔、大坡度山区。

从图 10.3（c）土壤侵蚀力值图来看，高值区主要分布在奉节县东北部汾河镇、白帝镇、草堂镇及岩湾乡和奉节县南部零星地区，其低值区则主要分布在奉节县中部沿江平缓低海拔平坝地带。

依据表 10.1 中阻力因子系数，使用景观类型单因子阻力面、土壤侵蚀强度数据及地形位指数与各因子重要性系数，运用空间分析中的叠加功能（Raster Calculator），计算得到综合因子阻力面图 10.3（d）。从图 10.3（d）可以看出，综合阻力高值区主要分布在奉节县中部沿江两岸平坝地带，其土地利用类型主要为耕地、园地等；综合阻力低值区主要分布在奉节县南部山区大部、北部山区零星分布。

10.3.2　最小累积阻力表面的构建与景观生态安全格局识别

以 2012 年水体与林地为源，对单因子进行重分类且赋值，加权求和，通过 ArcGIS10.2 中 Cost-distance 模块实现生态阻力面的构建，得到模拟阻力分值面（图 10.4）。从图 10.4 可以看出，受距离影响，耗费阻力总体上围绕"源"向外呈现出不断增大的变化趋势，以长江为轴线，西北部及南部大片区域均有"源"地覆盖，耗费值为零，而耗费阻力高值区多分布在长江北岸地势较平缓区域，其地类多为建设用地和耕地。

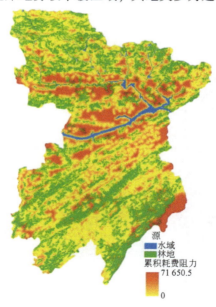

图 10.4　最小累积耗费距离图

基于上述分析得到的阻力面，利用 ArcGIS10.2 的水文分析工具 Flow Direction，计算其流向，再利用 Flow Accumulation 工具得到"源"间廊道，它们是"源"间生态流交换和流转的最佳途径[21]；基于低阻力谷线得到辐射道；本书战略点的识别方法是根据相邻

"源"地为中心的等阻力线的切点来确定的（图 10.5）。

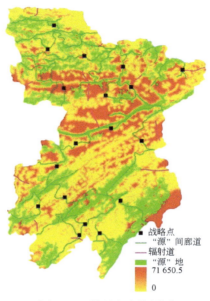

图 10.5　景观安全格局图

通过将景观生态安全组分与研究区数字高程图、坡度图、岩性图及地貌图叠加分析（图 10.6）可以看出，"源"间廊道的分布以长江为轴线呈现出南疏北密的规律，且多分

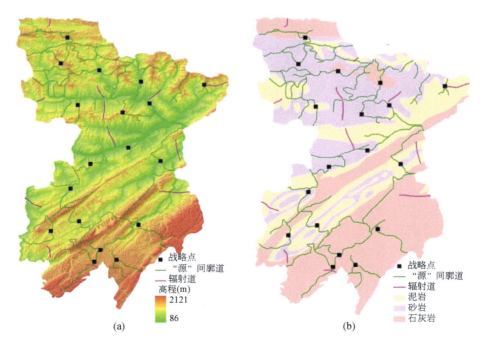

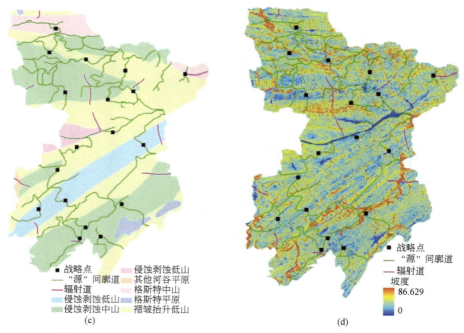

图 10.6　景观生态安全格局组分与高程、坡度、岩性、地貌叠加图

布在侵蚀剥蚀中低山地貌类型中，这主要是因为奉节县地势南高北低且南部山区分布较大范围的林地即生态"源"地所致。多条廊道连接，形成环状廊道，同时，与水系等已有生态廊道一起，更有利于物质能量的传递和物种的生存与发展。战略点分布较为均匀，但多分布在海拔、坡度相对较高地带，其分布地岩性特征规律性不强，但多分布在泥岩和石灰岩地区，泥岩区土壤侵蚀严重，而石灰岩区地表植被差，岩石裸露多。战略点的分布与"源"地的分布密切相关，在研究区确立了 18 处生态战略点，把各源地之间的生态廊道最脆弱的地方联系起来，构成点、线、面相互交织，各生态系统有机结合的生态网络格局，从而改善奉节县景观格局破碎的现状，并优化其景观格局。

10.3.3　景观格局生态功能分区

根据研究区最小累计阻力像元值与栅格数目之间的序列关系（图 10.7），可确定生态安全分区突变点阈值[22,23]，并以此为依据，将研究区划分为水源涵养区、生态缓冲区、生态敏感区、生产生活区（图 10.8），四类生态功能区相互作用，进行着物质循环、能量流动，协同构成了完整的景观空间功能。其中，水源涵养区面积为 1506.62 km²，占全区面积的 36.74%，该区是高度生态安全区域，远离人类活动干扰，大面积有林地及长江干流聚集于此区域，其一旦遭受生态破坏，恢复极其困难，为避免该区域受人类活动影响破坏，该区应禁止开发和占用；生态缓冲区占地面积为 990.56 km²，占全区面积的 24.16%，生态缓冲区包围着水源涵养区，对核心源保护区的整体生态作用的发挥具有关键作用；生态敏感区占地面积为 634.82 km²，占全区面积的 15.48%，它处于生态缓冲区和人类活动区的过渡地带，是核心保护区的一道缓冲隔离带，具有抗干扰能力，但已经有一定的陡坡开垦活动；生产生活区占地面积为 968.62 km²，占全区面积的 23.62%，该区为生态阻力值区，远离生态源地，地势相对平坦且面积连片，适合人类生活、生产等活动进行。

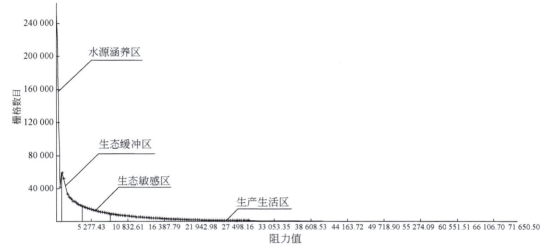

图 10.7　最小累积阻力值与栅格数目的关系

图 10.8　生态功能分区及分布

对比现有土地利用与生态功能分区数据（图 10.1、图 10.8、表 10.2）可以发现，原有林地、水域等已划入水源涵养区，且水源涵养区面积增加 334.12 km²，斑块破碎度下降，景观生态安全度上升，连片的核心保护区也更有助于提高周边地区生态安全度。灌木林地和草地面积下降比重达 45.51%，这些用地分别转化为园地、林地等。计算得出，相比土地利用现状，生态敏感区涨幅达到 536.67%，其原因是奉节县盛产脐橙和广柑，农作物在不断向经济作物发展，园地面积大幅度增加。随着城镇的扩张，道路和建设用地的面积也在不断增加，但耕地面积在退耕还林工程的开展下有所下降，生产生活区面积相比土地利用现状减少了 4.98%。从空间分布上看，模拟功能分区中将耕地等人类活动区从坡度较大的高海拔地区集聚到平坝低海拔地带，位于较高地形位且面积较小的耕地斑块被划分为生态缓冲区或生态敏感区内，有力地减小了耕地及人类活动所造成的面源、点源污染，从而提升了景观生态安全。

表 10.2　模拟分区与土地利用现状面积对比

模拟分区	水源涵养区	生态缓冲区	生态敏感区	生产生活区
面积（km²）	1506.62	990.56	634.82	968.62
土地利用现状	有林地、水体	灌木林地、草地	园地	耕地、建设用地、道路
面积（km²）	1172.5	1817.88	99.71	1019.38

将模拟分区图与研究区地貌图进行叠加分析得到图 10.8，从图 10.8 可以看出，生产生活区主要分布在侵蚀剥蚀低山及褶皱抬升低山地貌类型中的沟谷平坝，侵蚀剥蚀作用削高填低使地面趋于平坦，则适合人类活动聚集此地区；水源涵养区和生态缓冲区则多分布在侵蚀剥蚀中山及喀斯特中山地貌类型中，此处海拔较高，有林地的保护，水土流失现象较小，若不加保护，会导致林地退化，后果不堪设想。

模拟分区生产生活区中，并没有对建设用地进行细分，考虑到实际情况及现有建设用地分布情况，以现有建设用地面积大于 1000 m² 的斑块为中心，向外做缓冲区。综合考虑奉节县现有人口密度、城市密度、GDP 密度等社会经济指标，选出白帝镇、朱衣镇、永乐镇、安坪乡和康坪乡为重点建设乡镇，设置城镇建设用地扩展半径为 80 m，其他 25 个乡镇等设置扩展半径为 50 m，并将扩展结果与模拟生产生活区进行叠加分析，如图 10.9 所示。模拟建设用地扩展区面积为 102.62 km²，相比 2012 年建设用地，面积增长了199.45%。该方法综合考虑自然因子和社会经济因子来模拟城镇建设用地的扩张，可为该区以后城市规划提供合理的理论依据。

10.4　讨　　论

生态空间处于农业和城镇双重挤压下，一些高生态服务价值的区域被肆意开发，生态空间质量下降，一旦生态遭受破坏，恢复极其困难[24]。因此，对三峡库区腹地生态安全分区具有重要意义。本书一方面应用累积耗费距离模型，通过对景观生态"源"地的识

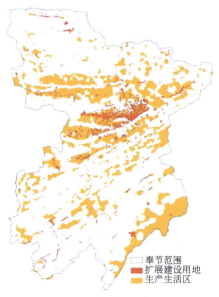

图 10.9　建设用地扩展图

别，构建生态廊道和战略点等景观组分来加强奉节县生态网络的紧密联系性，同时结合对研究区耕地和建设用地空间分布的优化方法探讨，建立了研究区的景观生态安全格局和划分生态功能区，以达到改善研究区景观破碎化及景观连通性低、使研究区区域整体景观格局得到优化的目的。

过程、功能与格局间的相互关系是景观生态学研究的核心内容[25]，如何将景观格局和生态过程联系起来一直是地理学研究的热点和难点。在现有研究中，阻力因子的选择多为高程、坡度或其他地形单因子[5,26]，本书选择地形位因子可考虑多个地形单因子综合作用的结果，更详细地反映出地形阻力因子对模拟的影响。同时本书识别出景观生态格局组分后，不仅详细分析各组分在空间上的分布规律及形成原因，也进一步对比了生态格局组分与研究区高程、坡度、岩性及地貌的空间耦合关系，以阐明各生态格局组分与生态过程的关系。

基于对研究区耗费表面的分析，主要有以下几个地段要给予格外重视：①要对灌木林地、草地中围绕"源"地的耗费等值线圈层所形成的绿色区域（图 10.5）格外重视；②对于林地、草地边缘的交叉地段，要重点保护，减少景观中的硬性边界频度，以减少生物穿过边界的阻力值；③有多条廊道交汇处和生态缓冲地区相交处应减少人为活动对核心保护区的干扰，提高经过的营养元素的循环效率和物质流的利用效率；④要将孤立的生态保护区斑块与大型景观相连，这样有利于物种的维持和增加生物多样性。

反映景观安全所涉及的因素及表征指标有很多，出于对资料获取及研究的可行性等考虑，本书仅考虑土地利用、地形位和土壤侵蚀对"源"地生态过程的影响，而未考虑其他因素；尤其对耕地空间分布的模拟，主要考虑了自然因素，对社会经济因素考虑不够，以后将进一步考虑多时段的景观生态安全格局对比研究，探讨三峡库区景观生态安全格局的时空变化，为区域生态安全构建提供更为可靠的建议。

10.5 本章小结

1）本章结合景观生态学理论与 GIS 技术，选取地形位、土地利用及土壤侵蚀等阻力因子，构建累积耗费距离模型，来表达"源"地景观单元运行的空间趋势，在一定程度上将景观格局和功能联系起来，给常规意义上的"景观"赋予一个过程含义。

2）本章基于累积耗费阻力值建立频率序列及阈值的选择，将研究区景观生态安全功能区划分为水源涵养区、生态缓冲区、生态敏感区和生产生活区，并提出各功能分区的管理保护措施及优化措施。其结论和方法可以更合理有效地指导景观生态安全建设和城市景观规划，将生态安全工程落实到具体的景观单元。

3）本章模拟分区水源涵养区占地 36.74%，较现有土地利用林地、水体面积增加 334.12 km^2，有效加强了对生态源地的保护和管理；生态缓冲区占地 24.16%，生态缓冲区较灌木林地、草地面积减少 45.51%；生态敏感区占地 15.48%，面积大幅度增加了 536.67%；生产生活区占地 23.62%，其中综合考虑社会经济因素，模拟建设用地扩展区 102.62 km^2，较 2012 年增长 199.45%。

参 考 文 献

[1] Luzio D M，Srinivasan R，Amold J G，et al. Integration of watershed tools and SWAT model into BASINS [J]. Journal of the American Water Resources Association，2002，38（4）：1127-1141.

[2] 黄艺，蔡佳亮，郑维爽，等. 流域水生态功能分区以及区划方法的研究进展 [J]. 生态学杂志，2009，28（3）：542-548.

[3] 俞孔坚. 生物保护的景观生态安全格局 [J]. 生态学报，1999，19（1）：8-15.

[4] 岳德鹏，王计平，刘永兵，等. GIS 与 RS 技术支持下的北京西北地区景观格局优化 [J]. 地理学报，2007，62（11）：1223-1231.

[5] 李绥，石铁予，付士磊，等. 南充城市扩展中的景观生态安全格局 [J]. 应用生态学报，2011，22（3）：734-740.

[6] 赵筱青，王海波，杨树华，等. 基于 GIS 支持下的土地资源空间格局生态优化 [J]. 生态学报，2009，29（9）：4892-4901.

[7] 张梦婕，官冬杰，苏维词. 基于系统动力学的重庆三峡库区生态安全情景模拟及指标阈值确定 [J]. 生态学报，2015，35（14）：4880-4890.

[8] 王永艳，李阳兵，邵景安，等. 基于斑块评价的三峡库区腹地坡耕地优化 [J]. 生态学报，2014，34（12）：3245-3256.

[9] 马浩，周志翔，王鹏程，等. 基于多目标灰色局势决策的三峡库区防护林类型空间优化配置 [J]. 应用生态学报，2010，21（12）：3083-3090.

[10] 王永艳，李阳兵，甘彩红，等. 基于地形因子的三峡库区腹地耕地演变——以草堂溪流域为例 [J]. 生态学杂志，2013，32（7）：1903-1911.

[11] 李晖，易娜，姚文璟，等. 基于景观安全格局的香格里拉县生态用地规划 [J]. 生态学报，2011，31 (20)：5928-5936.

[12] 孙贤斌，刘红玉. 基于生态功能评价的湿地景观格局优化及其效应——以江苏盐城海滨湿地为例 [J]. 生态学报，2010，30 (5)：1157-1166.

[13] 贺敬滢，张桐艳，李光录，等. 基于 DEM 的土地利用与地形因子关系研究 [J]. 干旱区农业研究，2012，30 (2)：206-212.

[14] 喻红，曾辉，江子瀛. 快速城市化地区景观组分再地形梯度上的分布特征研究 [J]. 地理科学，2001，21 (1)：64-69.

[15] 徐昔保，杨桂山，李恒鹏，等. 三峡库区蓄水运行前后水土流失时空变化模拟及分析 [J]. 湖泊科学，2011，23 (3)：429-434.

[16] 李滨生. 沙漠化地区造林种草的生态效益及其防治沙漠化的作用 [J]. 干旱区资源与环境，1988，2 (4)：56-63.

[17] 赵彩霞，郑大玮，何文清. 植被覆盖度的时间变化及其防风蚀效应 [J]. 植物生态学报，2005，29 (1)：68-73.

[18] Knaapen J P, Scheffer M, Harms B. Estimating habitat isolation in landscape planning [J]. Landscape and Urban Planning, 1992, (23)：1-16.

[19] 陈利顶，王计平，姜昌亮，等. 廊道式工程建设对沿线地区景观格局的影响定量研究 [J]. 地理科学，2010，2 (30)：161-167.

[20] Yu K J. Security patterns and surface model in landscape planning [J]. Landscape and Urban Planning, 1996, 36 (5)：1-17.

[21] 吴春华，胡远满，黄培泉，等. 基于最小阻力模型阜新市城市及农村居名点适宜性评价研究 [J]. 资源科学，2013，35 (12)：2405-2411.

[22] 刘孝富，舒俭民，张林波. 最小累积阻力模型在城市土地生态适宜性评价中的应用——以厦门为例 [J]. 生态学报，2010，30 (2)：421-428.

[23] 钟式玉，吴菁，李宇，等. 基于最小累积阻力模型的城镇土地空间重构——以广州市新塘镇为例 [J]. 应用生态学报，2012，23 (11)：3173-3179.

[24] 陈爽，刘云霞，彭立华. 城市生态空间演变规律及调控机制——以南京市为例 [J]. 生态学报，2008，28 (5)：2270-2278.

[25] 叶玉瑶，苏泳娴，张虹欧，等. 生态阻力面模型构建及其在城市扩展模拟中的应用 [J]. 地理学报，2014，69 (4)：485-496.

[26] 江涛，黄子杰，吴昊广，等. 基于分形理论的三峡库区土壤侵蚀空间格局变化 [J]. 中国水土保持科学，2011，9 (2)：47-51.

第三篇

坡耕地–聚落–撂荒地空间耦合

| 11 | 基于坡耕地–聚落耦合下的人地关系研究

三峡库区腹地由于复杂多变的自然条件，是生态环境脆弱区和人口稠密的贫困山区，自清朝中叶以来该地区就面临着人多地少的基础性矛盾[1]。三峡库区坡耕地面积较大，已有研究表明，坡耕地面积占到三峡库区耕地面积的 70% 以上，且大部分的坡度都大于 20°，部分地区坡度 25° 以上的坡耕地占耕地面积的 50% 以上[2]，形成"山有多陡，地有多陡"的局面。坡耕地是这一区域人民赖以生存的宝贵的土地资源。从前文对耕地在不同坡度带的分布比例可知，研究区的坡耕地面积占整个耕地面积的 97.04%（>6°），低坡度（<6°）的耕地面积少，所以研究区的耕地主要是指坡耕地。目前，学术界已大量研究了三峡库区的坡耕地水土流失与治理[3]、坡耕地退耕与粮食安全[4]、退耕经济补偿机制[5]等方面的内容，但针对库区腹地坡耕地形成机理、坡耕地与聚落耦合协调的相关研究仍然较少。

耕地、聚落的配置状况一般受社会、经济、自然等因素的影响，但就小尺度区域而言，则主要受地形地貌条件的影响[6]，岩性地貌是坡耕地、聚落形成的背景条件，不同岩性地貌区由此形成的坡耕地、聚落景观格局则是人类对坡耕地、聚落干扰发生强度与频度的现实情景的展现[7]，也反映了两者之间的配置关系。三峡库区腹地岩性空间变化大，不同岩性分布区形成不同地貌类型，如有谷地、洼地、坝地、平坡地的面积差异，同时由于不同的岩性形成土壤的速率不同、土层厚度及其空间分布不同，最终导致耕地资源质和量及其空间组合的差异，反映了不同岩性地貌区土地承载力的差别。

因此，基于不同岩性地貌区土地承载力存在差异这一自然背景，可以认为在三峡库区腹地不同岩性地貌区，由于土地承载力不同，人–地的相互作用与相互响应、反馈就有差别，反映到人地关系上就是聚落的数量和空间分布格局有差异，并表现为土壤侵蚀等生态退化的过程与强度的差异，以至于形成三峡库区腹地不同岩性地貌区人地关系的多样性和不同的适应性。

从地理学的角度来看，人口、资源、环境是地球表层的重要组成部分，三者之间的关系是人地关系的一种形式[8]。而坡耕地与聚落间的耦合关系是影响人地关系适应性的一个重要因素，因此，本书以聚落代表"人"，以坡耕地、土壤侵蚀代表"地"（资源和环境），以三峡库区腹地奉节县的 27 个乡镇为例，根据坡耕地与聚落间不同的配置组合差异形成的不同耦合类型，来验证上述假设。为了反映不同岩性地貌区人地关系的多样性和适应性，本书提出基于微观空间单元，来进一步分析三峡库区腹地不同地质条件下，坡耕地与聚落间的配置关系，坡耕地与土壤侵蚀的空间分布等，并以此来解释三峡库区腹地人地耦合关系及其相应的生态效应，探讨三峡库区腹地坡耕地大量存在的原因及其相应的生态影响，为三峡库区腹地坡耕地利用与实现人地协调提供理论依据。

11.1　研究区概况

本书选取奉节县 27 个乡镇为研究区（图 11.1），长江以北地区有 15 个乡镇，长江以南有 12 个乡镇，总面积为 1559.13 km²。研究区出露岩石以石灰岩、砂岩和泥岩为主（图 11.2），其比重分别为 48.9%、44.4%、6.7%。2012 年研究区耕地总面积为 44 646.57 hm²，主要分布于 15°～25° 和 25°～35° 的坡度带上，所占比重分别为 43.33% 和 24.2 4%；分布于坡度 0°～6° 的耕地只有 2.96%，分布于坡度>35° 的耕地占 8.47%，坡度>6° 的耕地所占比重达 97.04%。本书所指坡耕地主要是坡度>6° 的耕地[9]。

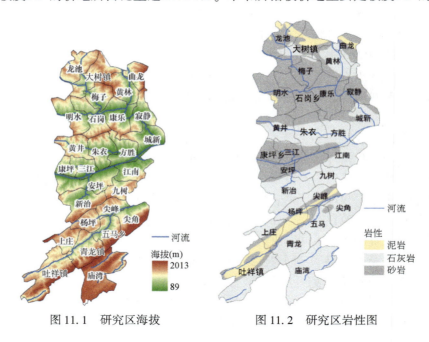

图 11.1　研究区海拔　　　　　　图 11.2　研究区岩性图

11.2　数据来源与研究方法

11.2.1　数据来源与处理

以 2012 年中巴卫星影像（分辨率为 2.5 m）为数据源，在 ArcGIS10.2 软件环境下解译获得研究区 2012 年土地利用现状图。依据土地利用现状图提取耕地、聚落、河流等空间信息矢量数据，并辅以研究区 2012 年 Google Earth 影像，于 2012 年 5 月在野外对解译结果进行选点校验，最终解译精度达到 92%。根据奉节县 1:50 000 DEM 数据和1：50 000岩性图，并结合野外踏勘情况和高精度遥感影像，提取研究区的坡度、岩性矢量数据。

11.2.2　研究单元划分

地物的属性特征空间化常采用的方法有两种，一是基于行政区划单元进行表示，二是采用网格单元进行统计。相比行政单元区划方法，网格单元法可以根据其网格单元大小的差异，更加显著地揭示出地物不同详尽的空间特征差异[10]。小尺度网格单元的尺度远小于行政单元，所揭示的人地关系特征要比基于行政单元分析的结果要详尽得多。网格单元大小的不同会使研究结果有较大的差异，尺度过大会影响研究结果的精度，而尺度过小又会使研究对象的规律无法明显的表达。本书结合网格单元分析法将研究区的耕地、聚落面积用网格单元地图的形式进行分析。根据奉节县 27 个乡镇面积大小，南北长约为 76 km，东西宽约为 40 km，总面积为 1559.13 km²，经过比较，选择 1km×1km 网格单元大小作为研究的尺度，共计 1712 个网格（图 11.3）。用网格单元坡耕地用地比、坡耕地斑块面积等级两个指标来表征研究区坡耕地规模，坡耕地用地比反映了网格单元内坡耕地数量规模，坡耕地斑块面积等级反映网格单元内坡耕地的规模大小。相比直接用坡耕地与聚落空间分布图叠加分析，网格单元法可以避免因各乡镇面积大小差异而导致计算结果的可比性较弱的问题，即网格单元法将计算的分母值统一为 1 km²，使其计算结果的可比性更加明显。

图 11.3　研究网格单元

11.2.3　空间自相关分析

采用空间自相关（spatial autocorrelation analysis）的方法对耕地细碎化综合指数进行空间分布特征分析。空间自相关分析的目的是确定耕地细碎化综合指数是否在空间上相关，并且判断这一属性值在空间上是否集聚。空间自相关由全局空间自相关（global spatial autocorrelation）和局部空间自相关（local spatial autocorrelation）两大类组成[11]。其中，全局空间自相关是用以揭示聚落整体的空间分布特征，用 Moran's I 指数表示，它可以测量耕地细碎化综合指数的空间相互关系，其值为 $[-1, 1]$，大于 0 表示呈正相关关系，小于 0 则表示呈负相关关系，等于 0 表示不相关[12]。而局部空间自相关分析是揭示一个局部单元（乡镇单元）上的耕地细碎化综合指数与相邻局部单元（乡镇单元）上耕地细碎化综合指数的相关程度，用 Local Moran I、局部指标（LISA）和 Moran 散点图表示。空间自相关分析通过 openGeoDa 统计分析软件得以实现。

11.2.4　土壤侵蚀综合指数计算

以研究区的遥感影像图为基础，结合土地利用图、坡度图，参照水利部颁发的《土壤侵蚀分类分级标准》（SL190—2007）[13]，即坡度大小、植被覆盖率（％）、土地利用类型三个判读标准，将研究区的土壤侵蚀强度划分微度侵蚀、轻度侵蚀、中度侵蚀、强烈侵蚀、极强侵蚀和剧烈侵蚀六级[14]，对每种地物的侵蚀强度进行判读，生成研究区土壤侵蚀图，在此基础上计算土壤侵蚀综合指数。土壤侵蚀综合指数计算见文献 [15]。

11.2.5　回归分析

回归分析（regression analysis）是利用数理统计方法，确定两个或者两个以上变量之间的相互依赖的回归关系函数表达式，亦称回归方程式。在回归分析中，变量有两种类型自变量和因变量，自变量通常用 X 表示，因变量用 Y 表示，由于本书的研究变量只涉及聚落和耕地这两个变量，因此，采用一元线性回归分析法，其主要任务是建立一个样本函数，它能够近似反映真实总体回归函数。本书将聚落面积设为自变量 X，耕地面积设为因变量 Y，利用 SPSS19.0 统计软件做一元线性回归分析。

11.3　单元网格坡耕地–聚落空间特征

11.3.1　单元网格坡耕地分布的空间分异

研究区各单元网格坡耕地用地比的平均值为24.58％，即相当于平均 1 km² 的面积内坡耕地有 245 800 m²，但在空间分布上，特征差异显著，总体上表现为中部、北部高，南部低的空间分布格局 [图 11.4 (a)]。北部梅溪河河谷和中部长江河谷地区形成坡耕地用地比高值区，其单元网格坡耕地用地比值>60%，高值区的岩性以砂岩为主，矿物质含量丰富、土质疏松，土壤肥力高，适宜开垦的土地资源丰富，加之，此区域水源充足，自然环境好，坡耕地的开垦强度大。南部石灰岩分布区以低值为主，其相对高值出现在墨溪河泥岩河谷区。

各单元网格坡耕地斑块面积等级越大表明坡耕地的斑块面积越大；反之，坡耕地斑块面积越小。采用 ArcGIS 工具中的自然断点法将研究区坡耕地面积等级划分为 0 ~ 2 hm²、2 ~ 4 hm²、4 ~ 9 hm²、>9 hm² 四个等级，结果如图 11.4 (b) 所示。研究区坡耕地斑块面积以>9 hm² 的大等级和 0 ~ 2 hm² 的小等级为主。同样，大等级坡耕地斑块主要分布在中部长江河谷和北部梅溪河河谷地区，小等级斑块主要分布于南部石灰岩地区。这种坡耕地斑块等级空间分布格局与坡耕地面积比重分布格局有着对应关系，即单元网格坡耕地用地比高值区同时也是大等级面积的坡耕地分布区。

11.3.2 单元网格聚落分布的空间分异

图 11.4 (c) 表明研究区聚落在单元网格内的面积比重以 1% ~ 3% 为主 (即单元网格内聚落面积为 10 000 ~ 30 000 m²)，比重达总聚落单元网格的 39.21%，其次是 3% ~ 9%，所占比重为 31.62%，都以乡村聚落为主，而聚落比重值大于 9% 的单元网格仅占 4.58%，以集镇和城镇为主。与耕地的空间分布相比，聚落的分布显得较为稀疏，但也和坡耕地分布表现出较强的空间趋同性，主要分布于河谷地区。聚落用地比高值区仍然集中分布于北部梅溪河河谷区和中部长江河谷区及南部墨溪河泥岩河谷区，如南部方胜、城新等乡镇；聚落用地比低值区位于石灰岩分布区，其主要原因是聚落分布具有生产取向性，人们在选择聚落位置时主要综合考虑水源和生产用地两个要素[16]。

聚落斑块面积等级分布图显示 [图 11.4 (d)]，研究区聚落规模等级以 0.1 ~ 1 hm² 类型为主，其单元网格数占总聚落单元网格数的 66.85%，即以小聚落为主，其次是 1 ~ 10 hm² 等级，所占比重为 21.47%，高于 10 hm² 的聚落单元网格仅占 2.08%。规模较大的聚落 (大于 1 hm²) 也主要集中位于研究区北部河谷地区，南部地区聚落规模普遍偏小。

11.3.3 聚落与坡耕地的双变量网格空间自相关分析

图 11.5 反映了耕地与聚落面积的相关关系。由图 11.5 可知，计算出来的 $R^2 = 0.581$，拟合程度较好，通过了检验，说明两个变量之间有明显的正相关关系。这是由于山区地区，耕地需要农户的管理，但受交通通达度的影响，大部分的耕地和聚落都控制在一定的空间范围内，超出这一范围，耕地的数量会急剧减少。耕地与聚落的分布存在一种共生现象。

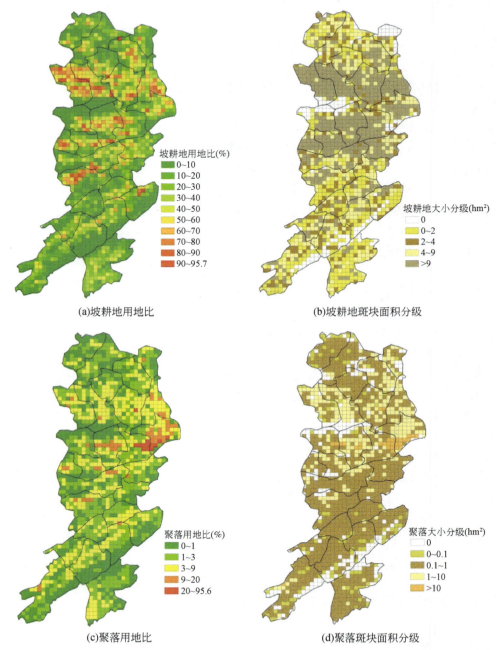

(a)坡耕地用地比

坡耕地用地比(%)
0~10
10~20
20~30
30~40
40~50
50~60
60~70
70~80
80~90
90~95.7

(b)坡耕地斑块面积分级

坡耕地大小分级(hm²)
0
0~2
2~4
4~9
>9

(c)聚落用地比

聚落用地比(%)
0~1
1~3
3~9
9~20
20~95.6

(d)聚落斑块面积分级

聚落大小分级(hm²)
0
0~0.1
0.1~1
1~10
>10

图 11.4 单元网格坡耕地、聚落分布空间差异

　　为进一步分析坡耕地与聚落两个变量在局部空间的集聚格局，运用 OpenGeoDa 软件计算坡耕地、聚落单元网格面积比重分布的双变量 LISA 值（图 11.6），探讨坡耕地与聚落

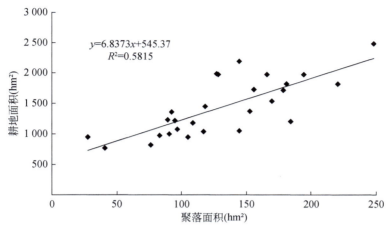

图 11.5　耕地与聚落面积的相关性

的相关性。图 11.6 表示单元网格内聚落面积与其周围单元网格坡耕地面积均值之间的相关关系，其中 High-High 和 Low-Low 表示正相关，Low-High、High-Low 表示负相关。从图 11.6 可知，四种相关类型中尤以 High-High 和 Low-Low 的正相关单元网格数量最多，High-High 相关型是高值被高值包围的区域，主要分布于研究区北部和中部砂岩地区，海拔在 1000 m 以下；Low-Low 相关型是低值被低值包围的区域，集中位于研究区北部坡度大于 25°的砂岩和南部坡度大于 25°、海拔在 1300 m 以上的石灰岩地区；Low-High 相关型集中在砂岩分布区，而 High-Low 相关型集中在石灰岩区。

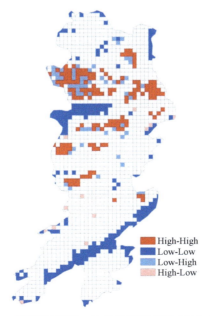

图 11.6　研究区聚落、坡耕地的双变量 LISA 集聚图

11.4　坡耕地与聚落的耦合类型

11.4.1　单元网格坡耕地–聚落耦合类型分析

坡耕地与聚落间的耦合关系是影响人地关系协调发展的一个重要因素，研究区坡耕地与聚落间不同的配置组合差异形成了不同的耦合类型。按当地实际情况，以每户平均人数 3～4 人，人均耕地面积约为 1.05 亩，每户宅基地面积按 200 m² 计算聚耕比（区域聚落用地面积与坡耕地面积之比），当其值为 7%～10%，聚落与耕地资源配置较均衡。

聚耕比高的单元网格主要分布在县城周边、梅溪河谷下游、朱衣河谷和南部墨溪河泥岩河谷区 [图 11.7（a）]。根据聚耕比值分析单元网格内聚落数量分布相对于周围坡耕地分布的配置状况，将研究区坡耕地与聚落的耦合类型划分为坡耕地偏多型如图 11.7（a）（即单元网格内坡耕地分布数量大于聚落所需的坡耕地数量）、坡耕地偏少型 [图 11.7（b）]（即坡耕地分布数量小于聚落所需的坡耕地数量）、坡耕地–聚落均衡型 [图 11.7（c）]（即坡耕地分布数量与聚落所需的坡耕地数量相当），生成研究区坡耕地–聚落耦合类型空间分布图 11.8（b）。

(a)坡耕地偏多型　　　　　　　　(b)坡耕地偏少型　　　　　　　　(c)坡耕地–聚落均衡型

图 11.7　不同耦合类型的遥感影像图

研究区坡耕地偏少型共有 703 个单元网格，所占比重为 41%，其次是坡耕地偏多型，比重为 32.8%。从图 11.8（b）可以看出，研究区坡耕地–聚落耦合类型空间分布差异显著，坡耕地偏多型主要分布于研究区北部梅溪河河谷区、中部长江河谷砂岩分布区及南部的少数地区（如吐祥镇、庙湾等乡镇的部分地区）；坡耕地偏少型主要集中分布在石灰岩地区；坡耕地–聚落均衡型则表现出随机分布格局。从岩性上看，砂岩分布区以坡耕地偏多型和坡耕地偏少型为主，二者比重相接近，而泥岩、石灰岩的主导耦合模式为坡耕地偏少型（图 11.9）。通过以上分析，可得知研究区坡耕地与聚落间的配置关系与岩性分布密切相关，有十分显著的"岩性区位指向"。

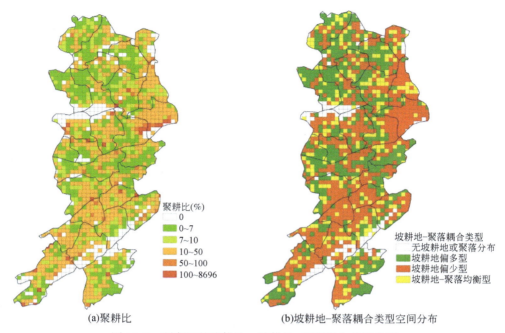

(a)聚耕比   (b)坡耕地–聚落耦合类型空间分布

图 11.8   研究区的聚耕比、坡耕地–聚落耦合关系类型

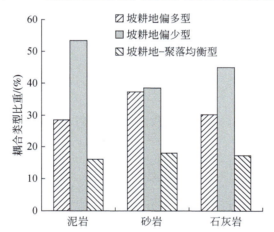

图 11.9   不同岩性区坡耕地–聚落耦合类型面积比重图

11.4.2   不同坡耕地–聚落耦合模式与土壤侵蚀的相关性

    李月臣等[17]对三峡库区重庆段的土壤侵蚀敏感性分析中发现重庆东北部的奉节县等区域是土壤侵蚀高度敏感区，土壤侵蚀严重。本书为进一步分析奉节县土壤侵蚀的空间分布特征、土壤侵蚀与坡耕地–聚落耦合模式的关系，采用土壤侵蚀综合指数公式获取各网格单元的侵蚀综合指数，并利用 ArcGIS 进行空间表达，获得土壤侵蚀综合指数空间分布

(图 11.10)。研究区 27 个乡镇土壤侵蚀综合指数差异较大,高低值相差达六倍以上,高值主要分布于研究区北部和中部地区,主要是砂岩地区,最大值达 6.9;低值主要位于研究区南部地区,即石灰岩分布区,最小值不足 1,且研究区北部、中部的土壤侵蚀较南部地区严重(表 11.1)。研究区不同坡耕地–聚落耦合类型土壤侵蚀状况见表 11.1,坡耕地偏多型土壤侵蚀综合指数以 0~3.0 为主,占该耦合类型的 66.6%;坡耕地偏少型土壤侵蚀综合指数以 1.0~4.0 为主,比重为 70.1%;坡耕地–聚落均衡型土壤侵蚀综合指数以 0~4.0 为主,比重为 89.1%。但从侵蚀等级上看,土壤侵蚀综合指数大于 4.0 以坡耕地偏多型为主,说明坡耕地偏多型的土壤侵蚀较其他耦合类型严重。其原因是坡耕地是山区土壤侵蚀的主要来源,坡耕地偏多地区的坡耕地数量大,部分网格单元垦殖强度大,垦殖率达到 70%~95.7%,且开垦时间早,常年翻耕,顺坡耕作,使土壤侵蚀量成倍增加,生态环境逐步恶化;坡耕地偏少型石灰岩广布,由于本底自然条件差,适宜开垦的坡耕地资源少,因此,产生的土壤侵蚀相对较弱;坡耕地–聚落均衡型的坡耕地与聚落配置协调,产生的土壤侵蚀也相对较弱。

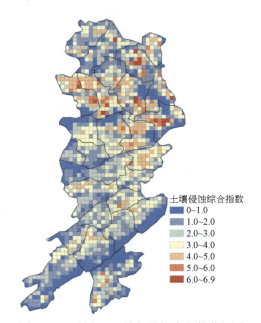

土壤侵蚀综合指数
- 0~1.0
- 1.0~2.0
- 2.0~3.0
- 3.0~4.0
- 4.0~5.0
- 5.0~6.0
- 6.0~6.9

图 11.10　研究区土壤侵蚀综合指数分级图

表 11.1　研究区不同坡耕地–聚落耦合类型的土壤侵蚀分级统计表

坡耕地–聚落耦合类型	0~1.0		1.0~2.0		2.0~3.0		3.0~4.0		4.0~5.0		5.0~6.0		6.0~6.9	
	数量(个)	占比(%)	数量(个)	占比(%)	数量(个)	占比(%)	数量(个)	占比(%)	数量(个)	占比(%)	数量(个)	占比(%)	数量(个)	占比(%)
坡耕地偏多型	121	21.5	125	22.2	129	22.9	102	18.2	69	12.3	13	2.3	3	0.5

续表

坡耕地-聚落耦合类型	0～1.0		1.0～2.0		2.0～3.0		3.0～4.0		4.0～5.0		5.0～6.0		6.0～6.9	
	数量（个）	占比（%）	数量（个）	占比（%）	数量（个）	占比（%）	数量（个）	占比（%）	数量（个）	占比（%）	数量（个）	占比（%）	数量（个）	占比（%）
坡耕地偏少型	138	19.6	173	24.6	177	25.1	143	20.4	51	7.3	15	2.1	6	0.9
坡耕地-聚落均衡型	66	21.5	65	21.2	71	23.2	71	23.2	22	7.2	5	1.6	6	2.0

11.5　单元网格人地关系类型划分

在研究区不同岩性背景下，坡耕地与聚落间的数量比例、空间分布格局和空间配置关系，以及相应的生态响应均存在明显的差异，形成人地关系的多样性（表 11.2）。通过从空间格局上对比研究区坡耕地-聚落的耦合模式及其与土壤侵蚀强度的关系，把研究区人地关系划分为四种类型。①人地矛盾突出型：特征是聚落与坡耕地数量配置不当，聚落分布量大，以 0.1～10 hm² 等级斑块为主，坡耕地配置少、以 0～4 hm² 等级斑块为主，土壤侵蚀较弱，耕地压力大且敏感。②人地矛盾较突出型：聚落与坡耕地配置不当，聚落分布较多、以 0.1～10 hm² 等级斑块为主，坡耕地配置较少、以大于 9 hm² 等级斑块为主，且大于 25° 的坡耕地占有相当的比例，土壤侵蚀较强，有一定的耕地压力和退耕压力的区域，宜逐步退耕。③人地矛盾较缓和型：坡耕地与聚落二者配置量相比坡耕地分布多，以大于 9 hm² 等级斑块为主，坡耕地分布坡度大（大于 25°）、土壤侵蚀强，是退耕压力严重的区域。④人地矛盾缓和型：坡耕地与聚落配置相当或坡耕地与聚落的配置量相比坡耕地分布多，但土壤侵蚀弱（图 11.11）。

表 11.2　不同岩性区的人地关系的多样性

岩性区	坡耕地面积比（%）	聚落面积比（%）	主导人地耦合模式	平均土壤侵蚀综合指数	人地关系
砂岩区	49.33	41.15	坡耕地偏多型	2.92	人地矛盾较缓和，有退耕压力
			坡耕地偏少型	2.46	人地矛盾较突出，有退耕压力、耕地压力
泥岩区	6.32	6.35	坡耕地偏少型	2.49	人地矛盾较突出，耕地压力敏感
石灰岩区	44.35	52.5	坡耕地偏少型	2.23	人地矛盾突出和较突出，耕地压力敏感

从图 11.11 中可得出，在四种人地关系类型中，人地矛盾缓和型所占比重较小，人地矛盾突出型、人地矛盾较突出型二者之和所占比重较大。其中，人地矛盾较突出型所占比重最大，为 36.35%，主要分布于石灰岩分布区。一方面，石灰岩岩性区成土条件较差，坡耕地开垦的数量较少，而对应的人口数量多，使该类型区耕地压力比较大；另一方面，

石灰岩区生态环境脆弱，坡耕地上进行的农事活动也会产生土壤侵蚀，因此该类型区又需保护环境，具有退耕压力。人地矛盾较缓和型主要集中位于砂岩区，此区坡耕地开垦量多且坡度大，造成强烈的土壤侵蚀，退耕压力大，宜优先退耕。人地矛盾突出类型在石灰岩区、砂岩区和泥岩区分别为 168.79 km²、133.32 km²、20.03 km²，此地区的主要矛盾是人多地少，坡耕地与聚落配置不均衡，耕地压力极为敏感。人地矛盾缓和类型，坡耕地与聚落配置相当，人类活动对环境的破坏较小，植被覆盖较好，土壤侵蚀弱。

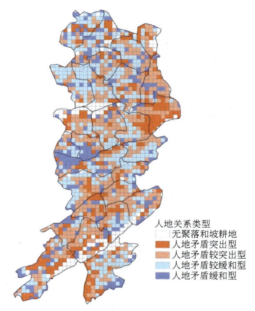

图 11.11　研究区人地关系类型图

　　总结以上分析可知研究区的人地关系状况比较尖锐，面临着退耕压力和耕地压力突出的双重问题，那么缓解人地关系就需要在不同人地关系类型区采取有针对性的措施，有助于带动研究区的坡耕地转型[18]，促进研究区人地协调发展。

11.6　讨　　论

11.6.1　研究区坡耕地大量存在的原因分析

　　到 2012 年研究区大于 6°坡耕地面积仍存在 43 325.03 hm²，占总耕地的 97.04%，大于 25°坡度坡耕地面积有 14 603.89 hm²，占总耕地的 32.71%。坡耕地大量存在的原因可归结为两点：①坡耕地基数大。受研究区地质构造和岩性的影响，地貌以中、低山为主，岩性以砂岩、石灰岩为主，地形崎岖，坡度起伏大，平坝地少，形成的耕地以坡耕地为主；研究区是传统农业县，耕地是当地居民赖以生存的重要资源，加之人多地少，陡坡垦殖欲望强烈。所以，研究区坡耕地开垦的数量大。②坡耕地退耕难度大。经前述分析可知，整个研究区坡耕地–聚落耦合类型中坡耕地偏少型占41%，有较大的耕地压力，所以研究区坡耕地退耕仍存在较大压力。例如，研究区南部地区石灰岩广布，坡耕地的开垦相对少，但此区的人口分布较多，所以人地矛盾突出。坡耕地退耕受到农户生计和补偿政策的制约，迫于生计，农民不愿意退耕或退耕后又出现复垦现象。实地调查发现，其原因是研究区农民现在的收入结构单一，没有其他生存技能，只能多种粮，一方面可以卖粮食获得收入，另一方面也可通过多种粮饲养家禽获得收入（这是单一收入的主要家庭收入），所以这部分农户对耕地的依赖性强。王孔敬[19]在三峡库区各区县群众对退耕还林态度调查研究中发现：农户认为生计受到退耕还林工程负面影响的奉节县最高[19]；此外，目前推行的退耕补偿政策在补偿力度、补偿形式等方面还需要不断地优化完善[5]。因此，造成当前研究区坡耕地退耕困难，坡耕地广布，数量大。要减少坡耕地的数量其关键就是要转变农户依靠种植获得经济效益的现状，从调查中可以发现其实农户大多数并不愿意通过种粮获得经济效益，原因是种粮累人，并且获得的收入也少，现无其他出路（没技能、没资金），种粮实属无奈。

11.6.2 城镇化、外出打工人员对人地关系的影响

从以上的研究得知，整个研究区目前面临着较大的耕地压力，主要是由耕地资源与人口数量配置的不适宜造成的。当前研究区正处于城镇化迅速发展、农村人口不断迁移这样的一个社会大背景，城镇化进程中人口空间转移和外出打工人员数量的变化，将会对特定区域耕地压力产生相应的影响。对于区域内部人口迁出地来说，由于人口数量随着人口的迁出而减少，坡耕地–聚落耦合类型会变成坡耕地偏多型，耕地压力得到一定的缓解；对于区域内部人口迁入地来说，人口数量会随着人口的迁入而增加，单位面积内耕地压力会加大。城镇化过程包括农村人口向城镇的集聚，人口向非农产业的转移，将会缓解迁出地的耕地压力。在2012年时奉节县城镇化率为35.65%，常住城镇人口为22.06万人，按《奉节县国民经济和社会发展第十一个五年总体规划纲要（2006—2010年）》的规划要求，到2020年城镇化率达到55%，全县城镇人口将达到58万，即农村人口将会转移约30万人，人口迁出地的耕地压力会得到一定的缓解，而迁入地这部分人口的生计方式发生改变，通过异地供给方式解决粮食问题，以降低本区的粮食自给率，将会减少人口对本地耕地的需求。因此，本区的耕地压力将会随着城市化进程得到缓解。同时，全县近年来每年在市外务工的农民约有21万人，预计未来人数会有所增加，但变动不大，其输出数量已基本稳定。因此，外出打工人员对现在耕地压力的缓解作用不是很明显。

11.6.3 缓解研究区人地矛盾的措施分析

坡耕地与聚落的配置适宜性是区域人地关系紧张程度（或矛盾）的一个评判标准，人

地关系类型是进行区域人地系统协调优化的客观基础。研究结果表明研究区的人地矛盾较突出，面临着生态恢复与重建、生物多样性保护、生态安全保障等生态环境保护产生的退耕压力和坡耕地与聚落配置不当产生的耕地压力。

当前研究区正处于城镇化迅速发展、农村人口不断迁移和生态建设的历史阶段，这必然会对当地的人地关系产生一定的影响。总体而言，一方面在生态建设下会使生态环境得到一定的好转，另一方面在城镇化和人口迁移下，如不进行科学的规划管理，极易造成人地关系的进一步恶化。因此，如何有效地缓解耕地压力、保护生态环境，维护生态平衡，缓解人地矛盾，成为研究区实现可持续发展的关键。针对研究区不同岩性地貌区人地关系差异的现实，根据其现在面临的主要矛盾耕地压力和退耕压力，对研究区人地矛盾的缓解给出如下建议。

1）针对耕地压力突出区：人地关系类型中人地矛盾突出和较突出都有耕地压力，岩性以石灰岩为主，耕地质量差，生态环境较其他地区更为脆弱，一旦破坏将难以恢复，因而缓解人地矛盾的重点是通过对坡耕地的整治（如坡改梯），保护好现存坡耕地；结合城镇化发展进程，促使人口向非农业转移，降低本区粮食自给率，以异地补给方式解决人口的粮食需求问题，降低人口对坡耕地的依赖性，防止生态恶化[20]。

2）针对退耕压力突出区：人地关系类型中的人地矛盾缓和型由于坡耕地开垦面积大，而陡坡地耕地由于土层薄，保水能力弱，是造成水土流失、土地退化和生态环境破坏的主要因素[21]。特别是人地矛盾缓和型的砂岩分布区，由于砂岩在长期频繁的风化作用和侵蚀作用下形成紫色土，矿物质含量丰富、土质疏松，土壤肥力高。过度的开垦，加之农民粗放的耕作方式，在重力作用下土壤侵蚀严重，容易诱发水土流失灾害，使生态进一步恶化。协调其人口-生态关系的重点就是要在确保区域内一定数量耕地面积的同时，提高耕地利用的综合效益，逐步退陡坡耕地，保护生态环境。一方面，可以通过发展脐橙、桑蚕、中药材等农业主导产业来替代通过种粮获得经济收入的生计方式，防止水土流失，保护生态环境，以期获得较好的经济效益和生态效益；而粮食需求问题可通过异地补给方式解决，降低粮食自给率和坡耕地的开发面积；另一方面，实行生态退耕，坡度在35°以上的耕地，需坚决实行退耕，而坡度在25°~35°的耕地，由于受农民生计的影响，可以视具体情况进行退耕，将保留的坡耕地改为梯田，加强农田基本设施建设，减轻水土流失[20]。

综合以上分析，缓解研究区人地矛盾，实现区域的可持续发展，就是要结合当前城镇化进程，促使人口向非农产业转移，通过粮食异地供给方式，降低本区粮食自给率，缓解耕地压力。同时，要保护好坡度小于25°的中、优等耕地，坡度大于25°要逐步实行生态退耕；调整农业结构要立足山区这个面积广、山多、草多、坡多的优势，重点发展畜牧业、林果业、药业，以期获得较好的经济效益和生态效益[20,21]。

11.7 本章小结

本章主要是采用单元网格化法，对聚落、坡耕地空间数量分布和等级大小分布，以及聚落与坡耕地之间的配置耦合关系进行了分析和研究，探讨不同岩性区耦合模式差异的原因及土壤侵蚀状况，得出以下几点结论。

1) 研究区聚落、坡耕地用地比和斑块等级大小的高值都主要位于北部梅溪河河谷和中部长江河谷地区，低值主要分布于南部石灰岩地区，表现出较强的空间趋向性。

2) 坡耕地与聚落的耦合类型划分为三种耦合类型，这三种耦合类型分布有十分显著的"岩性区位指向"，坡耕地偏多型主要分布于砂岩区，坡耕地偏少型主要分布于石灰岩区，而坡耕地-聚落均衡型则表现出随机分布格局。坡耕地偏多型的土壤侵蚀较其他耦合类型严重。

3) 整个研究区坡耕地-聚落耦合类型中坡耕地偏少型占41%，其次是坡耕地偏多型，比重为32.8%，其面临着退耕压力和耕地压力突出的双重问题。

4) 通过坡耕地与聚落配置状况，从空间格局上分析坡耕地、聚落、土壤侵蚀三者之间的关系，划分了人地关系类型：人地矛盾突出型、人地矛盾较突出型、人地矛盾较缓和型和人地矛盾缓和型。一方面验证了本书提出的理论假设，可以为三峡库区腹地坡耕地利用与实现人地协调提供理论依据，另一方面，对区域人地关系研究来说也是一次有益的尝试和补充。

参 考 文 献

[1] 任鸿瑞. 三峡库区耕地资源与耕地压力时空变化特征 [J]. 重庆师范大学学报（自然科学版），2010, 27 (5): 23-27.

[2] Zhang L, Wu B F, Zhu L, et al. Patterns and driving forces of cropland changes in the Three Gorges Area, China [J]. Regional Environmental Change, 2012, 12 (4): 765-776.

[3] 董杰，段艺芳，许玉凤，等. 三峡库区紫色土坡地土壤退化程度评价及驱动机制 [J]. 水土保持通报，2009, 29 (4): 51-56.

[4] 冯仁国，王黎明，杨燕凤，等. 三峡库区坡耕地退耕与粮食安全的空间分异 [J]. 山地学报，2001, 19 (4): 306-311.

[5] 冯琳，徐建英，邸敬涵. 三峡生态屏障区农户退耕受偿意愿的调查分析 [J]. 中国环境科学，2013, 33 (5): 938-944.

[6] 郭泺，夏北成，刘蔚秋. 地形因子对森林景观多尺度效应分析 [J]. 生态学杂志，2006, 25 (8): 900-904.

[7] 王成，魏朝富，袁敏，等. 不同地貌类型下景观格局对土地利用方式的响应 [J]. 农业工程学报，2007, 23 (9): 64-71.

[8] 申玉铭. 论人地关系的演变与人地系统优化研究 [J]. 人文地理，1998, 13 (4): 30-34.

[9] 甘彩红，李阳兵，陈萌萌. 基于坡耕地与聚落空间耦合的三峡库区腹地奉节县人地关系研究 [J]. 地理研究，2015, 34 (7): 1259-1269.

[10] 王黎明，张少辉，张大泉. 基于公里格网的中国人地关系紧张度定量模拟 [J]. 地理研究，2007, 26 (3): 425-432.

[11] 谢花林，刘黎明，李波，等. 土地利用变化的多尺度空间自相关分析——以内蒙古翁牛特旗为例 [J]. 地理学报，2006, 61 (4): 389-400.

［12］刘敏，赵翠薇，施明辉．贵州山区土地利用变化多尺度空间自相关分析［J］．农业工程学报，2012，28（20）：239-246.

［13］中华人民共和国水利部．土壤侵蚀分级分类标准 SL190—2007［S］．北京：中国水利水电出版社，2008.

［14］赵岩洁，李阳兵，冯永丽．三峡库区紫色岩小流域土壤侵蚀强度动态监测［J］．资源科学，2012，34（6）：1125-1133.

［15］李睿康，李阳兵，文雯，等．典型流域土壤侵蚀演变的高程、坡度空间差异比较［J］．水土保持学报，2017，31（5）：99-107.

［16］张霞，葛霖．重庆市不同喀斯特地区聚落分布变化规律［J］．农业工程，2013，3（4）：88-92.

［17］李月臣，刘春霞，赵纯勇，等．三峡库区（重庆段）土壤侵蚀敏感性评价及其空间分异特征［J］．生态学报，2009，29（2）：788-796.

［18］宋小青，吴志峰，欧阳竹．1949 年以来中国耕地功能变化．地理学报，2014，69（4）：435-447.

［19］王孔敬．三峡库区退耕还林政策绩效评估及后续制度创新研究［D］．北京：中央民族大学，2011.

［20］甘彩红，李阳兵，邵景安，等．三峡库区腹地县域耕地压力研究——以奉节县 27 个乡镇为例［J］．资源科学，2014，36（7）：1365-1373.

［21］廖和平，邓旭升，卢艳霞．三峡库区坡地资源优化利用模式与途径［J］．山地学报，2005，23（2）：197-202.

12 | 坡耕地-撂荒地空间分布特征

一般而言，坡耕地是指位于山坡上土地平整度差、土壤水土肥组合状况不佳而导致土地产量低下的旱地，亦为6°~25°的坡度经人类开发利用垦殖后形成的土地类型。撂荒地是指耕地闲置一年以上未被利用的现象[1]。随着社会经济的发展及农户生计行为的变化，许多不具有经济优势的耕地被迫弃耕或撂荒[2]。所谓耕地撂荒行为，一方面与地块本身自然组合状况较差有关，二是随着非农化进程的加快使农村人口减少，出现因耕地边际化而导致的耕地弃耕现象[3]。相关研究表明，中国耕地撂荒行为在20世纪80年代中后期开始出现[4]，90年代以后日趋严重，先后呈现出由点到面、由隐性到显性的变化特点[5~7]。耕地撂荒后自然植被逐渐演替为林草地，增加地表植被覆盖度、减小水土流失[8]的同时，有利于农田土壤的恢复[1]。就社会经济角度而言，耕地撂荒是对土地资源的浪费，不仅会影响粮食产量，而且与国家保护耕地资源的政策相悖离。作为土地利用覆被变化研究的重要组成部分，国内外学者多从耕地撂荒的空间分布变化及其驱动机制、耕地撂荒的生态环境效应、撂荒地识别等方面展开研究。总的来说，针对撂荒地的研究多基于调查数据定性与定量相结合，分析耕地撂荒的现象、类型和特征，撂荒原因，撂荒后果及规避措施等方面，而对撂荒地数量空间规模，尤其是山区的坡耕地撂荒研究较少。

随着三峡大坝的修建，重庆市不仅是集大山区、大农村、大库区和民族地区于一体的统筹城乡综合配套改革试验区，也是山地系统和岩溶系统叠加的生态脆弱区[9]。三峡库区腹地人地矛盾突出，坡耕地数量大，土壤侵蚀严重[10]。因此，研究三峡水库运行后，以及后三峡时代的坡耕地变迁和人与环境关系演变具有重要的意义。国内外学者针对三峡库区土地利用/覆被变化已经有相当多的研究[11~13]，而对耕地撂荒的研究主要从小尺度上分析耕地撂荒的原因和土地流转、劳动力析出与耕地撂荒的关系[2,14]，缺乏撂荒地空间分布格局的研究。因此，三峡库区腹地耕地与撂荒地的空间分布特征探析便是本研究的出发点。三峡库区腹部山地丘陵广布，地势起伏大，地质条件复杂，坡耕地比重大，是典型的生态脆弱区和水土保持红区[15]。奉节县作为三峡库区生境脆弱区，也是典型的农业大县，耕地的分布受地形等条件的限制，近年耕地撂荒现象较为普遍。为此，本章选取三峡库区奉节县为案例区，结合地理空间分析理论和统计学方法，揭示坡耕地和撂荒地空间分布规律，为后续坡耕地和撂荒地的空间耦合及其响应机制提供相应的借鉴与参考，最终为山区耕地资源优化配置、三峡库区生态建设提供科学理论依据。

12.1 研究区概况

奉节县位于三峡库区腹地，属四川盆地山地地貌，且以长江为轴南北对称分布，河网众多。长江以北以砂岩和泥岩分布为主，长江以南石灰岩广布。2015 年奉节县耕地总面积为 57 245.10 hm^2，坡度低于 6°的耕地仅占 3.6%，而坡耕地（坡度大于 6°的耕地）所占比重为 96.4%，因为本章主要研究坡度大于 6°的坡耕地。图 12.1 反映了研究区的地理位置及海拔状况。

图 12.1　研究区概况

12.2　数据来源与研究方法

12.2.1　数据来源

以 2015 奉节县 Landsat 7 高分影像（0.51 m）为数据源，借助 ENVI 5.0 软件在对该影像做去云降噪处理的基础上，进行几何校正、配准和拼接剪裁等过程。在 ArcGIS 10.2 技术支持下，通过人机交互式解译，获得奉节县土地利用数据，并提取坡耕地、撂荒地、农村居民点、河流、道路等矢量要素。1∶50 000 数字高程模型与坡度数据取自地理空间数据云，岩性数据根据重庆市 1∶500 000 地貌图和地质图再结合实地踏勘获取，距离各等级道路的距离、农村居民点距离则通过 ArcGIS 10.2 的空间分析计算而得。

12.2.2　坡耕地与撂荒地的识别

耕地撂荒的空间分散性、时间的渐变性和影响因素的复杂性增加了实际撂荒地的定义与识别的难度[16]，同时混合像元的存在使通过遥感技术提取撂荒地变得更加复杂，因此撂荒地信息的提取是相关研究的重要基础。众多方法中以叠加多期耕地数据或以目视解译为基础，结合归一化植被指数时间序列特征来提取撂荒地的方法精度较高[16~18]。参考已有学者对山区坡耕地和撂荒地的判别标准[19]，考虑到数据资料的限制和多期高清影像的难获取性，本书以分辨率为 0.51 m 的 2015 年高清影像为基础，建立山区坡耕地和撂荒地的解译标志（表 12.1）。本书认为影像上满足撂荒地解译标准的斑块即撂荒地，不严格区分撂荒地年限，主要分析撂荒地的空间格局。为了保证数据的准确性，课题组于 2016 年 8 月深入研究区对解译结果进行样点精度验证，经验证解译精度高达 85%，研究区撂荒地验证图斑如图 12.2 所示。根据野外调查实际，当地休耕现象和退耕还草现象基本不存在，因此对本章研究影响可以忽略不计。

表 12.1 坡耕地和撂荒地识别标准

斑块类别	数据来源	识别标准	解译标志	实地踏勘	坐标
坡耕地	分辨率 0.51 m	①光谱特征：色调相对均匀，颜色鲜艳不单一，多呈粉色和绿色相间分布。②形状特征：地块形状规则，地块之间界线清晰，呈阶梯状分布，相对集中。③纹理特征：成像纹路清晰细腻，呈光滑、线形或斑形	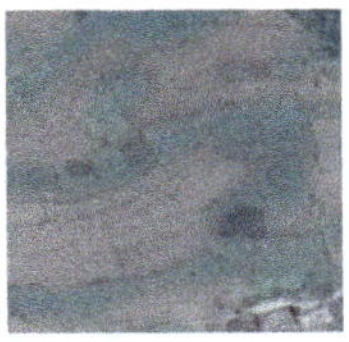		109.727 48°E，31.141 79°N
			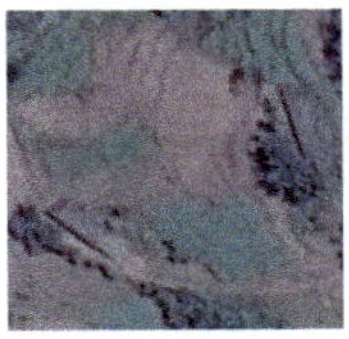		109.745 60°E，31.133 31°N
撂荒地		①光谱特征：色调不太均匀，颜色暗沉单一，呈近墨绿色。②形状特征：形状较不规则，地块之间界线模糊，阶梯特征隐约可见，有明显的耕作痕迹，相对分散。③纹理特征：成像纹路不规则，模糊粗糙	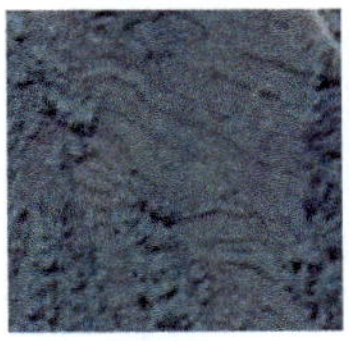		109.746 43°E，31.131 45°N
					109.742 60°E，31.131 93°N

12.2.3 地貌分区法

地貌是自然环境中最重要的因素，制约着耕地的空间分布格局。因此为进一步反映坡耕地及撂荒地在不同地貌类型下的分布情况，本书将对奉节县进行宏观地貌分区（图 12.3）。分区方法借鉴任静和陈亮[19]，邓永旺等[20]的方法。根据各地貌类型对海拔的要求，将奉节县全境的高程分为：高程在 200 m 以下、200~500 m、500~800 m 及 800 m 以上，根据海拔高程标准对应地貌类型为平坝、丘陵、低山和中山。在 ArcGIS 10.2 空间分析工具下，

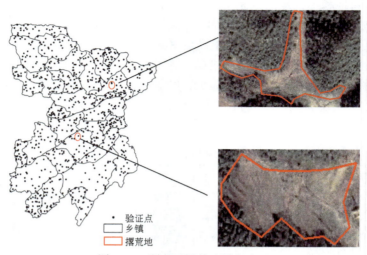

图 12.2　研究区撂荒地图斑验证

将重分类的高程图和岩性图与高分遥感影像进行叠加，结合奉节县地理要素空间分布特点，将研究区分为北部岩溶中山区、北部丘陵区、长江河谷区、南部低山槽谷区和南部岩溶中山区。

图 12.3　研究区地貌分区图

12. 2. 4　点格局分析法

鉴于样点法对景观分析具有简单明了的特征[21,22]，Ripley K 函数还能进行多尺度的空间分析，避免了尺度较少对景观研究的限制。Ripley's K 函数计算公式为

$$L(d) = \sqrt{\frac{k(d)}{\pi} - d}$$

$$K(d) = \frac{1}{r^2 A} \sum_{i=1}^{n} \sum_{j=1}^{n} I_d(d_{ij})$$

式中，A 为研究区面积；d 为空间距离（尺度）；d_{ij} 为 i 点与 j 点的距离。假设完全空间随机分布，用 $L(d)$ 代替 $K(d)$，可确保期望值线性化，保持方差稳定性。其中，$L(d) > 0$ 表示景观类型有空间聚集分布的趋势；$L(d) < 0$ 表示景观类型有空间均匀分布的趋势；$L(d) = 0$ 表示景观类型呈完全随机的空间分布。

12. 2. 5　核密度分析法

核密度估算法是一种采用估计序列密度函数的非参数估计方法[23]。在研究坡耕地和撂荒地空间分布中，核密度估算是根据输入的耕地、撂荒地数据来测算整个研究区耕地、撂荒地的集聚情况。它的原理是借助一个移动的单元格对耕地、撂荒地要素在其周围搜索半径中的密度进行计算，采用距离衰减函数来测度耕地和撂荒地密度变化情况[24]。核密度估算值越高，表明耕地、撂荒地空间分布密度越大。一般，对于数据集 $\{x_1, x_2, \cdots, x_i, \cdots, x_n\}$，固定带宽时，核密度估计函数形式为

$$f(x) = \frac{1}{nh} \sum_{i=1}^{n} k\left(\frac{x - x_i}{h}\right)$$

式中，$k(\ )$ 称为核函数；$(x \sim x_i)$ 表示估值点 x 到样本点 x_i 的距离；h 为核密度测算带的平滑参数且取值大于 0。经过试验对比，选择 $h = 2300$ m 来研究奉节县各乡镇坡耕地地和撂荒地空间分布特征效果更好。

12. 2. 6　基于核密度的空间自相关分析法

空间自相关是揭示空间上相邻要素间某属性（或现象）是否具有相似性的重要方法之一，主要包括全局空间自相关和局部空间自相关[25]。为了同时体现要素属性的高低值和属性在空间上呈相似或相异特征的集聚情况，本书基于核密度值做空间自相关分析。本书采用常用的全局 Moran's I 指数和局部 Moran's I 指数来进行各乡镇坡耕地和撂荒地相关分析。定义如下。

全局 Moran's I 指数：

$$I = \frac{N}{\sum_{i=1}^{N} \sum_{j=1}^{N} W(i, j)} \cdot \frac{\sum_{i=1}^{N} \sum_{j=1}^{N} W(i, j) \cdot (X_i - \bar{X}) \cdot (X_j - \bar{X})}{\sum_{i=1}^{N} (X_i - \bar{X})^2}$$

局部 Moran's I 指数：

$$I_i = \frac{X_i - \bar{X}}{\sqrt{\sum_{i=1}^{N} (X_i - \bar{X})/(n-1)}} \sum_{j=1}^{N} W(i, j)(X_j - \bar{X})$$

式中，N 为研究对象的数目；X_i 为观测值；$\bar{X}$ 为均值；$W(i, j)$ 为研究对象 i 与 j 之间的空间连接矩阵。Moran's I 值为 ［-1，1］ 之间，当 I 值大于 0 时，表示研究对象具有正的相关性，呈空间集聚特征；当 I 值小于 0 时，表示研究对象具有负的相关性，呈空间离散特征；当 I 值等于 0 时，则表示研究对象随机分布，对计算结果采用 Z 值进行显著性检验。

在 ArcGIS 10.2 中，利用 Zonal Statistics as Table 按乡镇名称统计坡耕地和撂荒地核密度估算值的均值，然后将统计结果利用 Join 关联乡镇矢量图层。运用 Geoda 软件计算各乡镇坡耕地和撂荒地的全局 Moran's I 指数和显著性检验，并绘制 LISA 集聚分布图。基于核密度估算法的空间自相关分析，考虑地理学第一定律区位的影响，可以获得连续性好且具有统计学意义的热点区域。

12.3 基于地貌分区的坡耕地和撂荒地空间分布特征

12.3.1 坡耕地和撂荒地的数量特征

表 12.2 显示了各地貌区坡耕地和撂荒地面积分布变化状况。由表 12.2 可知，2015 年奉节县坡耕地总面积约为 57 240.10 hm²，其中约有 29.32% 的坡耕地分布在南部岩溶中山区，其次是北部丘陵区，而北部岩溶中山区坡耕地分布面积最少，仅为 1898.71 hm²。南部岩溶中山区的坡耕地平均斑块面积和最大斑块面积均最大；北部丘陵区坡耕地最大斑块面积居其次，但平均面积最小，表明此区坡耕地地块数量较多；最大斑块面积取值最小的是北部岩溶中山区，表明此区坡耕地面积少且斑块面积小。2015 年奉节县撂荒地总面积约为 5885.47 hm²，南部岩溶中山区撂荒地分布比重、最大斑块面积和平均面积最大，表明此区耕地撂荒最严重，面积大的坡耕地撂荒的可能性大；北部岩溶中山区撂荒地面积最少，且最大斑块面积最小，表明此区撂荒地以小面积分布为主；长江河谷区撂荒地平均面积最小，表明此区撂荒地数量较多。

表 12.2 各地貌区坡耕地和撂荒地面积分布

地貌区	地类	最大斑块面积（hm²）	平均面积（hm²）	总面积（hm²）	分布面积比例（%）
北部岩溶中山区	坡耕地	62.84	0.49	1 898.71	3.32
	撂荒地	3.06	0.34	570.04	9.69
北部丘陵区	坡耕地	116.27	0.41	16 625.13	29.04
	撂荒地	4.53	1.37	1 730.37	29.40
长江河谷区	坡耕地	112.74	0.65	14 104.11	24.64
	撂荒地	6.15	0.17	953.18	16.20
南部低山槽谷区	坡耕地	80.45	0.52	7 826.88	13.67
	撂荒地	3.95	0.23	784.55	13.33
南部岩溶中山区	坡耕地	717.83	0.95	16 785.70	29.32
	撂荒地	7.75	0.32	1 847.33	31.39

12.3.2 同一地貌分区内坡耕地和撂荒地分布特征

同一个地貌分区内坡耕地和撂荒地的分布特征存在差异。如图 12.4 所示，随着空间尺度的增大，坡耕地和撂荒地的集聚强度不断增大，北部岩溶中山区、北部丘陵区、长江河谷区和南部岩溶中山区在任何相同空间尺度下，撂荒地的 $L(d)$ 值始终大于坡耕地，这表明这四个地貌分区中，撂荒地的空间集聚强度大于坡耕地；仅南部低山槽谷区空间尺度

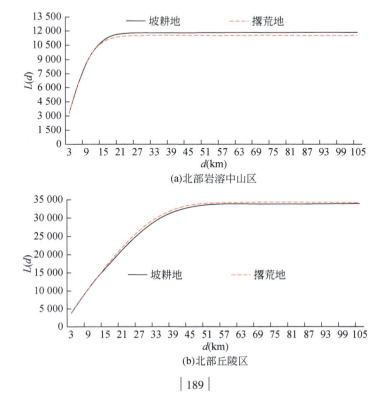

(a)北部岩溶中山区

(b)北部丘陵区

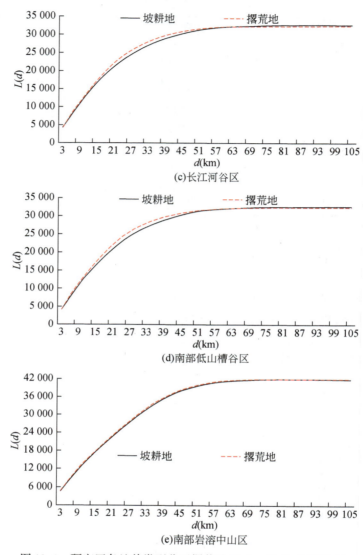

图 12.4　研究区各地貌类型分区撂荒地 Ripley $L(d)$ 指数分析

小于 6 km，撂荒地集聚强度大于坡耕地，超过 6 km 之后，则反之，这与其山间低地的特殊地貌有关，坡耕地集中性更高。总体来说奉节县坡耕地在空间上表现出的宏观异质性较弱，均匀度更加明显。

12.3.3　各地貌分区内坡耕地空间分布特征

不同地貌分区内坡耕地和撂荒地集聚特征差异较大，由图 12.5（a）可以看出，奉节县各地貌分区的坡耕地在一定尺度下均呈现显著的空间集聚格局，超过这个尺度以外，逐渐呈随机分布。由此可见研究区坡耕地空间分布存在一个最大异质性表现尺度，在该尺度之下，表现出一定的宏观异质性特征；超过这个尺度之后，这种不均匀特征作为一种细节被掩盖，表现为微观异质性特征[26]。在空间尺度 d 从 3 km 增加到 105 km 过程中，出现的第一个峰值所对应的 d 值是表现该地类空间聚集的特征空间尺度，$L(d)$ 的第一个峰值可以衡量分布强度[26]。其中，当 d 增加到 27 km 时，北部岩溶中山区坡耕地 [图 12.5（b）] $L(d)$ 值达到最大值 11 767.70；北部丘陵区坡耕地 [图 12.5（c）] 特征空间尺度为 72 km 出现了 $L(d)$ 峰值为 33 739.31；长江河谷区坡耕地 [图 12.5（d）] 特征空间尺度为 87 km，对应的 $L(d)$ 峰值为 32 376.94；南部低山槽谷区坡耕地 [图 12.5（e）] $L(d)$ 在 63 km 处取得峰值 19 185.09；当空间尺度增加到 81 km，南部岩溶中山区坡耕地 [图 12.5（f）] $L(d)$ 取得第一个峰值 41 713.22。相同空间尺度上 $L(d)$ 值从大到小依次是南部岩溶中山区>北部丘陵区>长江河谷区>南部低山槽谷区>北部岩溶中山区，表明南部岩溶中山区坡耕地空间集聚特征最显著，空间不均匀度最高，这是因为该区虽面积最大，但坡耕地的分布受限于多陡坡高山的地形地貌，因此坡耕地仅集中分布于坡度较小区域，大多数区域并无坡耕地分布。而北部岩溶中山区坡耕地空间集聚特征最弱，均匀度最高，这是因为该区面积最小，海拔最低为 540 m，最大为 1618 m，全区属于典型峰丛洼地的地貌，坡耕地受限于多山地貌和峰丛洼地，集中度最低。坡耕地分布较多的北部丘陵区、长江河谷区和南部低山槽谷区坡耕地集聚强度依次降低，均匀程度依次增加，这也说明坡耕地空间分布受地形影响较大，地势较低的区域坡耕地分布更加均匀。

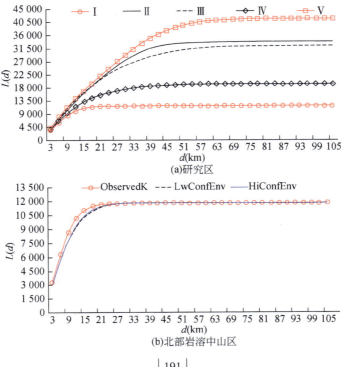

(a)研究区

(b)北部岩溶中山区

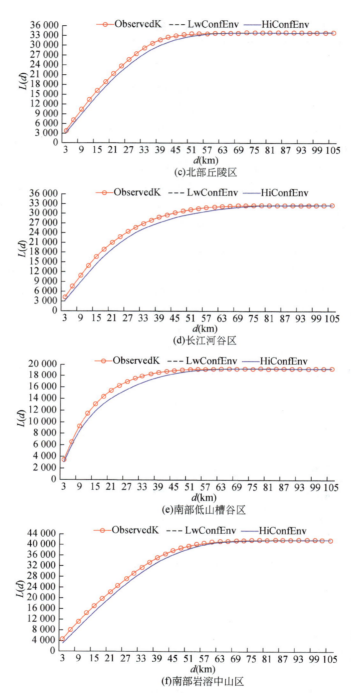

图 12.5 研究区各地貌类型分区坡耕地 Ripley $L(d)$ 指数分析

（a）中所有分区内坡耕地 Ripley $L(d)$ 值分布；b/Ⅰ：北部岩溶中山区；c/Ⅱ：北部丘陵区；
d/Ⅲ：长江河谷区；e/Ⅳ：南部低山槽谷区；f/Ⅴ：南部岩溶中山区
ObservedK 为观测值；LwConfEnv 为下包迹线；HiConfEnv 为上包迹线

12.3.4　各地貌分区内摺荒地空间分布特征

图 12.6 反映了研究区各地貌区内摺荒地 $L(d)$ 曲线在一定空间尺度之内位于上包迹线之上，该尺度之后，$L(d)$ 值位于上下包迹线之间，表明各地貌分区摺荒地在一定空间尺度内显著聚集，该尺度之后，也呈随机分布特点。其中，北部岩溶中山区摺荒地最大 $L(d)$ 值为 11 481.95，出现在空间尺度为 30 km 处；北部丘陵区摺荒地最大 $L(d)$ 值为 34 212.78，出现在空间尺度为 78 km 处；长江河谷区摺荒地最大 $L(d)$ 值为 32160.33，出现在空间尺度为 93 km 处；南部低山槽谷区摺荒地最大 $L(d)$ 值为 19 063.07，出现在空间尺度为 69 km 处；南部岩溶中山区摺荒地最大 $L(d)$ 值为 41 862.08，出现在空间尺度为 90 km 处。各地貌分区内摺荒地在各自特征空间尺度之内，随着尺度增大，摺荒地所表现出的集聚特征越明显，相同空间尺度下，其聚集强度由高到低依次为：南部岩溶中山区>北部丘陵区>长江河谷区>南部低山槽谷区>北部岩溶中山区。各地貌区按坡耕地和摺荒地聚集强度排序的结果一致，说明整体上奉节县海拔越高的区域，坡耕地和摺荒地空间分布集聚程度越高，均匀性越差；反之，海拔越低的区域，坡耕地或摺荒地空间分布更加均匀。而北部溶中山区因其面积最小，坡耕地和摺荒地的分布受峰丛洼地和中山地貌的影响，空间分布均匀度最高，集聚特征不显著。

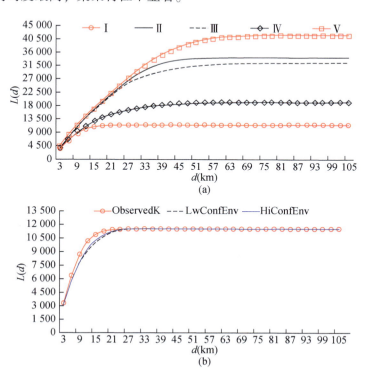

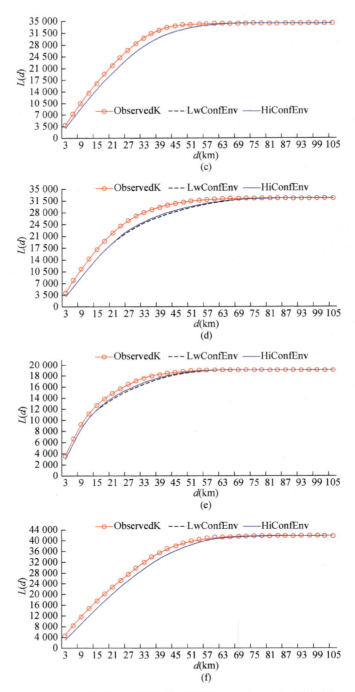

图 12.6　研究区各地貌类型分区撂荒地 Ripley $L(d)$ 指数分析

（a）中所有分区内撂荒地 Ripley $L(d)$ 值分布；b/Ⅰ：北部岩溶中山区；c/Ⅱ：北部丘陵区；

d/Ⅲ：长江河谷区；e/Ⅳ：南部低山槽谷区；f/Ⅴ：南部岩溶中山区

ObservedK 为观测值；LwConfEnv 为下包迹线；HiConfEnv 为上包迹线

12.4 基于乡镇的坡耕地和撂荒地空间特征

结合研究区实际情况，将坡耕地和撂荒地按面积分为<0.5 hm² 、0.5 ~ 1.5 hm² 和 >1.5 hm² 三个等级。由表 12.3 可得，面积小于 0.5 hm² 的坡耕地数量占坡耕地总量的 21.27%，面积为 12 174.37 hm²；面积在 0.5 ~ 1.5 hm² 的坡耕地与小于 0.5 hm² 的坡耕地 面积相当，但数量仅为其 17.75%；而面积大于 1.5 hm² 的坡耕地仅为 6 961 块，但其面积 占坡耕地总面积的 58.44%，表明研究区坡耕地破碎度程度较高，多以小面积分布为主， 少量大面积斑块镶嵌其中。而面积小于 0.5 hm² 的撂荒地有 26 965 块，占总块数的 92.67%，面积为 3 967.37 hm²；面积在 0.5 ~ 1.5 hm² 的撂荒地面积约是小于 0.5 hm² 的 一半，但数量仅为其 7.21%；面积大于 1.5 hm² 的撂荒地面积和斑块数均最少，由此可以 看出研究区坡耕地以小面积撂荒为主。

表 12.3　研究区坡耕地和撂荒地分布情况

项目	面积等级	面积（hm²）	数量（块）
坡耕地	<0.5hm²	12 174.37	77 962
	0.5 ~ 1.5hm²	11 618.03	13 842
	>1.5hm²	33 452.70	6 961
撂荒地	<0.5hm²	3 967.37	26 965
	0.5 ~ 1.5hm²	1 480.30	1 944
	>1.5hm²	442.01	190

12.4.1　各乡镇坡耕地和撂荒地面积分布特征

12.4.1.1　各乡镇坡耕地面积分布特征

根据图 12.7 可得，奉节县坡耕地在各乡镇面积分布差异较大，其中坡耕地面积最少 的是永安镇，仅有大约 283.26 hm²；坡耕地分布面积最多的是兴隆镇，约有 5602.75 hm²。 奉节县 30 个乡镇中，坡耕地面积不到 1000 hm² 的乡镇有 4 个，分别是岩湾乡、永安镇、 羊市镇和云雾土家族；坡耕地面积在 1000 hm² ~ 2000 hm² 的乡镇数量较多，包括石岗乡、 康乐镇、新民镇等 12 个乡镇；坡耕地面积大于 2 000 hm² 且小于等于 3000 hm² 的乡镇共 10 个，有朱衣镇、安坪乡、五马乡、公平镇等；坡耕地面积大于 3000 hm² 的乡镇仅有四 个，有新政乡、草堂镇、吐祥镇和兴隆镇。总体而言，研究区高海拔乡镇坡耕地面积高于 低海拔乡镇坡耕地面积。这是因为在快速城镇化过程中，海拔较低区域耕地功能更容易发 生转型。

其中面积小于 0.5 hm² 的坡耕地主要分布在竹园镇、新政乡、五马乡、康乐镇、白帝

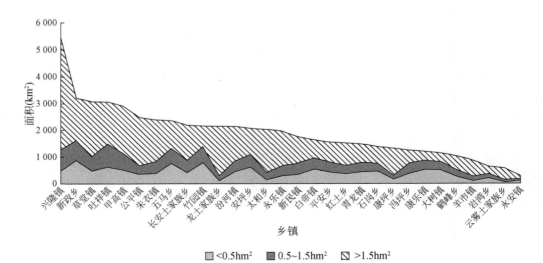

图 12.7　研究区各乡镇不同面积等级的坡耕地分布图

镇、安坪乡和吐祥镇，新政乡分布面积最大，有 879.94 hm²；云雾土家族分布最少，只有 33.81 hm²。面积在 0.5 ~ 1.5 hm² 的坡耕地在新政乡、吐祥镇和兴隆镇分布面积均超过 600 hm²，其中兴隆镇分布面积最大，有 798.01 hm²，其次分布面积最多的是竹园镇、草堂镇、甲高镇和五马乡，分布面积均超过 400 hm²。而面积大于 1.5 hm² 的坡耕地在兴隆镇分布面积最多，约 4346.11 hm²，其次是草堂镇，约为 2064.51 hm²，并且在新政乡、公平镇、朱衣镇、甲高镇、吐祥镇、太和乡和龙土家族乡共七个乡镇分布的面积超过 1000 hm²。三种规模的坡耕地在各乡镇分布的比例不一，面积大于 1.5 hm² 的坡耕地分布的比重较大，如草堂镇、兴隆镇、朱衣镇、龙土家族乡、公平镇等乡镇。

12.4.1.2　各乡镇撂荒地面积分布特征

根据图 12.8 所示，在研究区吐祥镇、兴隆镇、长安土家族乡、平安乡、新政乡、竹园镇和甲高镇共 7 个乡镇中，撂荒地分布的面积均超过 250 hm²，其中在吐祥镇取得最大值为 540.74 hm²，这些乡镇均分布于研究区中山石灰岩区域，海拔高、坡度大、土地贫瘠等恶劣自然环境使坡耕地被撂荒的可能性更大。在岩湾乡、康坪乡、永安镇、永乐镇、羊市镇、云雾土家族乡和龙土家族乡这 7 个乡镇，撂荒地的面积均低于 100 hm²，面积最少的是永安镇。永安镇坡耕地和撂荒地都是所有乡镇中最少的，这与其面积属性和交通区位有关，永安镇面积小，坡耕地基数小，因此撂荒地也较少，同时位于长江北岸，城镇化发展和耕地功能转型效果较其他乡镇好。北部丘陵区域的乡镇，如公平镇、石岗乡、康乐镇等，撂荒地面积均低于 150 hm²，这与说明海拔较低的乡镇坡耕地发生撂荒的可能性更小。其中，面积<0.5 hm² 的撂荒地在平安乡、新政乡、竹园镇和长安土家族乡分布面积较大，面积均超过 200 hm²；面积在 0.5 ~ 1.5 hm² 的撂荒地在平安乡、甲高镇、吐祥镇、兴隆镇和长安土家族乡分布面积较大，均超过 100 hm²；面积>1.5 hm² 的撂荒地整体分布较少，在吐祥镇、兴隆镇和长安土家族乡有较多分布，均超过 40 hm²，吐祥镇分布面积最大，为 73.86 hm²。综上，研究区各乡镇撂荒地主要由面积<0.5 hm² 的撂荒地构成，其中北部中山区域的乡镇以面积<0.5 hm² 为主，南部的乡镇则多分布面积<0.5 hm² 和面积在 0.5 ~ 1.5 hm² 的撂荒地。

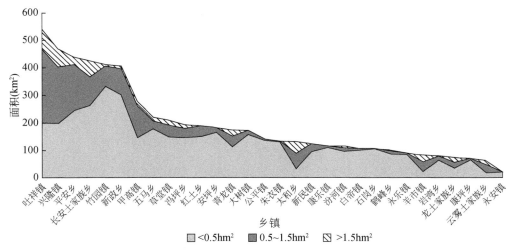

图 12.8　研究区各乡镇不同面积等级的撂荒地分布图

12.4.2　基于空间自相关的坡耕地和撂荒地空间分布特征

根据表 12.4，各面积等级的坡耕地和撂荒地全局 Moran's I 指数均大于 0，且均通过 Z 值（≥1.96）的检验，表明各乡镇坡耕地和撂荒地核密度在空间上呈集聚分布的态势。其中面积>1.5 hm² 的撂荒地核密度度估计值的高值集聚性最强，面积<0.5 hm² 的坡耕地核密度高值集聚性次之。

表 12.4　各面积等级的坡耕地和撂荒地核密度估计值 Moran's I 及 Z 值

地类名称	面积等级	Moran's I	Z 值
坡耕地	全部	0.3420	3.4403
	<0.5 hm²	0.3540	3.4963
	0.5 ~ 1.5 hm²	0.1615	1.9736
	>1.5 hm²	0.1212	1.9659
撂荒地	全部	0.5526	5.2875
	<0.5 hm²	0.5760	3.4815
	0.5 ~ 1.5 hm²	0.3773	3.8928
	>1.5 hm²	0.6572	6.5967

为了揭示空间单元某属性的地理分布及其与邻近单元之间局部异同特征，更加直观反映出各乡镇之间局部关联程度，利用 Geoda 软件计算各类型坡耕地和撂荒地局部 Moran's I 指数，得到了核密度估计值的 LISA 集聚图（图 12.9 和图 12.10）。"高高集聚"和"低低集聚"表示某属性在单元之间呈显著正相关性，具有局部同质特征，"高高集聚"表示坡耕地或撂荒地核密度估计值的高值被其他高值包围，"低低集聚"表示坡耕地或撂荒地核密度估计值的低值被其他低值包围；而"低高集聚"和"高低集聚"则表示某属性在单

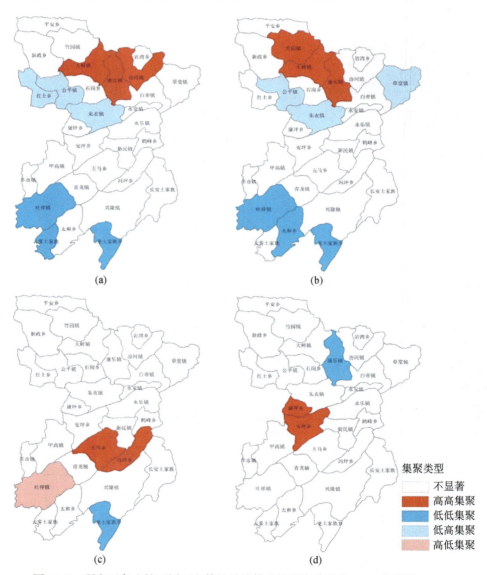

图 12.9 研究区各乡镇不同面积等级的坡耕地核密度估计值 LISA 集聚图

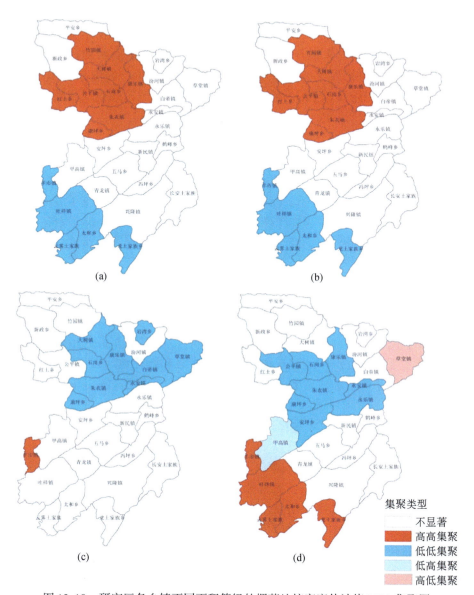

图12.10 研究区各乡镇不同面积等级的撂荒地核密度估计值 LISA 集聚图

元之间呈显著负相关性，空间异质性特征明显，"低高集聚"就表示坡耕地或撂荒地核密度估计值的低值被高值包围，"高低集聚"则是坡耕地或撂荒地核密度估计值的高值被低值包围。

如图12.9所示，就坡耕地整体而言，坡耕地核密度估计值的高值显著集聚在大树镇、康乐镇和汾河镇，"低值集聚"在吐祥镇、云雾土家族和龙土家族乡。面积<0.5 hm² 的坡耕地在大树镇、康乐镇和竹园镇呈"高高集聚"，在吐祥镇、太和乡和龙土家族乡呈"低

低集聚"; 面积在 0.5 ~ 1.5 hm² 的坡耕地核密度"高高集聚"在五马乡和冯坪乡,"低低集聚"出现在龙土家族乡; 而面积>1.5 hm² 的坡耕地在康坪乡和安坪乡呈"高高集聚", 在康乐镇"低低集聚"。总的来说, 北部区域丘陵区中部的乡镇是面积<0.5 hm² 的坡耕地核密度高值区, 南部低山槽谷区的乡镇是面积在 0.5 ~ 1.5 hm² 的坡耕地核密度高值区, 长江河谷区的乡镇则是面积>1.5 hm² 的坡耕地核密度高值区。这也反映出奉节县坡耕地主要分布在长江及其支流河区域, 这与奉节县"一城三区"的主体功能区规划一致。坡耕地的分布受到地形因素的限制, 地势较平坦的区域, 如河谷和山间低地, 是中、高面积等级坡耕地最密集区域。

就撂荒地整体而言 (图 12.10), 核密度估计值在竹园镇、大树镇、红土乡、公平镇、石岗乡、康乐镇、朱衣镇和安坪乡呈"高高集聚", "低低集聚"主要分布在羊市镇、吐祥镇、云雾土家族乡、太和乡和龙土家族乡。面积<0.5 hm² 的撂荒地核密度"高高集聚"区域与撂荒地整体集聚区域一致; 面积在 0.5 ~ 1.5 hm² 的撂荒地核密度在羊市镇呈"低低集聚", 在大树镇、石岗乡、康乐镇、岩湾乡、朱衣镇、康坪乡、永安镇、白帝镇和草堂镇呈"高高集聚"; 面积>1.5 hm² 的撂荒地核密度在羊市镇、吐祥镇、云雾土家族乡、太和乡和龙土家族乡呈"高高集聚", "低低集聚"与面积在 0.5 ~ 1.5 hm² 的撂荒地类似, 但在奉节县中部有所增加, 如安平乡和永乐镇。综上, 北部丘陵区的乡镇是面积<0.5 hm² 的撂荒地核密度高值区, 南部中山区域的乡镇是面积在 0.5 ~ 1.5 hm² 和面积>1.5 hm² 的撂荒地核密度高值区。这也说明北部丘陵区域, 坡耕地和撂荒地均以面积>0.5 hm² 为主, 而在中山岩溶区域, 小面积坡耕地数量较多, 而撂荒地分布则是以中、高面积等级为主。

12.4.3 各乡镇坡耕地撂荒的原因分析

就奉节县 2015 年各乡镇的人口数据 (表 12.5) 而言, 坡耕地和撂荒地面积均多的乡镇其常住人口、农业人口、18 ~ 35 岁人口数量较多, 第一产业从业人口比重较低, 且城镇化率较大, 这表明在乡镇城镇化进程中, 大量年轻劳动人口转移到第二、第三产业以追求更大的经济利益, 因此剩余的劳动力不足以维持原有农地规模, 传统农地多转为经济果林, 耕地开始大量撂荒, 如兴隆镇、吐祥镇、草堂镇、新政乡等乡镇。坡耕地多撂荒地少的乡镇常住人口、农业人口和 18 ~ 35 岁人口较多, 第一产业从业人员比重较高, 城镇化水平一般, 这些乡镇农户对土地的依赖性仍较强, 区域开始农业结构调整来带动经济发展, 传统农地功能开始转型, 以汾河镇为典型乡镇。坡耕地少撂荒地少的乡镇其常住人口、农业人口和 18 ~ 35 岁人口较多, 城镇化率最低, 第一产业从业人口比重最大, 这些乡镇岩性主要为石灰岩, 且海拔高、坡度大, 可利用耕地资源少, 以云雾土家族为代表。

北部丘陵区的乡镇第一产业从事人员比重偏高, 城镇化水平较高, 这些乡镇耕地资源基数大, 耕地利用率较高, 面积<0.5 hm² 的耕地大量撂荒, 农户对土地的依赖性仍较强, 以传统农业为主导, 致力打造北部休闲农业经济区。长江河谷区常住人口和农业人口较多, 第一产业从业人员比重处于中等, 城镇化水平偏高, 土地利用集约程度较高, 耕地更

倾向于规模化，坡耕地面积多>1.5 hm²，以经济发展带动区域发展为主，致力于打造城市经济发展区。南部低山槽谷区的乡镇各项人口指标均处于中等，农户对土地的需求较大，如五马乡和安坪乡，以农业发展为主，打造南岸特色生态农业经济区。南部中山岩溶区的乡镇常住人口和农业人口较少，第一产业从业人口比重偏高，城镇化率较低，这些乡镇耕地流转性较差，以小规模（面积<0.5 hm²）和中等规模（面积在 0.5~1.5 hm²）的耕地撂荒为主，耕地功能转型主要由粮食生产向生态功能转型，以生态旅游带动发展。

表 12.5　研究区 2015 年各乡镇人口数据

乡镇	坡耕地（hm²）			撂荒地（hm²）			项目				
	<0.5	0.5~1.5	>1.5	<0.5	0.5~1.5	>1.5	常住人口（人）	农业人口（人）	18~35 岁（人）	第一产业从业人员比重	城镇化率
永安镇	112.90	54.62	115.74	21.58	0.00	0	38 362	3 698	24 972	0.40	0.13
永乐镇	299.53	367.05	1 277.94	85.36	4.93	0	26 126	32 213	10 189	0.60	0.09
白帝镇	546.84	410.55	677.86	101.00	7.02	0	27 033	53 109	18 225	0.52	0.12
草堂镇	478.15	536.27	2 064.51	148.67	43.00	19.35	27 502	36 363	11 268	0.49	0.11
汾河镇	445.53	402.87	1 288.58	96.63	13.05	6.48	30 385	37 482	12 278	0.44	0.11
朱衣镇	381.17	440.17	1 564.16	131.43	2.57	0	23 520	54 294	18 386	0.41	0.14
康乐镇	530.32	330.87	341.26	111.06	6.42	0	30 916	38 462	13 029	0.43	0.17
大树镇	502.25	304.82	329.18	158.69	14.99	0	20 988	30 327	8 515	0.45	0.09
公平镇	359.32	320.54	1 799.94	137.52	4.33	1.69	32 253	45 486	13 758	0.40	0.12
竹园镇	802.96	589.33	751.20	332.56	73.39	6.43	26 282	39 714	10 631	0.38	0.16
新政乡	879.94	749.20	1 579.12	302.27	93.57	11.46	26 418	37 020	9 648	0.37	0.11
新民镇	347.75	413.58	979.77	96.28	29.06	0.30	20 032	28 891	8 958	0.34	0.12
五马乡	757.56	561.25	1 036.16	179.90	26.94	14.07	23 915	35 496	9 730	0.45	0.11
甲高镇	511.83	614.49	1 771.90	145.81	116.31	14.98	28 807	36 080	9 613	0.36	0.12
安坪乡	617.31	477.20	966.26	166.16	16.35	0	27 670	35 318	9 989	0.39	0.09
羊市镇	104.74	161.98	588.06	21.17	35.96	25.06	11 187	13 830	3 882	0.35	0.16
吐祥镇	627.28	868.50	1 564.87	202.01	264.86	73.86	32 967	43 973	12 034	0.46	0.21
青龙镇	444.21	351.02	682.32	114.36	38.06	22.08	17 030	21 503	5 527	0.39	0.18
兴隆镇	458.62	798.01	4 346.12	198.74	203.67	65.46	31 757	43 345	12 178	0.33	0.20
康坪乡	159.78	144.04	1 024.22	65.41	5.16	0	8 224	12 391	3 848	0.34	0.07
岩湾乡	203.42	157.19	272.75	65.11	14.99	0	8 659	13 144	4 403	0.45	0.07
红土乡	371.00	300.92	836.53	150.91	39.53	0	16 092	23 646	6 986	0.33	0.10
石岗乡	461.31	281.20	626.27	106.42	0.90	0	21 325	30 594	8 980	0.58	0.09
平安乡	432.56	361.38	748.04	245.73	166.86	25.78	14 017	19 808	4 594	0.46	0.07
冯坪乡	384.24	379.37	472.52	146.52	33.26	13.97	15 228	21 992	6 501	0.34	0.05

乡镇	坡耕地（hm²）			撂荒地（hm²）			项目				
	<0.5	0.5～1.5	>1.5	<0.5	0.5～1.5	>1.5	常住人口（人）	农业人口（人）	18～35岁（人）	第一产业从业人员比重	城镇化率
鹤峰乡	252.84	236.87	519.64	87.09	11.21	3.95	11 558	17 335	5 814	0.56	0.09
太和乡	146.17	271.08	1 617.92	32.82	56.49	43.58	9 310	12 614	3 004	0.66	0.09
云雾土家族乡	33.81	94.53	442.52	17.09	30.30	14.51	2 852	4 316	1 006	0.72	0.08
长安土家族乡	411.56	456.25	1 315.23	263.22	104.40	59.82	10 196	14 888	4 091	0.55	0.10
龙土家族乡	109.50	180.57	1 850.10	34.31	21.24	17.71	6 010	9 640	2 544	0.39	0.16

12.5 本章小结

本章节在构建坡耕地和撂荒地解译标志的基础上，运用空间数据分析法从地貌分区和乡镇尺度两方面探究坡耕地和撂荒地的空间分布格局。为后续有关坡耕地与撂荒地的空间耦合及其影响机制研究的开展奠定了基础。

参 考 文 献

［1］Hou J, Fu B, Liu Y, et al. Ecological and hydrological response of farmlands abandoned for different lengths of time：Evidence from the Loess Hill Slope of China［J］. Global & Planetary Change, 2014, 113（1）：59-67.

［2］Mekasha A, Gerard B, Tesfaye K, et al. Inter-connection between land use/land cover change and herders'/farmers' livestock feed resource management strategies：A case study from three Ethiopian eco-environments［J］. Agriculture Ecosystems & Environment, 2014, 188：150-162.

［3］Ramankutty N, Delire C, Snyder P. Feedbacks between agriculture and climate：An illustration of the potential unintended consequences of human land use activities［J］. Global & Planetary Change, 2006, 54（1）：79-93.

［4］叶瑜, 方修琦, 任玉玉, 等. 东北地区过去300年耕地覆盖变化［J］. 中国科学：地球科学, 2009, 39（3）：340-350.

［5］张丽娟, 姚子艳, 唐世浩, 等. 20世纪80年代以来全球耕地变化的基本特征及空间格局［J］. 地理学报, 2017, 72（7）：1235-1247.

［6］刘珍环, 杨鹏, 吴文斌, 等. 近30年中国农作物种植结构时空变化分析［J］. 地理学报, 2016, 71（5）：840-851.

［7］吕娜娜, 白洁, 常存, 等. 近50年基于农作物种植结构的新疆绿洲农田蒸散发时空变化分析［J］. 地理研究, 2017, 36（8）：1443-1454.

［8］李曼, 杨建平, 谭春萍, 等. 疏勒河流域双塔灌区种植结构变化及其原因［J］. 中国沙漠, 2014, 34（5）：1417-1423.

［9］高珊, 黄贤金, 钟太洋, 等. 农产品商品化对农户种植结构的影响——基于沪苏皖农户的调查研究

［J］. 资源科学，2014，36（11）：2370-2378.

［10］齐元静，唐冲. 农村劳动力转移对中国耕地种植结构的影响［J］. 农业工程学报，2017，33（3）：233-240.

［11］信桂新，魏朝富，杨朝现，等. 1978–2011 年重庆市种植业变化及其政策启示［J］. 资源科学，2015，37（9）：1834-1847.

［12］赵宇鸾，李秀彬，辛良杰，等. 华北平原"杨上粮下"现象的驱动机制——以河北省文安县为例［J］. 地理研究，2012，31（2）：323-333.

［13］龙花楼，屠爽爽. 论乡村重构［J］. 地理学报，2017，72（4）：563-576.

［14］宋小青. 论土地利用转型的研究框架［J］. 地理学报，2017，72（3）：471-487.

［15］König H J，Podhora A，Helming K，et al. Confronting international research topics with stakeholders on multifunctional land use：The case of Inner Mongolia，China［J］. Forest-Biogeosciences & Forestry，2014，7（1）：403-413.

［16］史洋洋，吕晓，黄贤金，等. 江苏沿海地区耕地利用转型及其生态系统服务价值变化响应［J］. 自然资源学报，2017，32（6）：961-976.

［17］赵华甫，张凤荣，许月卿，等. 北京城市居民需要导向下的耕地功能保护［J］. 资源科学，2007，29（1）：56-62.

［18］杨雪，谈明洪. 北京市耕地功能空间差异及其演变［J］. 地理研究，2014，33（6）：1106-1118.

［19］任静，陈亮. 基于 SRTM-DEM 的河南省地貌特征分析与类型划分［J］. 河南科学，2011，29（9）：1113-1116.

［20］邓永旺，王成，杨庆媛，等. 县域土地利用综合分区研究——以重庆云阳县为例［J］. 水土保持研究，2013，20（6）：240-245，288，333.

［21］王结臣，卢敏，苑振宇，等. 基于 Ripley's K 函数的南京市 ATM 网点空间分布模式研究［J］. 地理科学，2016，36（12）：1843-1849.

［22］葛莹，朱国慧，王华辰，等. 基于 Ripley's K 函数浙江城市空间格局及其影响分析［J］. 地理科学，2014，34（11）：1361-1368.

［23］李红波，张小林，吴江国，等. 苏南地区乡村聚落空间格局及其驱动机制［J］. 地理科学，2014，34（4）：438-446.

［24］李灿，张凤荣，姜广辉，等. 京郊卫星城区域农村居民点土地利用特征分析［J］. 农业工程学报，2013，29（19）：233-243.

［25］李慧，王云鹏，李岩，等. 珠江三角洲土地利用变化空间自相关分析［J］. 生态环境学报，2011，20（12）：1879-1885.

［26］高凯，周志翔，杨玉萍，等. 基于 Ripley's K 函数的武汉市景观格局特征及其变化［J］. 应用生态学报，2010，21（10）：2621-2626.

| 13 | 坡耕地–撂荒地空间耦合及其影响机制

本章选取三峡库区奉节县为案例区，在第 12 章的基础上，探讨坡耕地与撂荒地的空间耦合关系，揭示坡耕地和撂荒地空间分布的差异及自然、社会经济因子对耕地撂荒的影响程度，并结合农村居民点空间分布特征深入解析耕地撂荒的分布模式。以此为山区土地的合理整治、耕地资源的优化配置提供科学依据。

13.1   研究区概况

研究区的概况参见 12.1 部分相关内容。

13.2   研 究 方 法

13.2.1   研究区单元划分

本书参考已有学者的研究成果[1,2]，为突出高清影像量数据源的意义，根据研究区实际情况，经过反复试验比较，选择 500 m×500 m 正方形网格做叠加分析，总共 16 940 个网格，并分别统计单元网格内坡耕地和撂荒地的斑块面积大小、占地比重、斑块密度。由于奉节县行政边界的不规则性，其中包括了 1024 个面积小于 25 hm² 的不完整网格，均散落于边界区域，对研究结果影响可忽略不计。

13.2.2   双变量空间自相关

利用双变量自相关模型度量网格与相邻网格之间坡耕地和撂荒地属性的空间差异，从而确定两者在空间上的分布关系。经过综合比较，最终确定单元网格内两者面积占地比为要素属性，利用 Anselin[3] 提出的双变量区域 Moran 空间自相关模型进行分析，定义如下：

$$I_{kl} = z_k^i \sum_{j=1}^{n} w_{ij} z_j^l$$

式中，w_{ij} 为空间单元 i、j 之间的连接矩阵；$z_k^i = \dfrac{x_k' - x_k}{\sigma_k}$，$z_j^l = \dfrac{x_l' - x_l}{\sigma_l}$，$z_k^i$ 是空间单元 i 的属性 k 值，z_j^l 是空间单元 j 的属性 l 值。$\bar{x}_k$、$\bar{x}_l$ 是属性 k、l 的平均值，σ_k、σ_l 是 k、l 的方差。

13.2.3　撂荒地耦合类型判定

为进一步确定每个网格内单元坡耕地和撂荒地分布关系，通过计算单元网格撂荒地与坡耕地面积比重来判定坡耕地与撂荒地空间上耦合类型（图13.1），包括七种类型：A. 坡耕地和撂荒地数量均较少；B. 轻微的撂荒态势，坡耕地较多；C. 严重撂荒，生态退耕区，以撂荒地为主；D. 明显的撂荒趋势，撂荒地较多；E. 耕作条件改善区域，坡耕地多且有少量的撂荒地；F. 坡耕地和撂荒地数量均衡；G. 耕作条件优质区域，以坡耕地为主。

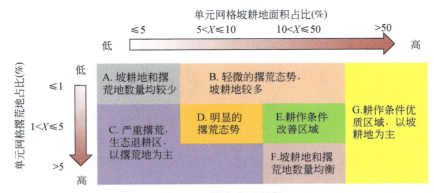

图 13.1　耦合类型判断

13.2.4　多元逻辑回归模型

多元逻辑回归是分析因变量和自变量之间关系的重要工具，广泛应用于土地利用驱动力研究中[4]。研究利用多元逻辑回归模型分别对坡耕地和撂荒地二分类变量结果进行诊断和筛选，确定自然因子、社会经济因子在空间上与坡耕地或撂荒地的定量关系，进一步从中选出对两者空间布局显著影响的因子。将坡耕地或撂荒地发生与否定义为因变量 Y，当坡耕地或撂荒地发生，用1表示；反之用0表示。对因变量 Y 有影响的 n 个因子，分别记为 X_1、X_2、X_3，$\cdots$，X_n，在 n 个自变量的作用下出现1的概率记为 P，取值为 $0\sim1$，其表达式为

$$P = \frac{\exp(\beta_0 + \beta_1 x_1 + \beta_2 x_2 + \beta_3 x_3 + \cdots + \beta_n x_n)}{1 + \exp(\beta_0 + \beta_1 x_1 + \beta_2 x_2 + \beta_3 x_3 + \cdots + \beta_n x_n)}$$

式中，β_0、β_1、β_2，$\cdots$，β_n 是各自变量对应的回归系数。

考虑到选取因子的空间代表性、差异性及资料的可获得性，并结合山区实际情况，本书选取与坡耕地和撂荒地空间分布有较大联系的指标[4,5]，主要包括高程、坡度 [图13.2（a）]、岩性 [图13.2（b）]、坡耕地面积、耕地质量等级分区、距道路距离、距农村居民点距离

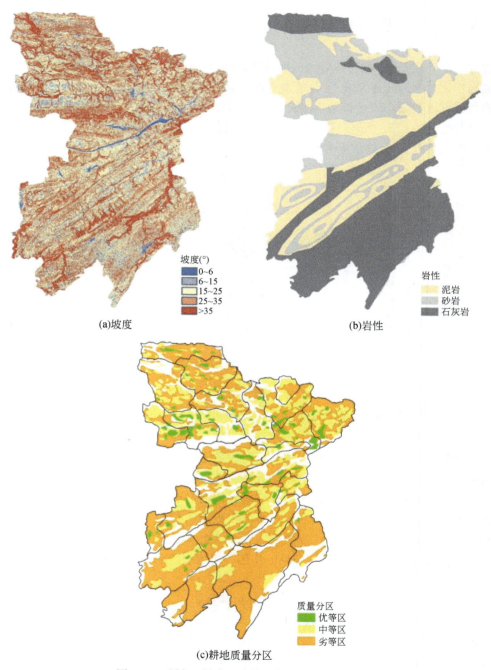

(a)坡度

坡度(°)
- 0~6
- 6~15
- 15~25
- 25~35
- >35

(b)岩性

岩性
- 泥岩
- 砂岩
- 石灰岩

(c)耕地质量分区

质量分区
- 优等区
- 中等区
- 劣等区

图 13.2　研究区坡度、岩性及耕地质量等级分区

（表 13.1）。其中，耕地质量等级是耕地的综合属性，是体现耕地基础地力和土壤肥力的指标[6]。借鉴甘彩红的研究成果[1]，参考《土地利用现状调查技术规程》中耕地坡度划分标准，结合研究区地形种植适宜度、土壤类别、土壤肥力资料及实地调查结果，将奉节县耕地按质量等级进行分区 ［图 13.2（c）］。本书所采用数据均为连续型，并重采样成 10 m分辨率的栅格数据，将多层栅格数据进行标准化数据处理。经计算，相关系数 R^2 均在 0.029～0.061，表明此研究中各变量之间共线性很小，均可以进入回归运算。

表 13.1　坡耕地和撂荒地 Logistic 回归模型影响因子

影响因素	自变量	自变量名称	因子描述
自然地理因子	x_1	高程（m）	将 DEM 数据进行重采样，分为 0～300、300～500、500～800、800～1100、1100～1400、1400～1700 和>1700
	x_2	坡度（°）	将坡度数据进行重采样，按0°～6°、6°～15°、15°～25°、25°～35°和>35°分成五类
	x_3	岩性	由研究区岩性图得出，可分为泥岩（x_3-1）、砂岩（x_3-2）和石灰岩（x_3-3）
	x_4	坡耕地面积（hm²）	将坡耕地面积栅格化重采样至 10 m×10 m
	x_5	耕地质量等级分区	按耕地质量将耕地区域分为优等区（x_5-1）、中等区（x_5-2）和劣等区（x_5-3）
社会经济因子	x_6	距高速距离（km）	计算两地类栅格到高速的直线距离，并以 3 km 等距生成缓冲区
	x_7	距省道距离（km）	计算两地类栅格到省道的直线距离，并以 3 km 等距生成缓冲区
	x_8	距县道距离（km）	计算两地类栅格到县道的直线距离，并以 1 km 等距生成缓冲区
	x_9	距乡道距离（m）	计算两地类栅格到乡道的直线距离，并以 350 m 等距生成缓冲区
	x_{10}	距农村居民点距离（m）	计算两地类栅格到农村居民点的直线距离，并以 100 m 等距生成缓冲区

13.3　结 果 分 析

13.3.1　坡耕地与撂荒地的空间格局特征

研究区单元网格内坡耕地占地比的平均值为 13.8%，坡耕地分布广泛，空间差异性显著（图 13.3）。0～5 hm² 小等级最多，占单元网格总数的 63.8%，分布范围较广；5～10 hm² 中等级次之，占单元网格总数的20.0%，分布于河谷平坝和丘陵低山；10～15 hm² 和>15 hm² 的坡耕地，数量少且分布零散。坡耕地密度高值区集中分布于长江南北支流的河谷和平坝，呈南北对称分布，由于该区域多为砂岩、泥砂混合区，耕作条件良好。

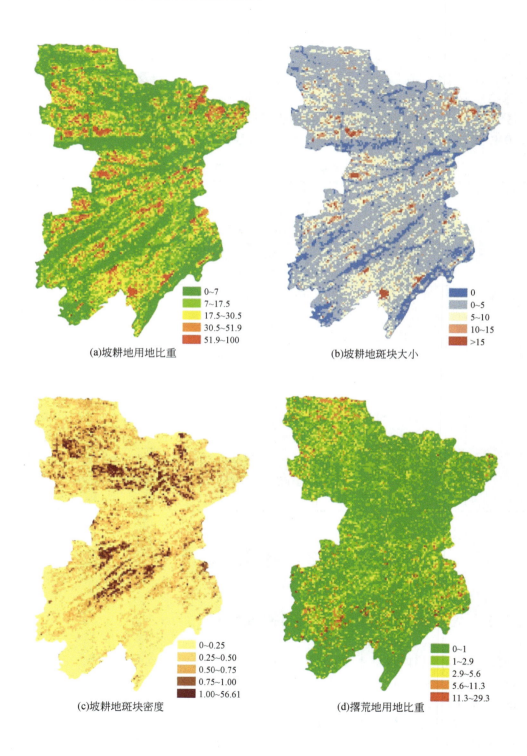

(a)坡耕地用地比重

0~7
7~17.5
17.5~30.5
30.5~51.9
51.9~100

(b)坡耕地斑块大小

0
0~5
5~10
10~15
>15

(c)坡耕地斑块密度

0~0.25
0.25~0.50
0.50~0.75
0.75~1.00
1.00~56.61

(d)撂荒地用地比重

0~1
1~2.9
2.9~5.6
5.6~11.3
11.3~29.3

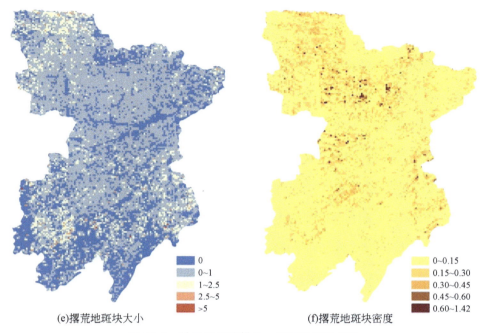

(e)撂荒地斑块大小　　　　　　　　(f)撂荒地斑块密度

图 13.3　单元网格坡耕地、撂荒地空间差异

研究区单元网格内撂荒地占地比平均值仅 1.42%，广泛分布于北部和南部的中山地区，该区域岩性以石灰岩为主，自然条件恶劣，土地质量不高，形成了撂荒地占比的高值区。0~1 hm² 低等级撂荒地为主的单元占总网格数的 58.8%；其次是 1~2.5 hm² 中等级撂荒地占 8.1%；2.5~5 hm² 和>5 hm² 的高等级撂荒地极少。研究区的撂荒地以低密度分布为主。

13.3.2　坡耕地与撂荒地空间耦合关系

通过坡耕地、撂荒地单元网格面积占比的双变量 LISA 值，可探究坡耕地与撂荒地之间的相关性。由图 13.4（a）可知，HH（两者均多）和 LH（坡耕地少撂荒地多）主要分布在中山石灰岩区；LL（两者均少）多分布在长江河谷区；HL（坡耕地多撂荒地少）主要分布在泥岩砂岩混合的区域。为进一步探究坡耕地和撂荒地在空间上存在何种关系，通过统计各单元网格内撂耕比，得出坡耕地和撂荒地耦合类型 ［图 13.4（b）］。可以发现，坡耕地和撂荒地空间上的分布具有显著相关性，且双变量分析结果与耦合类型互为关联，相互对应。A 型网格数量占网格总数的 22.85%，其分布基本与 LL 集聚型对应，属于两者比重均很少的区域。B 型网格数量最多，占网格总数的 32.69%，分布零散且范围广，基本包含了 HL 集聚型网格，即坡耕地较多的区域。C 型网格占网格总数的 12.99%，其分布与 LH 集聚型基本对应，即撂荒地比重较大，属于撂荒严重区域。D 型网格和 E 型网格分别占网格总数的 7.62% 和 18.7%。F 型网格数量最少，占网格总数的 2.55%，基本与 HH 的网格呈对应关系，即两者均衡区。G 型网格占网格总数的 2.6%，属于坡耕地集聚区。野外调研中发现，撂荒地与坡耕地的总量相差较大，但基本在坡耕地周边的一定距离内，即两者在空间上具有相关性，这与分析结果一致。

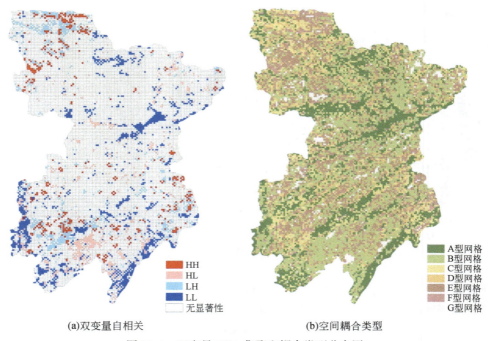

HH
HL
LH
LL
无显著性

A型网格
B型网格
C型网格
D型网格
E型网格
F型网格
G型网格

(a)双变量自相关   (b)空间耦合类型

图 13.4   双变量 LISA 集聚和耦合类型分布图

13.3.3   坡耕地与撂荒地空间格局的影响因素分析

图 13.5 表明，坡耕地和撂荒地主要分布在高程 800~1100 m 与坡度 15°~25° 地带上，且随着海拔与坡度的增加总体上呈现"先增后减"的分布趋势。坡耕地在岩性分区条件下分布相对均匀，撂荒地分布比例则以石灰岩区域最大，泥岩区最少。由于泥岩土壤肥沃粮食产量高，且多分布于河谷区域和山间洼地，故基本以坡耕地分布为主；而石灰岩区面积虽大，但土层薄、肥力低，坡耕地弃耕现象广泛，撂荒地面积大。在耕地质量分区方面，坡耕地分布比例由劣等区、中等区、优等区依次减小；撂荒地在劣等区分布面积最多，约占撂荒地总面积的 65.8%，优等区撂荒地则分布最少，仅占 4.7%，这表明单一因素影响下，耕地质量越差的土地更容易被撂荒。

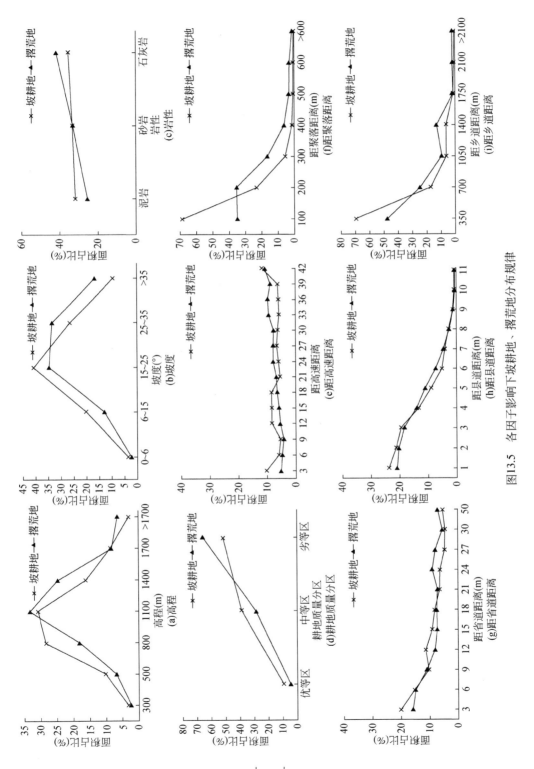

图13.5 各因子影响下坡耕地–撂荒地分布规律

社会经济因素方面，道路等级越低，坡耕地和撂荒地的空间分布特征越趋于明显。高速公路和省道影响下的坡耕地和撂荒地呈现均匀的空间分布格局，随距县道与乡道距离的增加，坡耕地和撂荒地分布逐渐减少，且均主要分布在距县道 7 km 范围内与距乡道 1400 m 范围内。距农村居民点 400 m 范围内，坡耕地与撂荒地的分布比例急剧下降，该现象表明，由于近年来经济发展水平提高，农村劳动力大量析出，宅基地无人居住或剩余劳动力老龄化现象严重，以及土地粗放经营导致农业收入下降等因素，因此耕地撂荒现象多发生在居民点周边一定范围内。

13.4　讨　　论

13.4.1　坡耕地与撂荒地空间格局影响因子分析

空间格局影响因子发生比率 exp（β）（图 13.6）表明：自然因子中，坡度是第一重要解释变量，坡度、海拔均与坡耕地空间分布呈负相关，说明坡度越大海拔越高的地方坡耕地出现概率越小。坡耕地质量与坡耕地空间格局呈正相关，中等质量解释作用最大，劣等质量次之，表明研究区坡耕地的耕作质量整体不高。社会经济因子中，距乡道距离和距农村居民点距离是重要解释变量，均呈负相关，表明距乡村道路越远，距农村居民点越远，坡耕地分布越少。综上，农民优先选择坡度相对较小的缓坡进行耕作以减少陡坡开垦带来经济损失，在自然条件一定的前提下，人们对耕地的选择多考虑可达性和便捷性。道路的廊道效应和连带作用使居民点不断向道路迁移，因此道路沿线区域人类活动更加频繁，坡耕地分布更加集中。

社会经济因子对撂荒地空间分布影响更大，第一重要解释变量是距农村居民点距离，与撂荒地空间分布呈负相关，表明随着距农村居民点越远，耕地撂荒发生概率越小。劣等耕地质量区为第二重要解释变量，回归系数为正，表明耕地质量越差的地方表明撂荒地分布越多。第三重要解释变量是距乡道距离，回归系数为负，撂荒地发生概率随距乡道距离的增加而减小。研究区在实施高山移民、生态移民和退地转户等相关政策以来，生态环境与立地条件较差的农户迁移至河谷地区，使高山区耕地退耕。考虑地块的可达性和易达性，加之青壮年劳动力不断析出，剩余农业劳动力难以维持原有的土地生产规模，故而撂荒现象严重。

坡耕地和撂荒地回归模型对同一解释变量敏感程度不同，坡耕地分布对坡度、距农村居民点距离、距乡道距离和海拔更为敏感，这与已有学者的研究一致[4,7,8]，良好的自然条件是耕地形成的基础，而社会经济因子则有助于推动耕地的整治工作。撂荒地分布则对距农村居民点距离、劣等坡耕地、距乡道距离和坡耕地面积较为敏感。山区生态脆弱，受自然条件的限制，坡耕地交通条件影响着耕作距离，是耕地撂荒的主要影响因子；土壤肥力流失与粗放经营模式导致的耕地质量下降是耕地撂荒的重要影响因子，以上都是特定地区

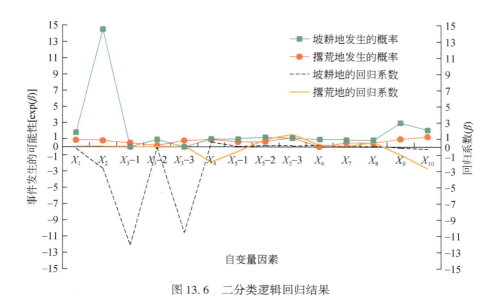

图 13.6　二分类逻辑回归结果

长时期内较稳定的因素；而因投入产出比严重失衡产生以经济利益为导向的弃耕才是短时期内大量撂荒地发生的决定性因子。

13.4.2　三峡库区耕地撂荒分布模式及其启示

根据农村居民点不同耕作半径内坡耕地和撂荒地分布特征，将遥感影像与野外调研相结合，总结出撂荒地分布的四种模式（图 13.7）。

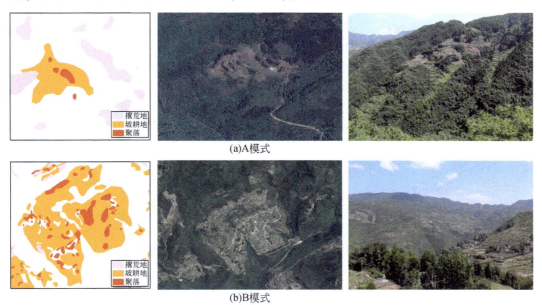

(a)A模式

(b)B模式

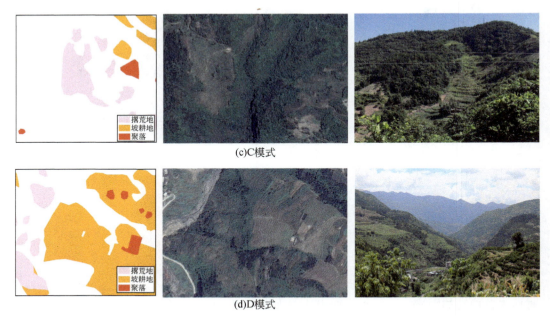

(c)C模式

(d)D模式

图13.7　撂荒地分布模式

1）A模式：居民点稀少，坡耕地集中，撂荒地以聚落为中心呈环状分布。受山区自然条件限制，距居民点的耕作距离较远的小规模农地趋于被撂荒。

2）B模式：居民点集中，坡耕地集中，撂荒地稀少。该类型一般位于山间坝地或河谷地区，聚落集中连片，农地利用率较高。

3）C模式：居民点稀少，坡耕地分散，撂荒地集中分布。该类型多是农户生计转型的结果，由于务工因素劳动力析出，耕地疏于管理逐步撂荒。

4）D模式：居民点集中，坡耕地与撂荒地数量均较多。集约利用农地的外围，因坡度等原因，不易进行土地整治，因而连片撂荒。

不同的撂荒地分布模式是多种因素综合作用的结果。务工机会成本的增加与农户对经济利益的需求增大，导致其生计方式的多样化转型，包括弃耕撂荒、种植结构调整、青年劳动力外出务工等。农村的发展环境无法满足农户在家庭收入与支出上的差距，加之山区立地条件与坡耕地种植难度，撂荒地的数量逐渐增多，同时高海拔地区聚落萎缩，耕地多集聚于河谷平坝等易于进行整治或集约利用的区域。由于种植条件差、农业生产效益低下、家庭收入来源增多、土地制度改革和农业结构调整等原因，山地、丘陵等边际地区的耕地大面积收缩，出现了片状或环状等边际撂荒现象。本研究对经济欠发达的山区耕地撂荒的空间分布格局及其与坡耕地关系展开研究，对促进山区土地的合理整治，提高土地利用效率、加快城镇一体化建设，改善农村生态环境和保障粮食安全有积极作用。

13.5 结　　论

本章以三峡库区腹地奉节县坡耕地和撂荒地为研究对象，基于研究区高分辨率影像，对研究区坡耕地、撂荒地空间分布格局及影响机制进行探讨。得出以下结论。

1）研究区坡耕地与撂荒地斑块均以小规模等级为主，两者分布密度表现出趋同性，呈"南北高，中间低"空间格局，且两者的空间耦合类型与其双变量分析结果对应。

2）由于耕作距离限制，两者在自然条件下的分布特征相近，均主要分布在海拔 800~1400 m、坡度 15°~25°、距乡村道路 1400 m 内和距农村居民点 400 m 范围内，但在以石灰岩岩性为主的劣等耕地质量区内，坡耕地发生撂荒现象的面积最大。

3）坡耕地和撂荒地空间格局是各因子综合作用的结果，海拔和坡度与坡耕地空间分布呈较强的负相关性，距农村居民点距离是坡耕地和撂荒地空间分布主要影响因素，且劣等耕地质量区与坡耕地和撂荒地的分布呈较强的正相关性。

13.6 本 章 小 结

在上一章节地貌分区和乡镇尺度探究坡耕地和撂荒地空间分布格局的基础上，本章基于网格尺度探究其空间分布特征，并从自然和社会经济两方面探究坡耕地和撂荒地空间分布的影响机制。从而实现地貌分区、乡镇和网格等多尺度对案例区坡耕地及其撂荒地的空间分布格局，而有关坡耕地撂荒的时空演变规律则是进一步研究的方向。

参 考 文 献

[1] 甘彩红，李阳兵，邵景安，等. 三峡库区腹地县域耕地压力研究——以奉节县 27 个乡镇为例 [J]. 资源科学，2016，36（7）：1365-1373.

[2] 陈萌萌，李阳兵，周亚琳. 三峡库区腹地农村居民点空间分布特征及其自然背景影响——以奉节县为例 [J]. 热带农业科学，2017，37（5）：125-133.

[3] Anselin L, Syabri I, Smirnov O. Visualizing Multivariate Spatial Correlation With Dynamically Linked [R]. Santa Barbara: University of California, Santa Barbara, 2002.

[4] 谢花林，李波. 基于 logistic 回归模型的农牧交错区土地利用变化驱动力分析——以内蒙古翁牛特旗为例 [J]. 地理研究，2008，27（2）：294-304.

[5] 曾凌云，王钧，王红亚. 基于 GIS 和 Logistic 回归模型的北京山区耕地变化分析与模拟 [J]. 北京大学学报（自然科学版），2009，45（1）：165-170.

[6] 沈仁芳，陈美军，孔祥斌，等. 耕地质量的概念和评价与管理对策 [J]. 土壤学报，2012，49（6）：1210-1217.

[7] 刘荣，高敏华，谢峰. 基于 Logistic 回归模型的土地利用格局模拟分析——以新疆吐鲁番市为例 [J]. 水土保持研究，2009，16（6）：74-78.

[8] 余蓉蓉，王克林，岳跃民. 桂西北河池地区耕地变化及其驱动力 Logistic 回归分析 [J]. 长江流域资源与环境，2010，19（2）：186-191.

14 耕地撂荒时空演变规律

耕地撂荒行为反映了农村剩余劳动力的析出状况[1]，是社会经济发展到一定阶段的产物。随着中国工业化和城镇化的快速发展，越来越多的农村劳动力向城镇和非农地区转移[2,3]。在中国，山地丘陵和高原分布面积占全国土地面积的比例达 2/3 以上，耕地撂荒行为的出现激化了人地矛盾，使本就人均耕地占有较少的国情处于更加严峻的境地。相关学者研究发现，2000 年以来山区耕地撂荒现象较为明显，且多集中于山地丘陵区[4~6]。而有关山区耕地撂荒的研究成果多侧重于农村劳动力转移对耕地撂荒的影响[7~9]、农户耕地撂荒行为的影响因素[10~12]、耕地撂荒的评判及其指标体系的建立[13~14]。当前研究成果多是从微观尺度定性评价耕地撂荒现象，缺少对耕地撂荒的时空演变规律研究。随着三峡大坝的修建，三峡库区腹地土地利用及其生态环境状况发生了较大的变化。近年来，随着国家生态文明建设及库区城镇化的推进，农户生计多样化，耕地撂荒现象加剧。基于此，本章以三峡库区腹地农业重镇——草堂镇为研究对象，在遥感数据解译的基础上，通过对耕地撂荒年限的判读，借助景观格局指数来探究草堂镇坡耕地和撂荒地的空间演变规律，并从高程、坡度、坡向、距乡道距离、距农村居民点距离五方面探析草堂镇耕地撂荒影响因素，定量化揭示草堂镇耕地撂荒的原因，以期为区域耕地合理化利用提供理论指导。

14.1 研究区概况

草堂镇位于奉节县东部，距县城 28 km，东邻巫溪县。总面积为 170.66 km²，辖欧营、林政、石马、柑子、七里、桂兴等 14 个行政村，70 个社，总人口为 18 899 人。长江北岸一级支流草堂溪流经草堂镇。岩性方面研究区以泥岩和石灰岩交错分布为主，有少量的砂岩分布，泥岩是主要的土壤侵蚀产沙源。研究区雨量充沛，光热适度，属于中亚热带湿润季风气候，因多山地貌而具有典型的立体气候特征；地貌类型以中低山为主，丘陵平坝镶嵌其间。其中高程大于 500 m 的区域占草堂镇土地面积的比例为 85.74%，坡度大于 15° 的区域占草堂镇土地面积的比例为 87.79%，坡度大于 25° 的区域占草堂镇土地面积的比例为 53.50%（图 14.1）。在区域农业结构调整下，海拔 600 m 以下的河谷两岸及其阶地因气候温和、雨量充沛、日照充足、雾日少、昼夜温差大、无霜期长，属高温中湿多日照气候类型，是无公害脐橙示范园的主要分布区域。随着全球变暖和三峡水库蓄水，溪流两岸的单斜低山形成的逆温层将升高，更有利于脐橙的发展，低海拔区域耕地发生功能转型较快，受到果园和建设用地扩张的影响，耕地资源紧张；高海拔区域土地发生功能转型滞后，仍以传统农业为主，少量种植油橄榄、芝麻等价值较高的经济作物。在高山移民和退

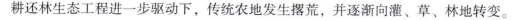

耕还林生态工程进一步驱动下，传统农地发生撂荒，并逐渐向灌、草、林地转变。

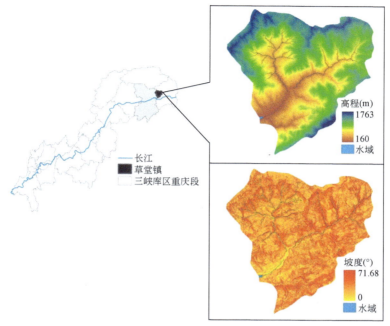

图 14.1　奉节县草堂镇位置图

草堂镇土地利用多样性降低，耕地功能转型倾向于粮食作物转向经济作物，高山区域耕地功能转型滞后，撂荒现象较多，在区域生态文化旅游业和生态工业发展推动下，非农就业机会增多，农户生计多样化，加速了耕地撂荒。草堂镇的耕地撂荒因耕地功能发生转型而具有典型性。

14.2　研　究　方　法

14.2.1　缓冲区分析

结合草堂镇实际，选取高程、坡度、岩性、道路、农村居民点五个因素进行重采样重分类处理和建立缓冲区，与撂荒地矢量图层进行叠加，统计各要素影响下不同年限撂荒地面积比例，以揭示耕地撂荒地空间规律。将高程划分为 150～500 m、500～800 m、800～1100 m、1100～1400 m 和>1400 m 五个等级；坡度划分与第 5 章一致；坡度分为阳坡、半阳坡、阴坡和半阴坡；对道路建立六个缓冲带，分别是 0～150 m、150～300 m、300～450 m、450～600 m、600～750 m 和>750 m；对农村居民点设定七个缓冲带：0～100 m、100～200 m、200～300 m、300～400 m、400～500 m、500～800 m 和>800 m。

14.2.2 景观格局指数分析

通过对图斑总面积（TA）、图斑个数（NP）、平均图斑面积（MPS）和中位数图斑面积（MedPS）进行评价研究景观图斑的组成情况；通过平均图斑形状指数（MSI）平均图斑分维指数（MPFD）反映撂荒耕地图斑在空间分布上的尺度和强度情况。

14.2.3 撂荒地不同年限的判定

借助 ArcGIS 10.2 软件，对 2007 年、2012 年、2015 年和 2017 年四期分辨率为 0.51 m 的高清影像对比分类从而进行 2017 年撂荒地图斑年限分类工作，可分为四类：小于 2 年撂荒地、2~5 年撂荒地、5~10 年撂荒地和 10 年以上撂荒地。具体判断标准如下：以 2017 年的撂荒地斑块为基础，对同一斑块两两时期的景观进行对照，假设 2015 年该斑块景观为坡耕地，2017 年无坡耕地分布，将斑块属性定义为小于 2 年撂荒；假设 2012 年该斑块景观为坡耕地，2015 年无坡耕地分布，将该斑块定义为 2~5 年撂荒；假设 2007 年该斑块景观为坡耕地，2012 年无坡耕地分布，将该斑块属性划为 5~10 年撂荒；假设 2007 年该斑块符合撂荒地的判定标准，则将其定义为 10 年以上撂荒。

14.3 研究区坡耕地和撂荒地时空演变

14.3.1 坡耕地和撂荒地数量变化特征

由表 14.1 可知，2012 年草堂镇坡耕地面积约有 3078.93 hm²，最大斑块面积为 55.44 hm²；2017 年坡耕地面积减少了 32.02%，斑块数量也减少了 2118 块，最大斑块面积为 41.0 hm²，表明五年间草堂镇的坡耕地大面积减少。2012 年撂荒地总面积约为 211.03 hm²，最大斑块面积约为 6.68 hm²；2017 年草堂镇撂荒地面积增加了 869.01 hm²，最大斑块面积约为 12.12 hm²。结合图 14.2 可以看出，2017 年坡耕地大量减少，空间的均匀度降低，而撂荒空间分布的均匀度增大，主要分布在坡耕地的外围。由此可见，2012~2017 年，草堂镇撂荒地大量增加，坡耕地撂荒严重。

表 14.1 2012~2017 年坡耕地和撂荒地数量变化

年份	地类	总面积（hm²）	平均面积（hm²）	最大斑块面积（hm²）	斑块数量（个）
2012	坡耕地	3 078.93	0.80	55.44	3 825
	撂荒地	211.03	0.26	6.68	815

年份	地类	总面积（hm²）	平均面积（hm²）	最大斑块面积（hm²）	斑块数量（个）
2017	坡耕地	2 093.01	1.23	41.00	1 707
	撂荒地	1 080.04	0.54	12.12	1 989

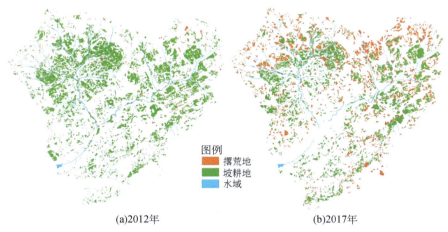

(a)2012年　　　　　　　　　　　(b)2017年

图 14.2　2012～2017 年草堂镇坡耕地和撂荒地分布图

14.3.2　坡耕地和撂荒地空间变化特征

结合草堂镇实际，通过不同带宽的反复实验对比，选择核密度带宽 $h = 600$ m 来进行坡耕地和撂荒地核空间分布特点的研究，其表达效果最佳，得到的核密度分布如图 14.3 所示。对比结果表明，2012 年坡耕地密度最大值为 148.14 块/ hm²，密度高值区以小面积团状分布在草堂镇中部，2017 年坡耕地核密度值最大为 111.94 块/ hm²，密度高值区数量明显减少，分散在草堂镇东西部，密度高值区呈边缘化的趋势，这与草堂镇实施退耕还林生态工程、农业结构调整等政策和区域功能规划有关，结合地形地貌等自然条件发展特色种植产业，高山区域种植芝麻、油橄榄等经济作物，河谷两岸低地大力打造脐橙产业园，有逐步取代耕地景观的趋势。2012 年撂荒地核密度最大值为 18.62 块/ hm²，密度高值区散落于草堂镇东部，西部也有少量分布；2017 年撂荒地核密度最大值达 48.21 块/ hm²，密度高值区主要分布在草堂镇的北部，密度高值区由中向北迁移。2012～2017 年，草堂镇撂荒地面积增多，密度变大，表明草堂镇实施生态防护林、库周造林绿化和退耕还林等生态工程效果较好，以龙关村、林政村、新房村、天坪村为代表的乡村大力推行高山生态移民政策，大量坡耕地边际为林草地，高山陡坡的植被得以恢复[15]。

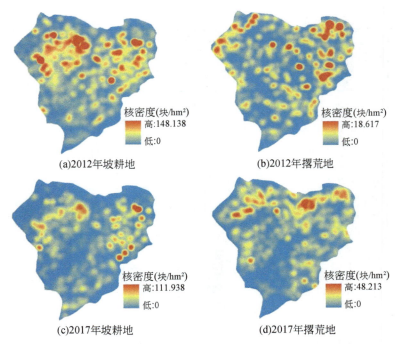

(a)2012年坡耕地   (b)2012年撂荒地

(c)2017年坡耕地   (d)2017年撂荒地

图 14.3　2012 年和 2017 年草堂镇坡耕地和撂荒地核密度分布图

14.3.3　各类撂荒地空间格局特征

利用 Fragstas 4.2 软件计算各类型撂荒地的景观指数，结果见表 14.2。其中，2017 年的撂荒地，按面积（CA）从大到小依次为 5～10 年撂荒地>2～5 年撂荒地>小于 2 年撂荒地>10 年以上撂荒地。从斑块数量（NP）、斑块平均面积（MPS）、中位数斑块面积（MedPS）和斑块面积标准差（PSSD）可以看出，5～10 年的撂荒地和 2～5 年的撂荒地分布范围较广；10 年以上的撂荒地数量较多，面积较小；小于 2 年的撂荒数量较少，撂荒地斑块面积整体偏大。从平均形状指数（MSI）来看，小于 2 年的撂荒地形状最不规则，10 年以上的撂荒地次之，2～5 年和 5～10 年的撂荒地斑块规则程度相当。从平均斑块分维数（MPFD）来看，各年限撂荒地地块边缘的复杂程度大致相同，体现了撂荒地地块特征的一致性，这与牛继强等[16]的研究结果一致。

表 14.2　各类撂荒地景观指数

撂荒年限	CA（hm²）	NP（个）	MPS（hm²）	MedPS（hm²）	PSSD	MSI	MPFD
<2 年	254.73	304	1.07	0.7	1.216	1.4206	1.0926
2～5 年	302.58	514	0.587	0.39	0.9132	1.4843	1.0927
5～10 年	329.67	602	0.548	0.3	1.1291	1.4927	1.0948
10 年以上	192.87	569	0.339	0.24	0.6553	1.427	1.0903

14.4　草堂镇撂荒地空间分布的影响因素分析

结合草堂镇多山地貌，坡耕地主要水源是降雨和水池蓄水，因此不考虑河网对坡耕地撂荒的影响。选择高程、坡度、坡向、距乡道距离、距农村居民点距离五个因素分析撂荒地分布的地形条件、交通条件和耕作距离，来探究撂荒地在单一因素下的格局特征，从而判断各因素与各年限撂荒地的关系。

14.4.1　地形对撂荒地空间分布的影响

地形是山区农业布局的重要影响因子，通过影响作物生长需要的光、热、水的分布从而对耕地的空间分布起作用。将高程、坡度和坡向的矢量数据与撂荒地进行叠加运算，得出不同高程、坡度和坡向下撂荒地的面积分布。

14.4.1.1　高程对撂荒地分布的影响

由图 14.4 和表 14.3 可得，整体而言，随着高程的增加，各类撂荒地分布比例先增大再减小。各类型撂荒地主要分布在海拔 500 ~ 1400 m，其中海拔 800 ~ 1100 m 分布比例最大；海拔 500 m 以下，各类型撂荒地分布面积较少，这与研究区实际一致，低海拔区域是居民点、工业园和产业园的聚集地，建设用地扩张和脐橙园的发展占用了大量耕地；而海拔 1400 m 以上，撂荒地分布比例小，主要景观是林地和灌丛。各高程带上，各类撂荒地的分布面积有较大差异，在低海拔区域，以撂荒年限短的撂荒地分布为主，体现在海拔 500 ~ 1100 m，撂荒小于 2 年、撂荒 2 ~ 5 年和撂荒 5 ~ 10 年的撂荒地分布比例较大，而海拔 1100 m 以上区域，以 5 ~ 10 年的撂荒地分布为主，说明近年来研究区 500 ~ 1100 m 高程带坡耕地更容易发生撂荒。

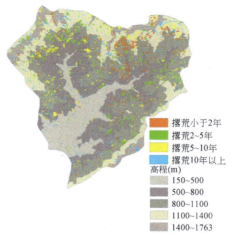

图 14.4　不同高程上各撂荒地分布图

表 14.3　不同高程上撂荒地面积分布

高程（m）	撂荒小于 2 年		撂荒 2~5 年		撂荒 5~10 年		撂荒 10 年以上	
	面积（hm²）	比例（%）	面积（hm²）	比例（%）	面积（hm²）	比例（%）	面积（hm²）	比例（%）
150~500	5.88	2.31	13.31	4.40	14.00	4.25	20.09	10.42
500~800	61.84	24.26	118.53	39.18	112.54	34.14	49.41	25.62
800~1100	141.03	55.32	134.55	44.47	128.36	38.94	82.92	43.00
1100~1400	39.77	15.60	27.65	9.14	61.91	18.78	39.55	20.51
1400~1763	6.41	2.51	8.53	2.82	12.86	3.90	0.89	0.46
合计	254.93	100.00	302.58	100.00	329.67	100.00	192.87	100.00

14.4.1.2　坡度对撂荒地分布的影响

　　根据图 14.5 和表 14.4 可知，各年限的撂荒地主要分布的坡度带基本一致，具体表现在：在坡度 15°以上区域，各类型撂荒地分布比例均较大，其中坡度 25°~35°上撂荒地面积最大，主要分布的是撂荒 2~5 年和撂荒 5~10 年的撂荒地，表明 2000 年以来草堂镇积极响应退耕还林和高山移民等生态工程，并取得了较好的成效，坡度 25°以上区域坡耕地大面积撂荒，对陡坡开垦所带来的生态风险有一定的缓解。坡度 6°以下区域撂荒地分布极少主要是坡耕地基数少。

图 14.5　不同坡度下撂荒地分布图

表14.4　不同坡度下撂荒地面积分布

坡度（°）	撂荒小于2年		撂荒2～5年		撂荒5～10年		撂荒10年以上	
	面积（hm²）	比例（%）	面积（hm²）	比例（%）	面积（hm²）	比例（%）	面积（hm²）	比例（%）
0～6	1.73	0.68	3.01	0.99	2.74	0.83	2.14	1.11
6～15	15.37	6.03	21.23	7.02	28.91	8.77	15.11	7.83
15～25	83.34	32.69	96.96	32.04	102.99	31.24	63.55	32.95
25～35	92.76	36.39	119.60	39.53	120.88	36.66	70.15	36.37
>35	61.73	24.21	61.78	20.42	74.16	22.50	41.91	21.73
合计	254.93	100.00	302.58	100.00	329.67	100.00	192.87	100.00

14.4.1.3　坡向对撂荒地分布的影响

各类型的撂荒地在各坡向下的分布特征一致（图14.6和表14.5），各坡向下分布面积最多的是撂荒2～5年和撂荒5～10年的撂荒地，整体上阴坡和半阴坡的撂荒地分布面积比阳坡和半阳坡多，阴坡大于半阴坡，半阳坡大于阳坡。这是因为在水分充足的情况下，坡耕地分布主要受到光照和温度的制约，阳坡接受光照充足，温度较高，因此阳坡的撂荒地分布最少。

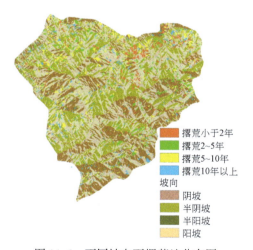

图例:
- 撂荒小于2年
- 撂荒2～5年
- 撂荒5～10年
- 撂荒10年以上
- 坡向
- 阴坡
- 半阴坡
- 半阳坡
- 阳坡

图14.6　不同坡向下撂荒地分布图

表14.5　不同坡向下撂荒地面积分布

坡向	撂荒小于2年		撂荒2～5年		撂荒5～10年		撂荒10年以上	
	面积（hm²）	比例（%）	面积（hm²）	比例（%）	面积（hm²）	比例（%）	面积（hm²）	比例（%）
阳坡	28.52	11.19	62.88	20.78	55.45	16.82	37.13	19.25
阴坡	86.77	34.04	90.84	30.02	91.55	27.77	46.37	24.04

续表

坡向	撂荒小于 2 年		撂荒 2 ~ 5 年		撂荒 5 ~ 10 年		撂荒 10 年以上	
	面积（hm²）	比例（%）	面积（hm²）	比例（%）	面积（hm²）	比例（%）	面积（hm²）	比例（%）
半阳坡	58.51	22.95	59.99	19.83	76.35	23.16	48.25	25.01
半阴坡	81.13	31.82	88.87	29.37	106.31	32.25	61.12	31.69
合计	254.94	100.00	302.58	100.00	329.67	100.00	192.87	100.00

14.4.2　撂荒地的交通条件分析

选取草堂镇乡道为对象，建立 150 m 等间距的缓冲区，通过与各类撂荒地的叠加得出各道路缓冲区内撂荒地的分布比重，从而分析道路对耕地撂荒的影响（图 14.7）。根据表 14.6，随着距道路距离的增大，各类撂荒地面积比重先降低后增大，距道路 450 m 内撂荒地分布面积较多。同一道路缓冲区内各类撂荒地分布存在差异，距道路 150 m 以内，撂荒 5 ~ 10 年、撂荒 2 ~ 5 年和撂荒小于 2 年的撂荒地为主，分布面积均大于 120 hm²，而撂荒 10 年以上的撂荒地分布比重也在此范围取得最大值，这说明研究区乡道网较为完善，坡耕地的交通条件整体较好。距乡道越近，同一道路缓冲区内年限较短的撂荒地分布面积更多，反映了近年来随着劳动力不断析出和农民生计的转型，越来越多交通条件好的坡耕地被大面积撂荒。

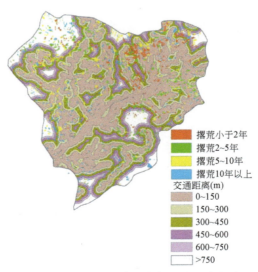

图 14.7　各道路缓冲区内各撂荒地分布图

表 14.6　不同交通距离内撂荒地面积分布

交通距离 (m)	撂荒小于 2 年		撂荒 2~5 年		撂荒 5~10 年		撂荒 10 年以上	
	面积 (hm²)	比例 (%)	面积 (hm²)	比例 (%)	面积 (hm²)	比例 (%)	面积 (hm²)	比例 (%)
0~150	124.48	48.83	128.93	42.61	123.22	37.38	69.05	35.80
150~300	55.99	21.96	67.79	22.40	78.20	23.72	51.46	26.68
300~450	36.25	14.22	33.74	11.15	52.00	15.77	29.03	15.05
450~600	12.15	4.76	16.83	5.56	25.26	7.66	17.17	8.90
600~750	6.09	2.39	12.20	4.03	22.79	6.91	6.86	3.56
>750	19.97	7.83	43.09	14.24	28.19	8.55	19.29	10.00
合计	254.93	100.00	302.58	100.00	329.66	100.00	192.87	100.00

14.4.3　撂荒地的耕作距离分析

结合研究区实际，选取草堂镇农村居民点为对象，建立缓冲区，分别是 0~100 m、100~200 m、200~300 m、300~400 m、400~500 m、500~800 m 和 800 m 以上共七类，通过与撂荒地矢量数据的叠加得到不同耕作距离内撂荒地的分布特点，如图 14.8 所示。根据表 14.7 可知，随着耕作距离的不断扩大，撂荒地分布的比重逐渐降低，主要分布在距农村居民点 500 m 以内，距居民点 800 m 以外几乎无撂荒地分布，这与草堂镇农村居民点较多，空间上分布较均匀有关，坡耕地主要分布在距农村居民点 800 m 以内，撂荒的耕地亦是如此。不同耕作半径内，撂荒小于 2 年和撂荒 2~5 年的撂荒地分布面积最大，这表明近年来坡耕地大范围发生撂荒。同一耕作半径，各类型撂荒地分布比重不一，距离农

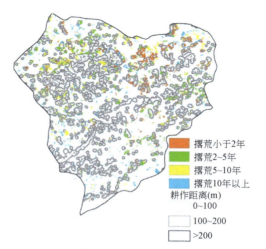

图 14.8　各农村居民点缓冲区内各撂荒地分布图

村居民点越近，年限短的撂荒地分布面积较多，说明草堂镇坡耕地撂荒现象严重，大量耕作半径小的坡耕地发生撂荒，这与野外调研的结果一致，草堂镇大多数房屋无人居住，或者只剩小孩、妇女和老人，剩余劳动力无法维持原有的农地规模，在经济利益的驱动下，部分坡耕地发生功能转型，剩余的耕地边际化为草地灌丛，逐渐撂荒。

表 14.7　不同耕作距离内撂荒地面积分布

耕作距离	撂荒小于 2 年		撂荒 2~5 年		撂荒 5~10 年		撂荒 10 年以上	
（m）	面积（hm²）	比例（%）	面积（hm²）	比例（%）	面积（hm²）	比例（%）	面积（hm²）	比例（%）
0~100	96.16	37.72	117.03	38.68	142.53	43.23	65.25	33.83
100~200	62.49	24.51	89.38	29.54	95.25	28.89	48.21	25.00
200~300	48.15	18.89	45.07	14.90	51.17	15.52	39.64	20.55
300~400	27.75	10.88	24.87	8.22	29.84	9.05	24.82	12.87
400~500	14.52	5.69	13.07	4.32	7.87	2.39	9.70	5.03
500~800	5.86	2.30	12.76	4.22	3.00	0.91	5.23	2.71
>800	0.00	0.00	0.40	0.13	0.00	0.00	0.00	0.00
合计	254.93	100.00	302.58	100.00	329.66	100.00	192.87	100.00

14.5　本章小结

本章在撂荒地识别的基础上，构建撂荒地年限判定方法，试图从时间和空间两方面探析坡耕地撂荒的时空演变规律。研究发现，各类型撂荒地均主要分布在海拔 500~1400 m、坡度 15°以上区域；距道路 150 m 范围内，以撂荒 5~10 年、撂荒 2~5 年和撂荒小于 2 年的撂荒地为主；随着耕作距离的不断扩大，撂荒地分布的比重逐渐降低，主要分布在距农村居民点 500 m 以内，距居民点 800 m 以外几乎无撂荒地分布。

参 考 文 献

[1] 李秀彬，赵宇鸾．森林转型、农地边际化与生态恢复［J］．中国人口·资源与环境，2011，21（10）：91-95．

[2] 李升发，李秀彬，辛良杰，等．中国山区耕地撂荒程度及空间分布——基于全国山区抽样调查结果［J］．资源科学，2017，39（10）：1801-1811．

[3] 辛良杰，李秀彬，谈明洪，等．近年来我国普通劳动者工资变化及其对农地利用的影响［J］．地理研究，2011，30（8）：1391-1400．

[4] Xie H，Wang P，Yao G. Exploring the dynamic mechanisms of cropland abandonment based on a spatially explicit economic model for environmental sustainability：A case study in Jiangxi Province，China［J］．Sustainability，2014，6（3）：1260-1282．

[5] 定光平，刘成武，黄利民．惠农政策下丘陵山区农地边际化的理论分析与实证——以湖北省通城县为例［J］．地理研究，2009，28（1）：109-117．

［6］邵景安，张仕超，李秀彬. 山区耕地边际化特征及其动因与政策含义［J］. 地理学报，2014，69（2）：227-242.

［7］张英，李秀彬，宋伟，等. 重庆市武隆县农地流转下农业劳动力对耕地撂荒的不同尺度影响［J］. 地理科学进展，2014，33（4）：552-560.

［8］田玉军，李秀彬，马国霞，等. 劳动力析出对生态脆弱区耕地撂荒的影响［J］. 中国土地科学，2010，24（7）：4-9.

［9］胡敏，王成超. 劳动力非农转移对农户耕地撂荒的影响［J］. 亚热带资源与环境学报，2013，8（2）：56-63.

［10］李赞红，阎建忠，花晓波，等. 不同类型农户撂荒及其影响因素研究——以重庆市 12 个典型村为例［J］. 地理研究，2014，33（4）：721-734.

［11］周丽娟，冉瑞平，林武阳，等. 农户耕地撂荒影响因素研究——基于宜宾市南溪区 158 户农户的调查［J］. 农村经济，2014，（4）：46-50.

［12］雷锟，阎建忠，何威风. 基于农户尺度的山区耕地撂荒影响因素分析［J］. 西南大学学报（自然科学版），2016，38（7）：149-157.

［13］谭术魁. 耕地撂荒程度描述、可持续性评判指标体系及其模式［J］. 中国土地科学，2003，17（6）：3-8.

［14］史铁丑，徐晓红. 重庆市典型县撂荒耕地图斑的提取与验证［J］. 农业工程学报，2016，32（24）：261-267.

［15］应弘，李阳兵. 三峡库区腹地草堂溪小流域土地功能格局变化［J］. 长江流域资源与环境，2017，26（2）：227-237.

［16］牛继强，林昊，牛樱楠，等. 经济欠发达地区撂荒耕地空间格局与驱动因素分析［J］. 农业机械学报，2017，48（2）：141-149.

第四篇

人地关系转型

15 | 草堂溪小流域土地功能格局变化

土地功能是土地提供产品和服务的能力[1]，也是土地可持续性的最好表征[2]。现阶段，土地系统科学已从关注土地覆被/利用及其变化逐渐向土地功能及其变化转变[3]，土地功能区划分[4]、土地功能可持续评价[5]和土地利用多功能性[6]等已成为研究热点。

土地功能分类是土地功能分析与评价的基础[7]，为建立科学合理的土地功能分类体系，国内外学者都进行了有益尝试[8~10]，但由于土地功能分类的复杂性、综合性等多方面原因，不同学者对土地功能内涵的界定及类型的划分存在一定差异。周宝同[19]将土地功能分为生态、社会、经济、生产和负向五大功能，以强调区域土地资源个体功能与价值；李德一等[12]考虑到人类–环境耦合系统的可持续性，认为土地有资源、生态、经济和社会四种功能；陈婧和史培军[13]、李广东和方创琳[14]从土地系统内在功能角度出发，认为土地系统具有生态、生产和生活三大功能，三者互为关联，形成一个统一整体，这与中共十八大报告[15]中"生产空间集约高效，生活空间宜居适度，生态空间山清水秀"的国土空间划分理念不谋而合。"三生"功能分类体系为我国解决土地问题提供了基本分析框架，在确保生态、生产和生活三大功能用地并重的基础上，制定有效的土地利用政策，保障社会经济发展的用地需求，加强生态系统保护，实现区域可持续发展，具有重要的现实意义。

三峡库区是我国敏感生态区[16]和水土保持重要功能区[17]。三峡库区地貌类型多样、地质条件复杂，生态条件先天脆弱，因此三峡库区成为土地系统研究的热点区域[18~20]。通过研究三峡库区土地系统的变化过程[21]、驱动机制[22]并模拟其可持续性[23]来判断人类环境系统变化，进而合理配置土地资源[24]，优化土地利用结构[25]，最终实现土地利用可持续发展，对后续探讨三峡库区生态环境效应[26]具有战略意义。但针对三峡库区这一生态脆弱区的土地功能分类体系及其格局变化的研究鲜有报道。为此，本书以三峡库区腹地典型小流域——草堂溪小流域为例，遵循"三生"功能划分原则，借鉴前人研究成果[13]，建立土地功能分类体系，利用地理信息系统技术与数理统计方法，揭示 1990~2015 年研究区土地功能格局演变的时空差异，以期为该区域乃至三峡库区的土地功能变化机制研究、土地资源优化调控及生态环境保护提供重要基础。

15.1 研究区概况

研究区草堂溪小流域（109°31′03″E~109°45′20″E，31°02′40″N~31°10′06″N），位于奉节县东部草堂镇，地处三峡库区腹地，是长江北岸的一级支流（图15.1），土地面积为

191.5 km², 河流长度为 33.3 km。该流域地貌类型以中低山为主，丘陵平坝散布其间。高程在 500~1500 m 的范围占研究区土地面积的 77.38%，坡度>15°的范围占研究区土地面积的 86.60%，坡度>25°的范围占研究区土地面积的 52.05%，耕地主要分布在 6°~25°坡地上[27]，紫色土广布，山高坡陡，土壤侵蚀强烈。该区域气候属中亚热带大陆性季风气候，年均气温为 15℃，年均降水量为 1200 mm[28]。草堂溪小流域的地貌特征和气候条件形成典型立体气候，光热适度，雨量充沛，盛产各种农作物，尤其是脐橙。研究区内陡坡开垦现象突出，人口密度大，人地矛盾日益尖锐，水土流失严重。

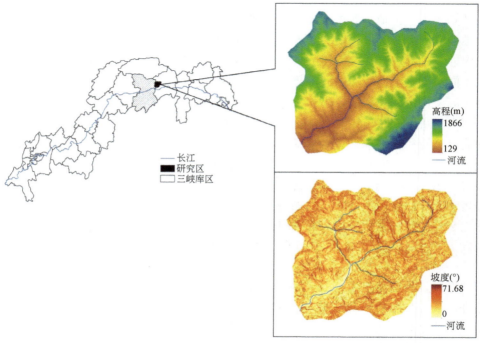

图 15.1　研究区位置图

15.2　数据来源与研究方法

15.2.1　数据来源与处理

　　1990 年土地利用数据来源于对 1990 年 1∶50 000 地形图数字化，同时以 Landsat-5（TM）影像作参照并进行补充。2007 年、2012 年和 2015 年土地利用数据分别来源于 2007 年 CBERS（分辨率为 2.5 m）遥感影像、2012 年和 2015 年 Google Earth（分辨率为 1 m）高分辨影像。根据 1∶50 000 地形图，运用 ArcGIS 10.2 软件将 2007 年 CBERS 影像、2012

年和 2015 年 Google Earth 影像进行精校正，确保控制误差。采用人机交互解译，根据研究需要及流域实际土地覆盖情况，得到研究区四期土地利用类型图。辅以研究区 10 m 分辨率影像，对结果进行野外抽样调查验证，图斑解译精度接近 90%。土地利用类型包括坡耕地、有林地、灌木林地、其他林地、草地、果园、水体、城镇居民点、农村居民点、道路和工矿用地共 11 类。地形位指数则通过 GIS 软件由 1∶50 000 DEM 生成。

15.2.2 研究方法

15.2.2.1 "生态—生产—生活" 土地功能分类体系建立

借鉴陈婧和史培军[21]的土地功能分类体系，结合研究需要和流域实际土地资源属性，得到三个大类五个亚类土地功能分类体系（表 15.1 和图 15.2）。三个大类主要分为生产功能、生活功能和生态功能；五个亚类分别为：①非生物生产功能；②生物质生产功能；③交通功能；④住宅功能；⑤人工/天然生态功能。其中，①②③属于生产功能，④⑤分别属于生活功能和生态功能。土地功能类型与土地利用类型对应关系为：①包括工矿用地；②包括坡耕地和果园；③包括道路；④包括城镇和农村居民点；⑤包括有林地、灌木林地、其他林地、草地和水体。

表 15.1 土地功能分类体系及其对应的土地利用类型

土地功能类型	土地功能亚类	土地利用类型
生产功能	①	工矿用地
	②	坡耕地和果园
	③	道路
生活功能	④	城镇和农村居民点
生态功能	⑤	有林地、灌木林地、其他林地、草地和水体

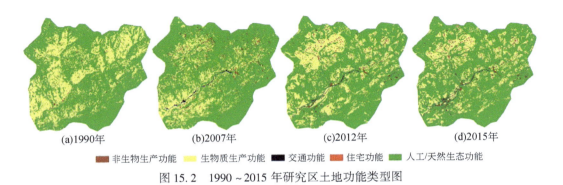

(a)1990年　　(b)2007年　　(c)2012年　　(d)2015年

■ 非生物生产功能　■ 生物质生产功能　■ 交通功能　■ 住宅功能　■ 人工/天然生态功能

图 15.2 1990～2015 年研究区土地功能类型图

15.2.2.2 土地功能转移流

本书引入物质动态变化中"流"的概念，用土地功能转移流来度量土地功能类型转变过程，基于 1990~2015 年土地功能转移矩阵，将其看作一个有权有向的复杂网络加以分析[29]。土地功能类型是网络中的节点，不同土地功能类型间的转换为网络的边，转移量是边的属性。对任何土地功能类型而言，由其他功能类型转为该类型的变量为"转入流"，由该类型转为其他功能类型的变量为"转出流"，特定时间内"转入流"与"转出流"之和就是该土地功能类型中所有参与土地功能变化的总量，即土地功能转移流。计算过程详见汪建珍等的文献[30]。

15.2.2.3 地形位指数

为综合反映地形条件的空间分异，通过地理信息模型建模方法，将高程和坡度组合成一地形位指数模型，用来体现高程和坡度的综合信息，进而能更有效地分析地形因素限制下研究区土地功能类型的分布选择。计算过程详见喻红等的文献[31]。结合研究区实际情况，将地形位指数重分类成 0.1~0.5、0.5~1.0、1.0~1.2、1.2~1.5、1.5~2.0、2.0~2.5 这六个等级，并分别用代码 1、2、3、4、5、6 表示（图 15.3）。

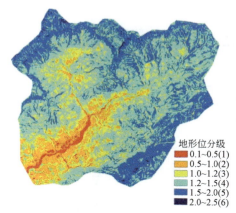

图 15.3　研究区地形位指数图

15.2.2.4 分布指数

地形位指数对地形差异重新描述后，可反映地形条件影响下土地功能类型的空间分布特征。标准化、无量纲的分布指数可以消除不同地形梯度面积分布比例不同而带来的影响，更能反映出土地功能类型的优势分布情况。计算过程详见胡巍巍等的文献[32]。

15.2.2.5 景观指数

景观格局具体表现了景观异质性，是不同尺度下区域生态功能变化过程的结果，景观指数可以定量描述景观结构组成和空间配置特征[33]。本书借助 Fragstats 4.2 软件，选取景观水平上的最大斑块指数（LPI）、景观形状指数（LSI）、聚集指数（AI）和香农多样性指数（SHDI）这四个指标，以探求研究区 1990～2015 年土地功能景观格局动态特征。各景观指数计算方法和生态意义详见 Zhang 等的文献[34]。

15.3 结果分析

15.3.1 土地功能动态特征

15.3.1.1 土地功能变化的时间特征

2015 年研究区"三生"功能结构以生产功能用地和生态功能用地为主，面积分别为 4926.12 hm² 和 13 821.51 hm²。生态功能用地所占比例最大，占研究区总面积比重的 72.18%；相对的，生活功能用地面积为 402.97 hm²，仅占研究区总面积比例的 2.10% [图 15.2（d）]。由图 15.2 可知，1990～2015 年，生产功能用地面积波动减少，总体减少 1844.19 hm²，空间上呈由整体分散趋于局部集中态势，其中交通功能用地和非生物生产功能用地分别增加 115.06 hm² 和 32.56 hm²，而生物质生产功能用地减少 1991.82 hm²；生活功能用地增长速度较快，面积由 100.73 hm² 增至 402.97 hm²，逐渐向水分条件好、交通便利处聚集；生态功能用地面积波动增加，增幅为 12.56%，空间上逐步扩展到整个区域。以 2007 年为界，前后两时段土地功能变化差异较大，主要表现为 1990～2007 年生物质生产功能用地骤减，人工/天然生态功能用地扩张，说明 2002～2006 年退耕还林政策效果显著；2007～2015 年生物质生产功能用地小幅度增长，人工/天然生态功能用地略有减少，住宅功能用地持续扩张，这表明研究区逐步形成符合生产与生态要求的土地功能格局。

15.3.1.2 土地功能转移网络分析

25 年尺度上研究区共有 19 种土地功能转移关系，各时段土地功能转移数量不同（图 15.4）。1990～2015 年生物质生产功能用地与人工/天然生态功能用地相互转移累计贡献率占转移网络总量的 91.12%，这表明生物质生产功能用地与人工/天然生态功能用地间的转移情况决定着研究区整体土地功能变化的主体方向。1990～2015 年，生物质生产功能用地转人工/天然生态功能用地为 4206.45 hm²，占整个土地功能转移流的 57.87%；人工/天然生态功能用地转生物质生产功能用地为 2416.07 hm²，占整个土地功能转移流的 33.24%。各时段土地功能转移程度又有所差异，1990～2007 年、2007～2012 年和 2012～2015 年上述两种功能类型相互转移累计贡献率分别为 92.38%、95.23% 和 94.40%，土地功能转移程度呈先增后减趋势。

从各时段来看，1990～2007 年土地功能转移流主要为生物质生产功能用地和人工/天然生态功能用地，其次是上述两种功能类型转为住宅功能用地，分别占当期转移网络 2.16% 和 2.32%；2007～2012 年生物质生产功能用地转入量中有 98.99% 源于人工/天然 生态功能用地，转出量中有 96.42% 转为人工/天然生态功能用地；2012～2015 年生物质 生产功能用地与人工/天然生态功能用地间的相互转移流小于前两时段，其中生物质生产 功能用地转人工/天然生态功能用地仅为 1189.62 hm^2，但占当期转移网络比例高达 78.82%。1990～2015 年交通功能用地和住宅功能用地主要通过挤占生物质生产功能用地 和人工/天然生态功能用地来实现扩张，其中住宅功能用地转入量 1990～2007 年>2007～ 2012 年>2012～2015 年，交通功能用地转入量 2007～2012 年>1990～2007 年>2012～ 2015 年。

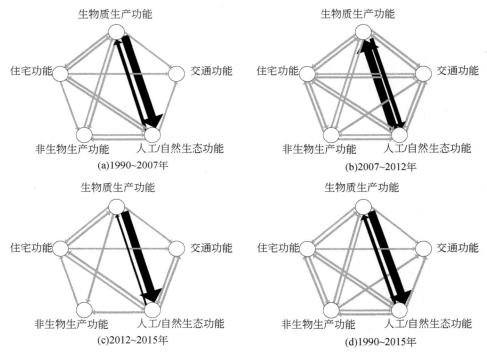

图 15.4   不同时期土地功能转移网络结构关系图

箭头表示土地功能类型转移方向，粗细表示不同土地功能类型转移量大小，灰色箭头表示转移量最小

15.3.2   土地功能空间变化特征

15.3.2.1   关键土地功能转变空间分布特征

不同时段研究区土地功能发生变化的关键土地功能类型和分布区域有显著差异（图 15.5）。1990～2007 年研究区草堂溪以北区域生物质生产功能用地转为人工/天然生态功能用地范

围较大，而人工/天然生态功能用地转为生物质生产功能用地主要分布于研究区草堂溪以南区域。2007～2012 年主要为人工/天然生态功能用地转为生物质生产功能用地，并集中分布于研究区草堂溪西北部，其东部地区分布较均匀；生物质生产功能用地转为人工/天然生态功能用地集中分布于研究区草堂溪西南部，即流域河谷处。2012～2015 年土地功能变化幅度减小，主要表现为人工/天然生态功能用地转为生物质生产功能用地，主要分布于研究区草堂溪西部地区。1990～2015 年研究区草堂溪以北区域人工/天然功能用地增幅较大，其中西北部区域生物质生产功能用地集中扩张，在其附近住宅功能用地显著增加；草堂溪以南区域生物质生产功能用地增幅明显大于人工/天然功能用地；河谷底部城镇建设和交通建设力度加大。

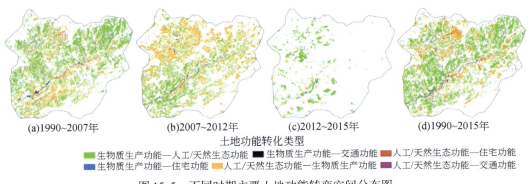

(a)1990~2007年　　(b)2007~2012年　　(c)2012~2015年　　(d)1990~2015年

土地功能转化类型

■ 生物质生产功能—人工/天然生态功能　■ 生物质生产功能—交通功能　■ 人工/天然生态功能—住宅功能
■ 生物质生产功能—住宅功能　■ 人工/天然生态功能—生物质生产功能　■ 人工/天然生态功能—交通功能

图 15.5　不同时期主要土地功能转变空间分布图

15.3.2.2　土地功能变化空间集聚特征

利用核密度制图法分析研究区土地功能变化空间集聚特征（图 15.6）。25 年尺度上，土地功能变化热点区域分布大致呈东北—西南走向，与研究区内生物质生产功能用地和人工/天然生态功能用地分布变化基本保持一致，主要表现为生物质生产功能用地和人工/天然生态功能用地系统附近为变化高值区。不同时段土地功能变化的空间集聚特征不同，其中1990～2007 年热点区域分布相对均匀，总体上集中于研究区草堂溪东北部、西南部和中部地区；2007～2012 年土地功能变化面积密度大于 1990～2007 年，最大值为 1365.18 hm²/km²，热点区域逐渐向研究区草堂溪西部地区转移；2012～2015 年土地功能变化面积密度

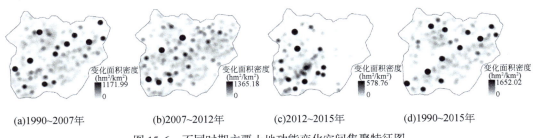

(a)1990~2007年　　(b)2007~2012年　　(c)2012~2015年　　(d)1990~2015年

图 15.6　不同时期主要土地功能变化空间集聚特征图

最大值达到 25 年来最小值，仅为 578.76 hm²/km²，热点区域重点分布在研究区草堂溪西部，主要集中于西南部地区，东部区域土地功能变化已不显著。总之，1990~2015 年土地功能变化热点区域逐渐向研究区草堂溪西部地区推移，主要是生物质生产功能用地转为人工/天然生态功能用地区域，以及交通功能用地与住宅功能用地扩建区域。

15.3.3 基于地形位土地功能格局演变特征

15.3.3.1 基于地形位土地功能分布变化

由于驱动机制存在差异，研究区不同土地功能类型在不同地形位梯度上的分布呈时空分异性（图 15.7）。非生物生产功能用地各年优势区间大致稳定在第 4~第 5 地形位，即中高地形位，其中 2015 年非生物生产功能用地分布指数在第 1 地形位梯度上值高达 5.93，这是由于 2011 年开工建设的奉节县移民生态产业园正好位于研究区沪渝高速公路草堂出口附近。

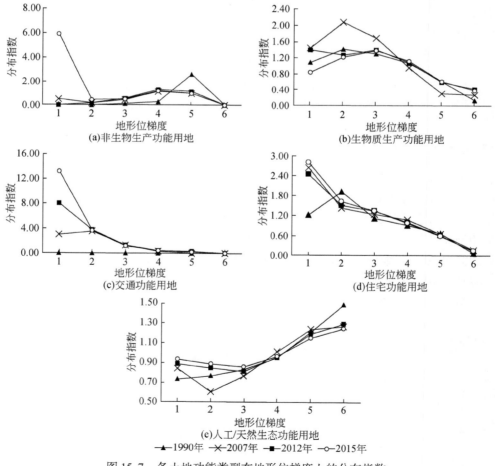

图 15.7　各土地功能类型在地形位梯度上的分布指数

　　住宅功能用地和交通功能用地分布指数均随地形位梯度递减，优势区间均为第1~第4地形位，即中低地形位。交通功能用地分布指数在0~14波动，分布曲线起伏相对较大，表明其对地形选择性较强。上述两类功能用地在第1~第4地形位的分布指数总体上呈逐年递增趋势，这表明研究区建设用地开发强度加大，更利于人类进行各种生产生活活动。

　　生物质生产功能用地分布指数随地形位梯度先增后减，优势区间集中于第1~第4地形位，即中低地形位。2007年分布曲线变化较其他三期明显，其中第1~第3地形位分布指数为2007年>1990年>2012年>2015年，结合人工/天然生态功能用地分布曲线可知，1990~2007年主要通过毁林开荒来保证农耕地的占补平衡，而2007~2015年研究区城镇建设力度加大，建设用地占农用地现象突出；第4~第6地形位分布指数为2007年<1990年<2012年<2015年，可见退耕压力与开荒动力并存，且有向较高地形位垦荒或开发果园的趋势。

　　人工/天然生态功能用地分布指数随地形位梯度递增，优势区间为第5~第6地形位，即高地形位，一方面由于较低地形位为人类活动密集区，生态用地分布优势不明显；另一方面生态用地尤其是林地对地形限制条件适应性较强。第1地形位梯度的分布指数逐年增加，是因为水域主要分布于低地形位上，三峡截流蓄水导致研究区水位上升，淹没范围增大。第2~第4地形位分布指数大致逐年增加，可见研究区生态环境显著改善。

15.3.3.2　基于地形位景观指数变化趋势

　　不同时期研究区景观指数在不同地形位梯度上呈明显差异性（图15.8）。LPI值随地形位梯度呈"降—升—降"趋势。第1地形位梯度主要分布着水体，水位上升导致最大斑块占景观面积比重逐年增加。第2~第4地形位为LPI值低值区，主要由于居民点扩张、交通道路建设、生态恢复和农耕地被分割等现象显著；第5~第6地形位的LPI值为2007年>1990年>2015年>2012年，表明1990~2007年生态重建工程效果较好，林灌木等生态用地呈增长态势，而2007~2015年随着退耕还林年限增加，复垦现象出现，最大斑块占景观面积比重有所下降。LSI值随地形位梯度先增后减，在第3~第4地形位达到最高值。1990~2015年各地形位梯度上LSI值先增后减，反映了新开发的建设用地、耕地的开垦及退耕地块形状较整齐，与人类活动强度密切相关。25年尺度上各地形位梯度上AI值均不同程度的提高，其中2007年第2~第4地形位区间AI值较小，是坡耕地破碎化的直接反映；而第5~第6地形位的AI值较大，表明林地郁闭度高，团聚程度提高。SHDI值在第1~第4地形位为高值区，第5~第6地形位为低值区，是因为地势低缓区有利于人类生活发展，大部分人工建筑设施与自然生态用地镶嵌聚集于此，景观类型多样复杂；高陡区人类活动较少，林灌木广布，景观类型相对单一。1990~2015年研究区整体景观多样性逐渐增加，其中2015年第3~第6地形位的SHDI值略小于2012年，是由坡耕地进一步转化为林草地所致。总之，在人为和自然因素的影响下较低地形位上土地开发利用程度加大，景观类型逐渐丰富，形状相对复杂，景观异质性增强；较高地形位上生态治理效果显著，景观类型较为单一但连通性佳。

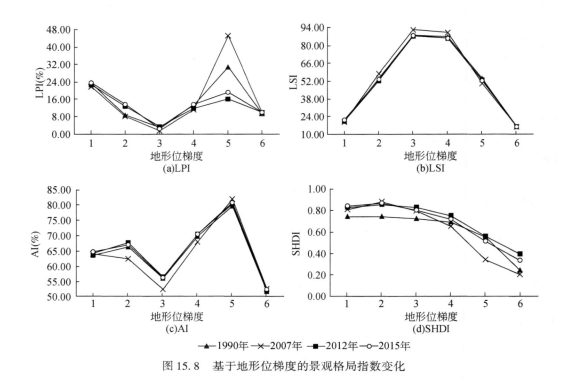

图 15.8　基于地形位梯度的景观格局指数变化

15.4　讨　　论

15.4.1　土地功能格局演变及驱动机制

　　三峡水库的修建改变了区域土地利用态势[20]，进而导致土地功能发生改变，重构了区域景观格局框架。根据景观生态学理论，生产功能用地为构成草堂镇景观的"斑块"，生活功能用地为"廊道"，生态功能用地则是"基质"，这符合景观格局典型的"斑块-廊道-基质"模式。25 年尺度上，土地功能变化热点区域逐渐向研究区西南部推进，主要表现为生物质生产功能用地与人工/天然生态功能用地相互转化，以及交通功能用地与住宅功能用地扩张。1994 年，三峡工程正式开工，大量移民从低平坝地向陡坡地搬迁，为保证耕地基本需求，陡坡开垦现象凸显，王永艳等[27]研究表明 1990 ~ 2004 年研究区内坡耕地在中高地形位上大量增加。2002 年，退耕还林政策开始实施，坡耕地被迫退耕，加之留守劳动力老龄化等多方面原因，撂荒地和耕地边际化现象出现，使到 2007 年生物质生产功能用地面积骤减，与已有研究结果[14,26]一致。受生存型经济福利和环境安全共同驱动，毁林开荒与退耕还林并存，2007 ~ 2015 年生物质生产功能用地面积增加，主要集中分布于研究区西北部的中低地形位，其余区域分布相对分散、均匀，其中农业结构调整政策促使沿河两岸开展脐橙等特色效益农业。2009 年三峡工程全面建成，成功蓄水 175 m，进入了后移民时期。研究区在相当长一段时间内处于城镇化和新农村建设的高潮期。城镇化导致研究区农业人口的转移，道路网扩建增加了区域可达性，流域河谷处住宅功能用地沿交通功能用地呈带状分布，河流两侧区域住宅功能用地主要伴随生物质生产功能用地呈镶嵌和包围状分布。非生物质生产功能用地规模偏小，呈小斑块状零星分布于研究区东部。生态是生产与生活稳定发展的前提，研究区所在的奉节县属于渝东北生态涵养发展区，旨在增强三峡库区生态文明建设。特别是 2000 年以来，生态防护林、库周造林绿化和退耕还林等生态工程稳步推进，大量陡坡耕地退为林草地，草地覆被度上升、森林郁闭度提高，人工/天然生态功能用地大片连续分布，空间连贯性高，整体性较好。

综上所述，受三峡建设、移民后靠安置、生态治理、城镇化、农业结构转型等政策导向作用的影响，研究区土地功能类型在数量和空间上发生了复杂的变化。随着人类行为科学规划意识的增强，区域内生产功能、生活功能和生态功能用地结构比例得到改善，空间布局相对合理化，人类活动正以积极的方式逐步优化和影响土地功能格局的演变。

15.4.2 土地功能演变启示意义

人类利用土地资源时，需同时兼顾土地系统的生产功能、生态功能和生活功能，否则将造成土地功能的逆向演化[35]。奉节县作为农业大县，保护耕地资源尤为重要。尽管草堂镇生态功能用地面积最大，但由于人口密度大，坡耕地比重高，人地矛盾现象依旧突出。自三峡库区截流蓄水以来，研究区内水位上升，淹没了沿江优质耕地，坡耕地成为该区主要耕地类型，耕地质量下降，且陡坡开垦极易加剧水土流失。再者，由于退耕还林及农业结构调整等，生物质生产功能用地面积减少，其中坡耕地缩减，果园扩张 [图 15.9 (a)]，有 65.46% 的果园由坡耕地直接开发而来。研究区城镇化进程的加快，建设用地与其他地类争夺空间现象显著，特别是对生物质生产功能用地的侵占。因此草堂镇必须严守耕地红线，提高耕地复垦指数。1990 年以来，奉节县草堂溪流域综合治理试验工程[36]的实施及生态治理工程的推进、林分结构合理化 [图 15.9 (b)]、生态服务功能的提升，为该区土

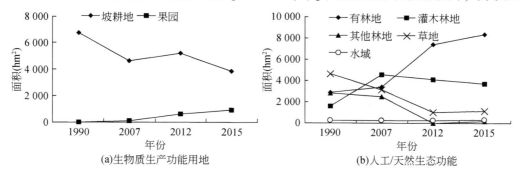

图 15.9　1990~2015 年生物质生产功能用地组分和人工/天然生态功能用地组分面积变化

壤侵蚀防止提供了保证。同时研究区的脐橙种植较其他农作物更利于保土蓄水，具有经济生态双重效益。这表明 1990～2015 年研究区生态环境有所改善，土壤侵蚀强度减轻，生态风险好转，在过往研究[26,37]中已得到证实。但注重生态恢复的同时如何协调好粮食安全与城镇化的问题，依旧是该区在土地利用空间布局与土地资源可持续利用中需要统筹考虑的重要战略问题。

15.5 结　　论

1）1990～2015 年，生产功能用地波动减少，生活功能用地持续增加，生态功能用地波动增加，研究区呈生态功能主导型和生态—生产功能优势型的土地功能格局。

2）生物质生产功能用地和人工/天然生态功能用地间相互转移累计贡献率占转移网络总量的 91.12%，决定着研究区土地功能变化主体方向。25 年尺度上，研究区土地功能类型变化主要表现为生物质生产功能用地与人工/天然生态功能用地的消长，以及住宅功能用地与交通功能用地的增加。不同时间尺度下土地功能变化热点区域空间分布不同，且热点区域逐渐向研究区西部推移，重点集中于研究区西南部。

3）随着三峡工程建设及退耕还林等生态工程的实施，研究区较低地形位上人类活动强度增强，河谷建设力度加大，土地功能类型多元化，主要分布着生物质生产功能用地、交通功能用地和住宅功能用地，其中河流两岸中低地形位上大量坡耕地开发为果园，经济生态效应并重；较高地形位上人类干扰活动减少，人工/天然生态功能用地优势度增加，生态效应显著。整体上研究区土地系统向着集中化、规模化方向发展。

4）本章探讨了草堂溪小流域的土地功能结构变化和空间分异特点，这填补了三峡库区腹地土地功能格局演变特征的研究空白，不仅为该区乃至整个三峡库区未来土地系统研究提供了新视角，而且对其土地功能合理布局、景观格局优化调控和土地资源可持续利用具有直接的指导作用。

15.6 本章小结

为响应国家"生产空间集约高效，生活空间宜居适度，生态空间山清水秀"的国土空间划分理念，本章在土地利用分类的基础上，构建土地功能分区标准，并运用土地功能转移流、地形位指数分布指数和景观指数等研究方法，探析土地功能演变格局特征的基础上，探究其驱动机制及其对土地资源管理的启示意义。

参 考 文 献

[1] Verburg P H, Steeg J V D, Veldkamp A, et al. From land cover change to land function dynamics：A major challenge to improve land characterization [J]. Journal of Environmental Management, 2009, 90 (3)：1327-1335.

[2] Young B, Noone K, Steffen W. Science plan and implementation strategy [J]. Environmental Policy

Collection，2006，20（11）：1262-1268.

［3］De Groot R，Wilson M A，Boumans R M J. A typology for the classification，description and valuation of ecosystems functions，goods and services［J］. Ecological Economics，2002，41（3）：393-408.

［4］张洁瑕，陈佑启，姚艳敏，等. 基于土地利用功能的土地利用分区研究——以吉林省为例［J］. 中国农业大学学报，2008，13（3）：29-35.

［5］De Groot R. Function-analysis and valuation as a tool to assess land use conflicts in planning for sustainable，multi-functional landscapes［J］. Landscape and Urban Planning，2006，75（3/4）：175-186.

［6］甄霖，魏云洁，谢高地，等. 中国土地利用多功能性动态的区域分析［J］. 生态学报，2010，30（24）：6749-6761.

［7］梁小英，顾铮鸣，雷敏，等. 土地功能与土地利用表征土地系统和景观格局的差异研究——以陕西省蓝田县为例［J］. 自然资源学报，2014，29（7）：1127-1135.

［8］Nelson G C，Bennett E，Berhe A A，et al. Anthropogenic drivers of ecosystem change：An overview［J］. Ecology and Society，2006，11（2）：473-482.

［9］刘沛，段建南，王伟，等. 土地利用系统功能分类与评价体系研究［J］. 湖南农业大学学报（自然科学版），2010，36（1）：113-118.

［10］Ellis E C，Ramankutty N. Putting people on the map：Anthropogenic biomes of the world［J］. Frontiers in Ecology and the Environment，2008，6（8）：439-447.

［11］周宝同. 土地资源可持续利用基本理论探讨［J］. 西南师范大学学报（自然科学版），2004，29（2）：310-314.

［12］李德一，张树文，吕学军，等. 基于栅格的土地利用功能变化监测方法［J］. 自然资源学报. 2011，26（8）：1297-1305.

［13］陈婧，史培军. 土地利用功能分类探讨［J］. 北京师范大学学报（自然科学版），2005，41（5）：536-540.

［14］李广东，方创琳. 城市生态—生产—生活空间功能定量识别与分析［J］. 地理学报，2016，71（1）：49-65.

［15］胡锦涛. 坚定不移沿着中国特色社会主义道路前进，为全面建成小康社会而奋斗［M］. 北京：人民出版社，2012.

［16］虞孝感. 长江流域生态环境的意义及生态功能区段的划分［J］. 长江流域资源与环境，2002，11（4）：323-326.

［17］傅伯杰，刘国华，陈利顶，等. 中国生态区划方案［J］. 生态学报，2001，21（1）：1-6.

［18］洪惠坤，廖和平，魏朝富，等. 基于改进 TOPSIS 方法的三峡库区生态敏感区土地利用系统健康评价［J］. 生态学报，2015，35（24）：8016-8027.

［19］Zhang J，Liu Z，Sun X. Changing landscape in the Three Gorges Reservoir Area of Yangtze River from 1977 to 2005：Land use/land cover，vegetation cover changes estimated using multi-source satellite data［J］. International Journal of Applied Earth Observation and Geoinformation，2009，11（6）：403-412.

［20］邵景安，张仕超，魏朝富. 基于大型水利工程建设阶段的三峡库区土地利用变化遥感分析［J］. 地理研究，2013，32（12）：2189-2203.

［21］Cao Y，Zhou W，Wang J，et al. Spatial-temporal pattern and differences of land use changes in the Three Gorges Reservoir Area of China during 1975－2005［J］. Journal of Mountain Science，2011，8（4）：551-563.

［22］曹银贵，王静，程烨，等．三峡库区土地利用变化与影响因子分析［J］．长江流域资源与环境，2007，16（6）：748-753.

［23］张梦婕，官冬杰，苏维词．基于系统动力学的重庆三峡库区生态安全情景模拟及指标阈值确定［J］．生态学报，2015，35（14）：4880-4890.

［24］傅瓦利，谢德体．三峡库区开县土地利用空间优化配置及其生态经济效益的比较研究［J］．经济地理，2006，26（1）：133-136，144.

［25］刘彦随，方创琳．区域土地利用类型的胁迫转换与优化配置——以三峡库区为例［J］．自然资源学报，2001，16（4）：334-340.

［26］李月臣，刘春霞，闵婕，等．三峡库区生态系统服务功能重要性评价［J］．生态学报，2013，33（1）：168-178.

［27］王永艳，李阳兵，甘彩红，等．基于地形因子的三峡库区腹地耕地演变——以草堂溪流域为例［J］．生态学杂志，2013，32（7）：1903-1911.

［28］赵岩洁，李阳兵，冯永丽．三峡库区紫色岩小流域土壤侵蚀强度动态监测［J］．资源科学，2012，34（6）：1125-1133.

［29］武鹏飞，宫辉力，周德民．基于复杂网络的官厅水库流域土地利用/覆被变化［J］．地理学报，2012，67（1）：113-121.

［30］汪建珍，卢李朋，赵锐锋，等．基于土地转移流的干旱区河谷城市土地系统稳定性评价——以兰州市近郊四区为例［J］．经济地理，2014，34（4）：153-158.

［31］喻红，曾辉，江子瀛．快速城市化地区景观组分在地形梯度上的分布特征研究［J］．地理科学，2001，21（1）：64-69.

［32］胡巍巍，王根绪，邓伟．景观格局与生态过程相互关系研究进展［J］．地理科学进展，2008，27（1）：18-24.

［33］邬建国．景观生态学：格局、过程、尺度与等级［M］．北京：高等教育出版社，2007.

［34］Zhang L，Wu B，Zhu L，et al. Patterns and driving forces of cropland changes in the Three Gorges Area，China［J］．Regional Environmental Change，2012，12（12）：765-776.

［35］周子英．土地利用及其功能变化研究——以湖南省醴陵市为例［D］．长沙：湖南农业大学，2012.

［36］张攀龙．小流域治理开发的新篇章——四川省奉节县草堂河流域综合治理试验工程获得圆满成功［J］．中国水土保持，1994，（5）：50-52.

［37］赵岩洁，李阳兵，邵景安．基于土地利用变化的三峡库区小流域生态风险评价——以草堂溪为例［J］．自然资源学报，2013，28（6）：944-956.

16 | 耕地功能转型与聚落空间耦合研究

乡村景观对人类发展和生物多样性保护至关重要[1]。山区乡村土地利用的合理配置可以协调城市扩展、耕地保护、土壤侵蚀和水资源涵养等系列环境冲突[2-3]，控制工业用地的增长是缓解乡村土地利用压力的重要因素[4]。农村居民点众多，政府控制力有限，导致乡村发展占用大量耕地[1]。与行政中心、城市扩展中心及交通道路的距离是引导耕地转型的重要解释变量[5]。人口密度、土地利用强度和生物多样性存在一定的空间关系[6]，深入了解乡村地区的人地关系，促进乡村土地管理的合理化，有利于区域的农业发展[7]。

耕地的非农化、非粮化及弃耕撂荒现象是人地关系变化在土地利用结构和方式上的反映[8]。城市化的快速发展导致人口结构转变，引起乡村人口流失、耕地撂荒及居民点闲置等问题[9]，进而促进了耕地利用的转型与聚落的空间重构。随着社会经济发展，耕地利用模式逐步向以多功能管理主导的农业发展[10]，且耕地的功能转型与人类对耕地的非商品性产出需求关系密切[11]。聚落作为人类生产生活的主要活动场所[12]，其空间格局与耕地耕作距离之间必然存在一定的制约关系。有学者将农村聚居演变的一般过程分为初期、过渡、发展和成熟四个阶段[13]，并通过研究耕地与聚落的耦合关系判定区域人地关系的协调性[14]。由于现代化农业生产方式的转变，规划滞后、布局散乱的农村聚落对农村社会经济的发展产生了一系列的影响[15]。例如，农村空心化现象导致农村生产发展主体弱化，对耕地利用形态产生影响[16]。农耕经济是农村聚落存在和发展的经济基础，人口与耕地关系的变动影响着聚落的生成与演化[17]。探讨耕地功能转型与聚落发展之间的相互关系对城乡二元体制下的乡村发展意义重大。

景观生态学视角下，空间邻接紧密的景观类型在结构和功能上也必然联系密切[18]。山区的耕地分布范围广且生态环境脆弱，已构成中国山区耕地可持续利用的基本限制条件[19]。与此同时，王青[20]在研究山区聚落与水土保持耦合机制的过程中发现，山区耕地的数量和质量可以反映人类聚落对山坡坡面水土资源截留能量的大小，聚落与外界生态环境的能量交流将直接影响聚落内居民的生活保障和发展空间，因此适宜的生态空间和环境条件是山区聚落整合与发展的关键因素。而现阶段的坡耕地治理基本以生态环境的改善为目标[21]，因此山区的耕地转型与山区聚落的发展有较强的相关性。现有的研究中，多集中在耕地和聚落的距离关系[22]、居民点整理对耕地的影响[23]及耕地与宅基地利用转型耦合[24]等方面，缺乏山地条件下的耕地功能转型与聚落空间耦合的相关研究。

三峡库区地形地貌复杂，生产生活环境恶劣，其生态安全问题自建成之初即为世界性难题[25]。坡耕地覆盖面广与聚落分布零散的特殊性导致三峡库区内部的城乡发展进程落后，但现阶段三峡库区的耕地功能转型所带来的经济与生态效益对其聚落发展和乡村转型均有显著的交互推动作用。同时，采用遥感影像数据所提供的间接观察与感知经验来塑造乡村地区的土地利用，可以避免统计数据的失真性缺陷[26]。基于此，本章以三峡库区典型流域——草堂溪为例，将坡耕地治理后的经济果林作为耕地功能转型的代表，通过划分聚落发展的不同阶段类型，分析耕地功能转型与聚落空间的分布特征及其耦合模式，探究两者耦合的原因与存在问题，深入挖掘耕地转型与聚落之间的潜在联系，揭示我国中西部山区人口收缩背景下的乡村聚落整理模式与耕地转型趋势，以期为三峡库区的乡村发展、农业生产及土地整理提供科学指导。

16.1 研究区概况

研究区位于重庆市奉节县的东部草堂镇，属于长江一级支流，河流总长度达 33.3 km，流域面积约为 210 km² （图 16.1）。研究区聚落分布广泛，农村居民点面积约占农村和乡镇居民点总面积的 90.03%，近年来移民工程实施导致高海拔地区聚落分布重心逐渐向下迁移，且流域内耕地主要分布在 6°～25° 的坡地上，土壤侵蚀现象严重。研究区传统的土地利用方式为：林地范围广，坡耕地在耕地中占据主导地位，且总面积仅次于林地。为增强坡耕地土壤抗蚀性，研究区实施多项水土保持工程，尤以生物措施，如经济果林种植的效果最显著。研究流域的典型性与特殊性可以代表三峡库区的广大区域。

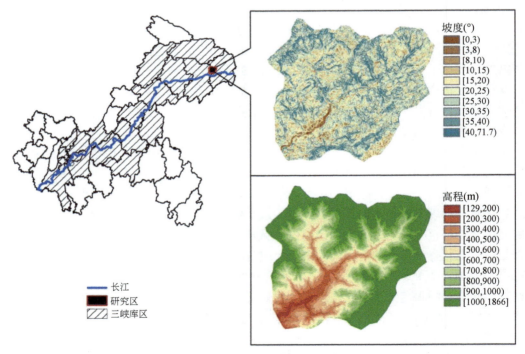

图 16.1 研究区位置及地形

16.2　数据来源与研究方法

16.2.1　数据来源

本章研究所利用的数据以 SPOT 7 高清遥感影像为数据源，主要包括 2017 年的 Google Earth 遥感数据，分辨率精度可达 0.51 m，以及来源于地理空间数据云的 30 m 分辨率 DEM。参照"GDPJ01—2013"地理国情普查内容与指标及中国科学院资源环境信息数据库土地利用分类方法，结合研究区实际情况，依据人机交互解译判读方法将研究区土地利用类型划分为耕地、灌木林地、经济果林、乡镇居民点、农村居民点等 11 个地类，并于 2017 年 8 月在野外考察过程中抽样验证土地利用解译结果，经检验各期土地利用类型的解译精度均在 95% 以上。同时利用 1∶50 000 DEM 数据和 ArcGIS 10.2 的空间分析功能，将研究区地形分为 10 级高程与坡度带（图 16.1）。

16.2.2　研究方法

16.2.2.1　耕地功能转型空间可视化

为保障食物安全与解决"三农"问题、保障区域建设发展、保障区域生态安全及改善人居环境，耕地的单功能利用须向耕地多功能管理转型[27,28]。耕地系统的多功能性被概括为：生产、生态、景观三类基本功能[29]，近年来三峡库区耕地系统已经由传统的粮食作物农业向现代化农业转型，耕地功能转型的重心一直倾向于生态功能或经济功能，主要转型结果包括撂荒地、经济果林及其他非粮作物类农地。随着移民工程的实施，高山地区耕地经撂荒后逐步发展为灌木草地，生态功能虽有所增强，但耕地的生产功能、经济功能及粮食安全维护等功能均有不同程度的降低。由于坡耕地粮经果等复合垄作的水土保持效益显著且经济效益高，被广泛适用于三峡库区坡耕地的利用模式[30]，因此本书主要利用经济果林图斑探讨耕地与经济果林转换背景下的耕地功能转型过程。

作者通过野外实地调研和走访农户，区分耕地功能转型在年限上的异同，将解译图斑与高分辨率影像一一对应，对耕地功能转型（经济果林的图斑）进行详细划分（表 16.1）。具体分为类型Ⅰ（0~3 年）、类型Ⅱ（3~5 年）、类型Ⅲ（5~8 年）、类型Ⅳ（8~10）年及类型Ⅴ（>10 年），且分类细节以野外实地绘图圈地匹配信息为主。在实际操作过程中，对调研疏漏图斑和无法确认年限的图斑与各时间节点的遥感影像进行对比进而确定类型划分，主要时间节点包括 2014 年、2012 年、2010 年、2006 年等。

表 16.1　不同类型耕地功能转型的参考标准

经果林类型	识别标准	数据来源	解译参考
类型 I (0, 3]	耕地有整理迹象，树木个体幼小清晰，颗粒感较弱		
类型 II (3, 5]	整齐成排，已成一定规模，树木个体明显增大，颗粒感增强		
类型 III (5, 8]	树木个体有微弱的集聚趋势，个体颗粒间距减小	CNES Astrium SPOT 7 (0.51 m 分辨率)	
类型 IV (8, 10]	树木已集中连片，个体无明显间距，颗粒立体感变弱		
类型 V >10	树木集中连片且规模较大，个体集约化显著且单排连线呈条状		

16.2.2.2　聚落属性分类

对聚落所处不同阶段的属性进行剖析，可以深入挖掘聚落的发展现状及其空间分布规律，通过野外踏勘与研究区实际情况结合，根据聚落活性将其属性分为不同类型。在野外勘探过程中，参照王青[20]对山区聚落与外界环境能量交换过程的理解，从景观生态学的角度并考虑聚落周边环境的生态活力，对流域聚落进行划分，具体分为衰弱型、停滞型、发展型和活力型，并在绘图时将其所处的实际位置与高清遥感影像进行匹配，分类参考标准见表 16.2。与此同时，考虑到城市内部生态能量获取与消耗的特殊性，周边景观单一化的城镇建设用地等乡镇居民点被归纳为停滞型。

表 16.2　不同属性聚落的参考标准

聚落属性	识别标准	数据来源	解译参考
衰弱型	附近耕作痕迹减轻且有撂荒态势，景观趋于单一化，居民点颜色昏暗模糊，周边道路逐渐被"林灌草"取代	CNES Astrium SPOT 7 (0.51 m分辨率)	
停滞型	周边耕地分布散乱且无整理迹象，景观格局整体平衡，居民点整体偏暗，基础设施落后且无修整趋势		
发展型	周边耕地排列整齐且有整理迹象，出现微弱耕地转型趋势，生态景观趋于多样化，居民点颜色偏白且个体清晰		
活力型	附近耕地转型现象明显，周边基础设施建设齐全，景观多样化，居民点颜色发亮、立体感强且基础设施建设齐全		

16.2.2.3　研究单元划分

网格经济果林、聚落的用地比可以分别反映单元网格内经济果林与聚落用地的数量规模，以便直观地分析小尺度区域下耕地功能转型与聚落的空间聚合特征，同时利用单元网格中聚落与经济果林的面积比值进一步划分耕地功能转型与聚落的空间耦合模式。结合研究区实际情况经过反复模拟后生成 500 m×500 m 正方形网格共计 841 个，网格法可以避免因各乡镇面积大小差异而导致计算结果的可比性较弱的问题[14]，即网格的统一大小使其计算结果的可比性更加显著。为反映聚落分布与耕地功能转型现象的耦合关系，利用单元网格内聚落用地与经济果林地类的面积比最大值之比（83.56%/26.03% = 31.15%）作为耦合关系分类参考，即（0, 30%]为耕地转型较强型，（30%，（1−30%）]为转型−聚落均衡型，（（1−30%），1]为耕地转型较弱型，将无聚落或经济果林的网格去除后，聚经比>1 的为聚落主导型。

16.3 结果分析

16.3.1 耕地功能转型的空间分布特征

将不同类型的经济果林图斑与地形要素进行叠置分析得到 2017 年耕地功能转型的高程、坡度分布特征（图 16.2）。高程方面，类型 I 集中分布在 8 ~ 9 级高程带上，且分布比例均达到 30% 以上；类型 II 主要分布在 3 ~ 5 级高程带，分布比例在 4 级高程带达到最高值；类型 III 在 2 ~ 6 级高程带均匀分布，类型 IV 则集中分布在 3 ~ 4 级高程带，其占比分别达到 29.43% 和 24.95%；类型 V 则主要分布在 2 ~ 3 级高程带。坡度方面，类型 I 主要集中在 5 ~ 6 级坡度带；类型 II、类型 III 及类型 IV 均集中在 5 ~ 7 级坡度带；类型 V 主要分布在 4 ~ 7 级坡度带。此现象表明，耕地功能转型现象由 <800 m 的低海拔地区向 800 ~ 1000 m 的高海拔地区转移，且转型过程保持在 15° ~ 30° 坡度带上。

利用自然断裂法将经果林图斑按面积大小分类，得到不同类型耕地功能转型的单元网格分布图（图 16.3）。类型 I 的集聚主要发生在研究区东北部，类型 II 主要集中在研究区西北部，类型 III 主要集中在研究区西南部和中部，类型 IV 和类型 V 主要集聚范围均在研究区西南部。此现象表明耕地功能转型现象的主要发生区位由研究区西南部逐渐向东北部海拔较高、坡耕地面积较大的地区转移，同时研究区西北部坡耕地覆盖地区的转型现象的增长说明研究区坡耕地的治理速度加快。

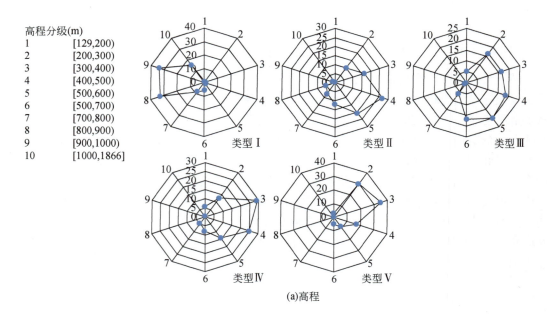

(a)高程

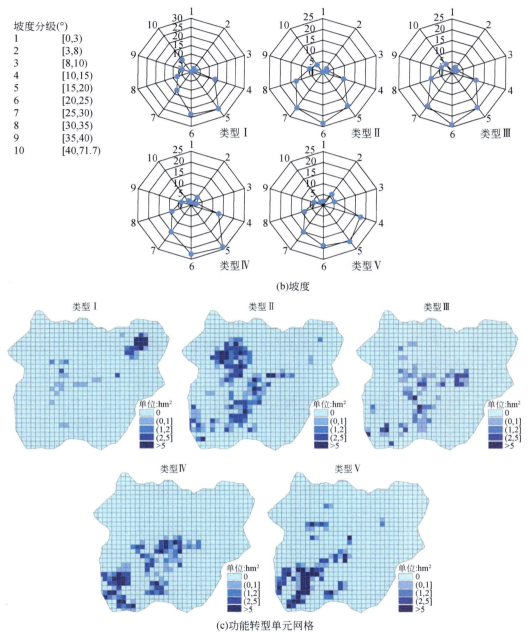

坡度分级(°)
1　　　[0,3)
2　　　[3,8)
3　　　[8,10)
4　　　[10,15)
5　　　[15,20)
6　　　[20,25)
7　　　[25,30)
8　　　[30,35)
9　　　[35,40)
10　　[40,71.7)

(b)坡度

(c)功能转型单元网格

图16.2　不同类型耕地功能转型的空间分布特征

16.3.2 聚落的空间分布特征

图 16.4 表示不同属性聚落的空间分布特征。高程方面，衰弱型主要分布在 10 级高程带上，比例达 19.08% 左右；停滞型在 10 级高程带分布比例最高达到 25.38%，其次在 7~9 级高程带分布较多；发展型则主要分布在 7 级高程带和 10 级高程带，2 级高程带分布面积增大至 15% 左右；活力型分布的高程带降低，以 2~5 级高程带和 8 级高程带为主要分布区。坡度方面，四个等级的聚落均集中分布在 5~7 级坡度带上。此现象表明，聚落与耕地功能转型的发生坡度基本一致，但由于山区自然条件的特殊性质及人类的适居范围导致高海拔衰弱型聚落向低海拔活力型聚落转移，同时也反映耕地功能转型的发生位置与活力型聚落最接近。

从聚落网格分布图中可以看出（图 16.3），衰弱型主要集中在研究区北半部边缘部分，停滞型分布较广，以东北部和西北部边缘地带为主，发展型主要集中于研究区西北部和中部河谷地区，活力型的分布基本覆盖耕地转型的所有区域。结合耕地功能转型的分布图发现，0~3 年的耕地功能转型现象主要发生在研究区东北部活力型聚落附近，3~5 年内的耕地功能转型则集中于研究区西北部发展型、活力型聚落附近，5~8 年、8~10 年及 >10 年的耕地功能转型则分布在停滞型、活力型聚落附近，且 >8 年的转型现象基本集中在 145 m 蓄水线以上的消落带周边。而衰弱型、停滞型的集聚范围与耕地转型现象的核密度中心均存在一定距离限制。

16.3.3 耕地功能转型与聚落的空间耦合

为进一步探究耕地功能转型与聚落在空间上分布的相关性，利用单元网格聚落用地比、经济果林用地比及聚经比分析耕地转型与聚落在空间上的耦合关系。图 16.4（a）中，聚落用地在单元网格占比的平均值为 1.92%，聚落数量分布主要以研究区东北部毛坪村、西北部龙关村及中部丘陵地区的规模较大；图 16.4（b）中的经济果林用地比的单位面积占比平均值为 5.58%，并呈现出与聚落用地比相近的规律，但研究区东北部与西北部经济果林数量规模较小，而中部丘陵平坝区及消落带附近数量规模较大。这与 16.3.1 节和 16.3.2 节分析中耕地功能转型现象发生的时间先后顺序相符，主要原因是毛坪村与龙关村近年来注重生态环境及农村经济的改善和发展，区域附近的经济果林种植时间较短，因而规模较小，整体上耕地功能转型的发生范围仍在聚落分布覆盖区域。

通过单元网格内聚经比来反映不同网格评价单元内聚落分布与耕地功能转型现象的耦合关系 [图 16.4（c）]，并将其分为不同耦合类型，如图 16.4（d）所示。其中，耕地转型较强型的网格约占总数的 19.74%，转型-聚落均衡型约占 5.23%，耕地转型较弱型则仅有 1.31%，除去无聚落或经济果林网格外，聚落主导型比重最大约为 43.99%。由图 16.4（d）可知，耕地转型较强型主要集中分布在研究区中部及西南部，转型-聚落均衡

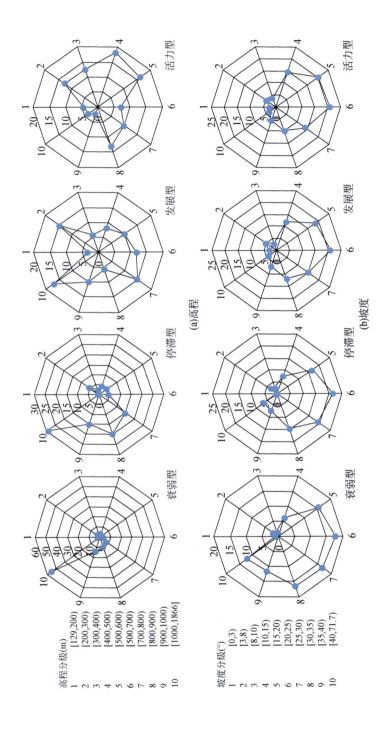

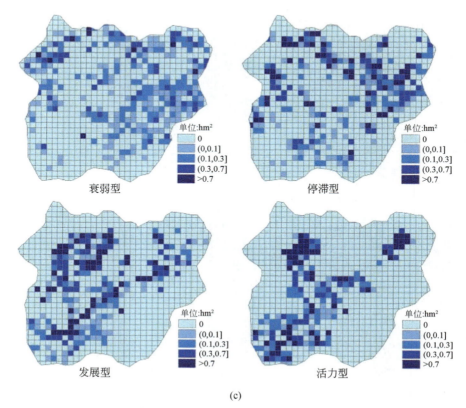

图 16.3 不同属性聚落的空间分布特征

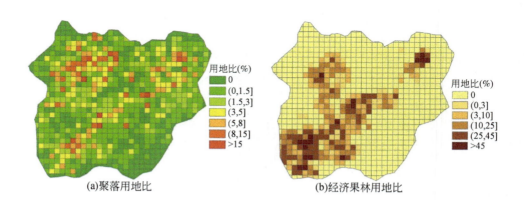

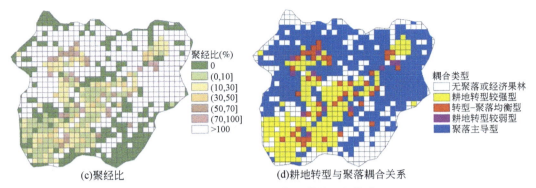

(c)聚经比　　　　　　　　　　(d)耕地转型与聚落耦合关系

图16.4　耕地功能转型与聚落的空间耦合

型分布较为随机，但基本在耕地转型较强型分布区域范围内，耕地转型较弱型则均在耕地转型较强型的周边分布。耕地功能转型现象的发生除消落带、水土保持工程覆盖等特定区域分布规模较大，近期的转型逐渐向东北及西北部聚落集聚区转移并扩散，且存在一定的距离限制。

<h1 style="text-align:center">16.4　讨　　论</h1>

16.4.1　距离对耕地转型与聚落发展的影响

网格法可反映耕地转型与聚落分布的空间相关性，但不能在微尺度上表现转型现象与聚落分布的距离关系，故通过构建不同属性聚落的缓冲区和不同类型经济果林进行叠加，以分析其空间距离关系（图16.5）。衰弱型聚落周边耕地转型现象较少，转型面积比与缓冲距离近似倒"U"趋势；停滞型聚落倒"U"趋势明显，即随缓冲距离增大，耕地转型面积逐渐由大到小；发展型与活力型则与耕地转型基本呈负相关关系，即距离越近，转型现象越明显。由此可见，耕地功能转型现象主要发生位置与发展型、活力型聚落分布较近，且存在约束距离半径，而约束距离半径的大小与聚落活性呈反比，即聚落活性越大，周边耕地转型现象越集聚，导致耕作半径减小。由于三峡库区山区范围广，聚落附近多分布水土流失严重的坡耕地，因此近期的耕地转型也基本倾向坡耕地覆盖面积大的区域，以此改善三峡库区土壤养分流失现状，并通过经济果林的经济效益提高居民生活水平，实现三峡库区生态的治理与农村经济的发展。

在实地考察过程中，研究区农村居民点呈块状或公路沿线带状集中分布，各小聚落景观较为分散，且聚落之间存在一定距离。以居民点为中心，一定半径内均有经济果林及少量撂荒地等耕地功能转型过程发生，经济型作物发展迅速。由于大部分村落属于扶贫示范片区，村中常住农户较少，农民多种植芝麻、脐橙等经济作物，粮食作物耕作量较小多以

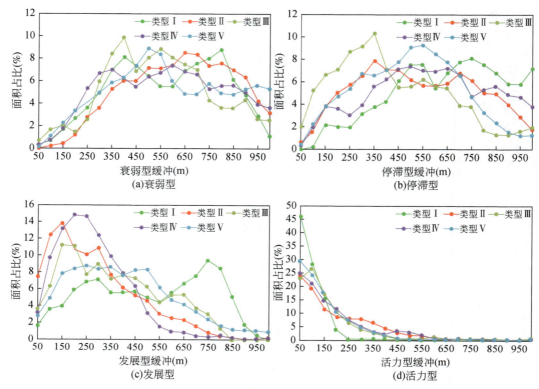

图 16.5　耕地功能转型与聚落的距离关系

玉米为主，且产量基本以维持农户每年的粮食需求为界限。与此同时，大部分农户基本向非农生计转型，主要生计来源于青年劳动力外出务工，若经济果林种植规模较小，并不能带来足够的经济效益，那么只有当经济果林种植形成一定规模后，才会以追求经济效益为目标。总的来说，耕地功能转型的发生是聚落居民经济追求与政府生态政策共同激励形成的，居民的耕作范围与区域耕作条件限制了坡耕地与聚落的空间分布关系，而提高坡耕地治理效率不仅可以实现生态与经济的双赢，同样也可以改良聚落的适居环境，因此耕地功能转型的发生范围必然与聚落分布位置存在距离上的相关性。

16.4.2　地貌对耕地转型与聚落发展的影响

参考《土地利用现状调查技术规程》依据耕地种植适宜度将坡度分为四级：平坡<6°、缓坡 6°～15°、斜坡 15°～25°、陡坡>25°，同时将高程分为三级：低山<500 m、中山500～1000 m、高山>1000 m。通过叠加高程与坡度分级图，进一步探讨耕地转型-聚落耦合模式的分布区位（图 16.6）。耕地转型较强型和耕地转型-聚落均衡型主要分布在研究区低山地区，耕地转型较弱型则在研究区中山地区比重最高，研究区高山地区基本以聚落主导型为主。同时研究区低山区耕地转型较强型以斜坡地分布为主、缓坡其次、陡坡最次；研究区低山区耕地转型-聚落均衡型则以平坡、缓坡、斜坡和陡坡的主次顺序分布。研究区低山地区耕地功能转型现象最为显著，坡耕地治理以坡度 15°~25° 的效率较高，研究区中山地区耕地功能转型现象减弱，且坡耕地治理力度从平坡至陡坡依次减小，研究区高山地区耕地转型发生面积最小。受高山移民工程影响，研究区高山地区居民点逐渐衰弱并向研究区中低山地区迁移，聚落附近坡耕地转型重心随之下迁。

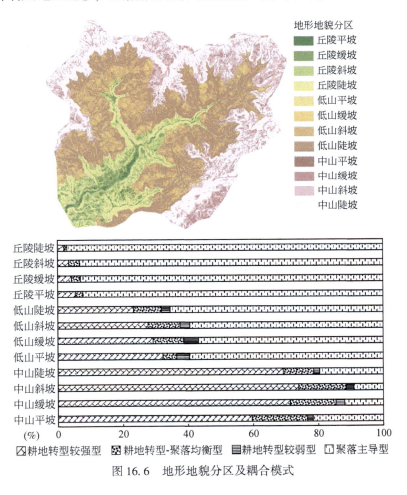

图 16.6　地形地貌分区及耦合模式

环境因素是影响山区聚落空间布局的关键因素[31]。自然环境包括地形、河流等是山区聚落形成发展的基础[32]；生产环境中，聚落通过有意识的社会劳动创造出的农地环境对其布局影响颇大[33]；社会经济环境则以公路建设、人口密度、土地利用规划等因素决定着山区聚落空间格局的动态变迁。耕地功能转型是自然、生产和社会经济环境共同作用的产物，耕地转型在微观尺度上通过能量传递等方式与聚落发展进行关联，宏观尺度上则以改善"生产-生活-生态"环境影响聚落的发展变化。

16.4.3　山区耕地功能转型与聚落空间耦合的一般规律

乡村发展是当前国内外研究关注的重点，薄弱的乡村土地管理方式将加剧贫困、饥饿和粮食短缺等实质性问题[34]。自然环境的限制会导致农业发展受阻，因此研究山地型乡村的复杂人地关系对于广大山区的土地利用转型至关重要。平原地区乡村农业土地系统的聚落空间分布均匀[4]，且耕地集约化效果显著，由于地形优势，相较山区土地资源更易整合。山地型乡村聚落分布零散，且耕地分布区位并不平整，耕作半径相对平原地区范围广。特殊的自然条件差异性致使耕地的传统功能发生变化，加之商品市场对农村经济及土地利用的影响日益增强[35]，耕地功能倾向向生态与经济结合的方向发展。耕地功能转型的目的为提高人地关系的协调性，改善人居环境的适宜度，因此耕地转型与聚落发展必然存在一定的联系。耕地转型–聚落耦合型是聚落发展与耕地转型契合度最高的类型，其表明区域土地利用活性最大；耕地转型较强型表明耕地转型程度较高，而聚落面积较小，增强区域基础设施建设是加快聚落发展的着眼点。相反，耕地转型较弱型则需要提高耕地转型速率，进一步优化聚落发展过程中外界能量的摄取与交换方式，以改善区域人居环境、提高乡村土地利用合理性。

耕地转型与聚落发展的不同空间耦合模式可以在一定程度上反映山地型乡村转型模式及其人地关系的发展过程，如图 16.7 所示。图中，A 代表早期阶段，耕地由多样化的灌林草地向传统的粮食作物农地发展，功能性趋于单一化，同时乡村人口基数陡增，聚落空间分布为集聚型；B 代表中期阶段，耕地功能以粮食生产为主，乡村人口基数趋于稳定并逐渐减少，聚落空间发展停滞；C 代表后期阶段，耕地由传统农业向现代化农业过渡，耕地功能倾向多样化，乡村劳动力外出务工和农作兼业形式实现农户生计转型，乡村聚落进一步发展。随着乡村人口基数的减少，聚落周边耕地的功能转型将促进聚落的空间重构与集约利用，人地关系趋于多样化；与之相反，适居度较低的地区人口迁移或流失造成耕地

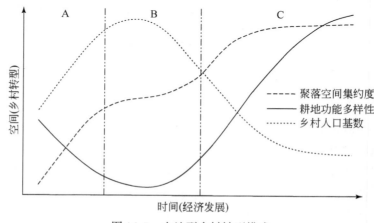

图 16.7　山地型乡村转型模式

的撂荒与粗放利用将加剧村落的衰退，破败的山区聚落经土地整理后基本恢复为林地，景观多样化水平降低。总体上，三峡库区耕地功能转型与聚落发展模式分别代表三峡库区的新兴产业（特色农业）培育与人居环境建设，两者相结合加速了三峡库区的乡村转型，对于中西部结合带、山区村镇的发展具有指示性作用。

16.5 结　　论

本章利用三峡库区坡耕地向经济果林的地类转换过程将耕地功能转型空间可视化，同时根据生态学相关概念对聚落所处发展阶段进行属性划分，在分析耕地转型与聚落分布特征的基础上深入挖掘两者的空间耦合关系，进而为山区的乡村发展提供依据。结果表明：耕地功能转型的发生位置与聚落空间分布关系密切。在高山移民工程与乡村人口析出的背景下，耕地转型与聚落发展相对均衡的区域主要集聚在研究区低山地区，耕地转型明显的区域多为水土流失严重的坡耕地治理地区，且位于活性较强的聚落耕作范围内；聚落空间分布重心则逐渐向山下迁移，依赖耕地转型的经济、社会与生态效益组织发展。研究区的典型性基本涵盖三峡库区大部分乡村的自然环境条件及社会经济特点，其代表了中西部广大山区的乡村土地利用方式，反映了三峡库区"耕–果"地类转换与乡村聚落空间耦合的普遍规律。

16.6 本 章 小 结

本章以草堂溪流域为案例区，通过耕地功能转型与聚落空间耦合关系来探究人类活动影响下聚落类型与耕地功能转型的关系。研究发现，衰弱型聚落周边耕地转型现象较少，转型面积比与缓冲距离近似呈倒"U"趋势；停滞型聚落倒"U"趋势明显，即随缓冲距离增大，耕地转型面积逐渐由大到小；发展型与活力型则与耕地转型基本呈负相关关系，即距离越近，转型现象越明显。

参 考 文 献

[1] Tian G, Yang Z, Zhang Y. The Spatio-temporal Dynamic pattern of rural residential land in China in the 1990s using landsat TM images and GIS [J]. Environmental Management, 2007, 40 (5): 803-813.

[2] Liu Y L, Liu D F, Liu Y F, et al. Rural land use spatial allocation in the semiarid loess hilly area in China: Using a particle swarm optimization model equipped with multi-objective optimization techniques [J]. Science China: Earth Science, 2012, 55 (7): 1166-1177.

[3] Foley J A, Defries R, Asner G P, et al. Global consequences of land use [J]. Science, 2005, 309 (5734): 570-574.

[4] Tan M, Li X. The changing settlements in rural areas under urban pressure in China: Patterns, driving forces and policy implications [J]. Landscape & Urban Planning, 2013, 120 (120): 170-177.

[5] Qin W, Zhang Y, Li G. Driving mechanism of cultivated land transition in Yantai Proper, Shandong

Province, China [J]. Chinese Geographical Science, 2015, 25 (3): 337-349.

[6] Vačkář D, Orlitová E. Spatial relationship between human population density, land use intensity and biodiversity in the Czech Republic [J]. Landscape Ecology, 2012, 27 (9): 1279-1290.

[7] Paudel G S, Thapa G B. Changing farmers' land management practices in the hills of Nepal [J]. Environmental Management, 2001, 28 (6): 789-803.

[8] Tu S, Long H. Rural restructuring in China: Theory, approaches and research prospect [J]. Journal of Geographical Sciences, 2017, 27 (10): 1169-1184.

[9] 贺贤华, 杨昕, 毛熙彦, 等. 基于加权 Voronoi 多边形的山区农村居民点优化布局——以重庆市崇龛镇与石龙镇为例 [J]. 中国农业资源与区划, 2016, 37 (1): 80-89.

[10] Deelstra T, Boyd D, van den Biggelaar M. Multifunctional land use: An opportunity for promoting urban agriculture in Europe [J]. Urban Agriculture Magazine, 2001, (4): 1-7.

[11] 宋小青. 论土地利用转型的研究框架 [J]. 地理学报, 2017, 72 (3): 471-487.

[12] 陈永林, 谢炳庚, 李晓青, 等. 长株潭地区聚落空间演化及其与耕地的空间关系研究 [J]. 人文地理, 2015, (6): 106-112.

[13] 周国华, 贺艳华, 唐承丽, 等. 中国农村聚居演变的驱动机制及态势分析 [J]. 地理学报, 2011, 66 (4): 515-524.

[14] 甘彩红, 李阳兵, 陈萌萌. 基于坡耕地与聚落空间耦合的三峡库区腹地奉节县人地关系研究 [J]. 地理研究, 2015, 34 (7): 1259-1269.

[15] 鄂施璇, 雷国平, 宋戈. 黑龙江省粮食主产区农村居民点布局调整研究 [J]. 中国土地科学, 2015, 29 (10): 80-84.

[16] 杨忍, 刘彦随, 郭丽英, 等. 环渤海地区农村空心化程度与耕地利用集约度的时空变化及其耦合关系 [J]. 地理科学进展, 2013, 32 (2): 181-190.

[17] 方志戎, 周建华. 人口、耕地与传统农村聚落自组织——以川西平原林盘聚落体系（1644–1911）为例 [J]. 中国园林, 2011, 27 (6): 83-87.

[18] 马克明, 傅伯杰. 北京东灵山区景观类型空间邻接与分布规律 [J]. 生态学报, 2000, 20 (5): 748-752.

[19] 李兵, 吴平. 我国山区耕地开发利用研究进展 [C]. 中国山区土地资源开发利用与人地协调发展研究. 2010.

[20] 王青. 长江上游山区聚落与水土保持的耦合机制 [J]. 山地学报, 2007, 25 (4): 455-460.

[21] 王永艳, 李阳兵, 邵景安, 等. 基于斑块评价的三峡库区腹地坡耕地优化调控方法与案例研究 [J]. 生态学报, 2014, 34 (12): 3245-3256.

[22] 乔伟峰, 吴江国, 张小林, 等. 基于耕作半径分析的县域农村居民点空间布局优化——以安徽省埇桥区为例 [J]. 长江流域资源与环境, 2013, 22 (12): 1557.

[23] Long H, Liu Y, Wu X, et al. Spatio-temporal dynamic patterns of farmland and rural settlements in Su-Xi-Chang region: Implications for building a new countryside in coastal China [J]. Land Use Policy, 2009, 26 (2): 322-333.

[24] 龙花楼, 李婷婷. 中国耕地和农村宅基地利用转型耦合分析 [J]. 地理学报, 2012, 67 (2): 201-210.

[25] Shen G, Xie Z. Three Gorges project: Chance and challenge [J]. Science, 2004, 304 (5671): 681-681.

［26］ Small C，Sousa D. Humans on Earth：Global extents of anthropogenic land cover from remote sensing ［J］. Anthropocene，2016，14：1-33.

［27］ Renting H，Rossing W A H，Groot J C J，et al. Exploring multifunctional agriculture. A review of conceptual approaches and prospects for an integrative transitional framework ［J］. Journal of Environmental Management，2009，90（Suppl 2）：S112-S123.

［28］ Renting H，Oostindie H，Laurent C，et al. Multifunctionality of agricultural activities，changing rural identities and new territorial linkages ［J］. International Journal of Agricultural Resources，Governance and Ecology，2008，7（4）：361-385.

［29］ 姜广辉，张凤荣，孔祥斌，等. 耕地多功能的层次性及其多功能保护 ［J］. 中国土地科学，2011，（8）：42-47.

［30］ 王海明，李贤伟，陈治谏，等. 三峡库区坡耕地粮经果复合垄作对土壤侵蚀与养分流失的影响 ［J］. 水土保持学报，2010，24（3）：1-4.

［31］ 邹利林，王占岐，王建英. 山区农村居民点空间布局与优化 ［J］. 中国土地科学，2012，26（9）：71-77.

［32］ 刘明皓，戴志中，邱道持，等. 山区农村居民点分布的影响因素分析与布局优化——以彭水县保家镇为例 ［J］. 经济地理，2011，31（3）：476-482.

［33］ 姜广辉，张凤荣，秦静，等. 北京山区农村居民点分布变化及其与环境的关系 ［J］. 农业工程学报，2006，22（11）：85-92.

［34］ Liu Y，Li Y. Revitalize the world's countryside ［J］. Nature，2017，548（7667）：275.

［35］ Brown C，Waldron S，Longworth J. Specialty products，rural livelihoods and agricultural marketing reforms in China ［J］. China Agricultural Economic Review，2011，3（2）：224-244.

第五篇

结　论

| 17 | 结 论

17.1 研 究 结 论

本书在撰写的过程中，充分吸收和借鉴地理学、生态学、地理信息科学及土地科学等相关学科的理论知识和研究方法，构建土壤侵蚀演变–土地利用变化–坡耕地–聚落–撂荒地空间耦合–人地关系转型的研究脉络。以三峡库区腹地生境脆弱带典型区县和典型流域作为研究案例，基于研究区遥感影像资料、局部地区高精度影像及野外踏勘实测数据等长时间序列数据源，借助现代地理信息技术手段，运用地理空间分析法、数理统计法等方法探讨三峡库区腹地土地利用变化及其人地关系演变。在反映案例区土壤侵蚀演变及其土地利用变化时空演变特征的同时，分析总结三峡库区腹地土壤侵蚀和土地利用演变特征与驱动机制。此外，考虑到农户行为深受国家精准扶贫政策和生态文明建设的影响，本书还探讨了聚落–坡耕地–撂荒地空间耦合规律，土地功能变化及其耕地功能转型与聚落空间耦合。基于以上的研究内容，最终揭示三峡库区腹地人地关系演变的复杂性和多样性特点，剖析土地利用变化与生态环境之间的互馈机理，构建三峡库区生境脆弱带人类活动强度下的人地关系特点及其演变状况。研究得到了以下几点结论。

1）生态敏感区土壤侵蚀演变及其尺度效应。就开州区、云阳县、奉节县、巫溪县和巫山县等典型区县而言，土壤侵蚀强度面积呈现出"V"字形、倒"V"字形和"N"字形的变化特点，土壤侵蚀强度转移具有明显的阶段性特征，即20世纪70年代至2000年为土壤侵蚀状况恶化期，而2000～2017年为土壤侵蚀状况好转期。20世纪70年代至2000年表现为较低土壤侵蚀强度向较高土壤侵蚀强度的转移，土壤侵蚀加剧；2000～2017年则表现为较高土壤侵蚀向较低土壤侵蚀的转移，土壤侵蚀面积减小，以2000年左右为转折点。就流域类型与土壤侵蚀的关系而言，第一道分水岭内小流域强烈侵蚀、极强烈侵蚀和剧烈侵蚀在总侵蚀面积中所占的比例呈现先增加后减少的变化趋势；第一道分水岭外小流域中度侵蚀、强烈侵蚀和剧烈侵蚀所占面积比例在研究期内呈现先增加后减少的变化趋势。就典型流域而言，大宁河流域和梅溪河流域土壤侵蚀程度明显好转，且大宁河流域土壤侵蚀状况优于梅溪河流域，且中山陡坡石灰岩区为两流域土壤侵蚀变化热点区。随着尺度范围的逐渐缩小，土壤侵蚀演变空间分异性加大，区域整体的演变趋势主导着次一级尺度演变类型的发生方向。究其原因，既与区域自然背景条件有关，也离不开区域社会经济状况和国家政策的影响。

2）区域土地利用变化及其生态响应。就典型流域土地利用变化总体特征而言，具有明显的阶段性特征。1986~2000 年，土地利用主要表现为林地、灌木和草地向耕地、水域与建设用地转变为主；2000~2017 年，土地利用方式受国家政策及区域社会经济影响，呈现出由耕地、灌木和草地向林地转变的趋势。土地利用转型明显，表现为以生产功能为主的耕地景观向以生态功能为主的林地景观转变。流域土地利用景观格局的演变差异性主要体现在三个流域谷地和陡坡区。就土地利用对土壤侵蚀的影响而言，草堂溪小流域主要有两种变化类型：土壤侵蚀综合指数稳步增加或减少的稳定型和土壤侵蚀综合指数或增加或减少的不断变化的反复型。其中，稳定型包括灌木林地和建设用地；反复型包括耕地、有林地、疏林地、高覆盖草地和中覆盖草地。

为了探讨三峡库区生态安全组分识别与情景模拟，以及生态、生产与生活等综合功能分区状况，本书选取奉节县作为案例区，基于最小累积阻力面模型，通过对生态阻力因子、景观生态格局组分和生态功能分区的综合划定，探讨土地利用优化和生态安全格局识别的方法，明确各种人为活动的强度、方向及其有效性。

3）坡耕地-聚落-撂荒地耦合演变规律。坡耕地与聚落具有三种耦合类型，且有明显的岩性区位指向，即坡耕地偏多型主要分布于砂岩区，坡耕地偏少型主要分布于石灰岩区，而坡耕地-聚落均衡型则表现出随机分布格局。研究案例区以坡耕地偏少型为主，其次为坡耕地偏多型。本书有关坡耕地和撂荒地的空间分布格局则主要从地貌分区、乡镇尺度和网格单元尺度三方面阐述。与此同时，探析主控自然和社会经济因子对耕地撂荒的影响程度。海拔和坡度与坡耕地空间分布呈较强的负相关性，距农村居民点距离是坡耕地和撂荒地空间分布的主要影响因素，且劣等耕地质量区与坡耕地和撂荒地的分布呈较强的正相关性。在识别撂荒地的同时，对其撂荒年限进行判定，以实现对耕地撂荒时空演变规律的研究，并从地形、交通条件和耕作距离等方面探析案例区耕地撂荒的影响因素。

4）人地关系转型研究。从土地功能演变来看，土地功能变化热点区域逐渐向研究区西南部推进，主要表现为生物质生产功能用地与人工/天然生态功能用地相互转化，以及交通功能用地与住宅功能用地扩张。随着人类行为科学规划意识的增强，区域内生产功能、生活功能和生态功能用地结构比重得到改善，空间布局相对合理化，人类活动正以积极的方式逐步优化和影响土地功能格局的演变。从耕地功能转型与聚落空间耦合关系来看，衰弱型聚落周边耕地转型现象较少，转型面积比与缓冲距离呈近似倒"U"趋势；停滞型聚落呈倒"U"趋势明显，即随缓冲距离增大，耕地转型面积逐渐由大到小；发展型与活力型则与耕地转型基本呈负相关关系，即距离越近，转型现象越明显。

17.2　主要创新点与研究的不足之处

本书选取三峡库区腹地典型区县和典型流域作为研究对象，试图从土地利用变化入手，探讨土地利用变化下的人地关系耦合效应及其演变规律，其中涉及土壤侵蚀、坡耕地-聚落-撂荒地空间耦合等热点话题，思考国家生态文明建设及其大型水利工程影响下，人类活动广泛作用的土地与其活动空间聚落之间的互馈机理，并为土地资源管理和区域社会经济发展提供一定的借鉴意义，其选题、研究思路与研究视角较为独特，属于原创性研究。本书围绕人地关系这一主线，先从土壤侵蚀谈起，由现象引入到本质，探析土地利用变化、坡耕地–聚落–撂荒地空间耦合等深受人类活动影响的地理事物空间演变规律。并由此上升到理论高度，探析人地关系转型背景下，土地功能变化状况、耕地功能转型与聚落空间耦合的关系。层层深入，初步建立起三峡库区腹地人地关系演变的特殊性和普遍性规律。

在相关章节内容研究和本书的写作过程中，也发现了一些问题，需要进一步深入研究。例如，本书以深受人类活动影响的土地资源为着眼点，试图从土壤侵蚀、土地利用变化和坡耕地–聚落–撂荒地空间耦合等方面揭示人地关系演变规律。由于人地关系内容所涉范围较广，虽深入细致研究了土地资源下的人地关系状况，但对水资源等多方面人地关系演变的研究略显不足。与此同时，关于农户自身诉求和国家相关政策对人地关系演变的研究也存在不足。另外，本书也未能从理论高度总结归纳人地关系演变的内容和研究方法，缺乏对人地关系理论较为全面的了解。

17.3　展　　望

在未来的一段时期内，以下几方面内容仍需进一步研究：①从农户尺度研究人地关系演变与农户生计多样性、流动人口之间的关系；②从理论层面构建三峡库区人地关系演变的理论体系，并建立统一的评价指标体系，丰富和完善人地关系相关研究思路；③三峡库区腹地人地关系转型与耕地功能转型、社会经济转型之间的耦合关系；④精准扶贫视域下人地关系转型发展阶段及其响应机制；⑤人地关系转型与水环境之间的耦合关系。